FLEISCH

EIN WERTVOLLES LEBENSMITTEL BEWUSST GENIESSEN

FLEISCH

EIN WERTVOLLES LEBENSMITTEL BEWUSST GENIESSEN

Rezepte: MONIKA SCHUSTER | STEFAN ZIEMANN
Texte: SABINE KNAPPE | SABINE SCHLIMM
Fotografie: JULIA HOERSCH

INHALT

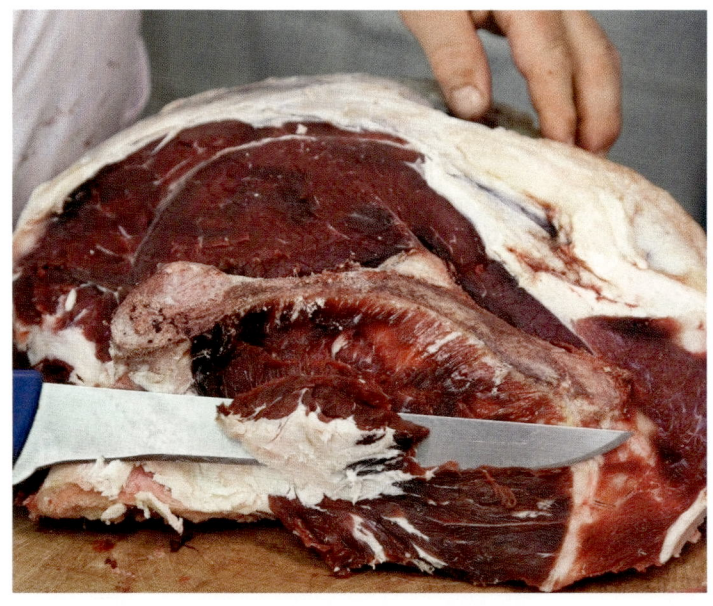

VORWORT

Es ist noch gar nicht so lange her, da war Fleisch nicht in jedem Supermarkt jederzeit billig zu haben, sondern es war – etwas ganz Besonderes: das Sonntagsessen, der Festtagsbraten, das Glanzstück der Tafel. Fleisch konnte damals auch nichts anderes sein, denn vor seinem Verzehr standen die langwierige Aufzucht, Fütterung und Pflege sowie die Schlachtung eines Nutztieres. Ein Schnitzel galt nicht als anonymes Produkt aus dem Discounter; vielmehr war es ein teures, hart erarbeitetes Lebensmittel. Und obendrein nur ein Stück von vielen, denn ein Schwein kam auf die Schlachtbank, um dann von Rüssel bis Schwanz komplett verwertet zu werden.

Ob wegen diverser Skandale oder eindringlicher Berichte über »Fleischfabriken« – inzwischen gibt es mehr und mehr Menschen, für die Fleisch das ist, was es früher war, und die einem der wertvollsten aller Lebensmittel den Respekt entgegenbringen, den es verdient. Natürlich, in erster Linie möchten die meisten von uns erst einmal ein schönes, saftiges Steak auf dem Teller haben. Aber glücklicherweise sind viele wieder bereit, dafür etwas mehr Geld auszugeben und bei einem guten Metzger zu kaufen, der sein Handwerk richtig versteht. Einem Metzger also, der das Fleisch nicht nur perfekt zuschneidet, sondern auch genau weiß, wo es herkommt – und das heißt im Idealfall: von einem Bio-Hof aus der Region, wo Schweine noch suhlen und Rinder frei grasen dürfen. Kurz: wo Tiere artgerecht leben und nicht nur als Lieferanten abgepackter Massenware dienen.

Wenn Sie Ihr Steak in dem Bewusstsein essen, dass dafür ein ganzes Tier geschlachtet wurde, wissen Sie viel mehr: zum Beispiel, dass Fleisch nicht jeden Tag sein muss und dass andere, oft unterschätzte Stücke wie Kalbsbacken, Ochsenschwanz und Schweinepfoten ebenso Delikatessen sind wie etwa ein Filet. Man muss sie nur richtig behandeln und zubereiten können!

Das Wissen um die Qualitäten eines jeden Fleischstücks, den fachkundigen Umgang damit und die dafür passenden Garmethoden – das alles gibt Ihnen dieses Buch an die Hand. Und dazu natürlich auch ganz besondere Rezepte, in denen Fleisch als vielfältiges, spannendes Produkt mit unverkennbarem Geschmack im Mittelpunkt steht. Zugegeben, einige der Gerichte brauchen Zeit. Nehmen Sie sich diese Zeit – dann wird aus einem ganz besonderen Lebensmittel auch ein ganz besonderer Genuss!

Viel Vergnügen beim Lesen und Kochen wünscht Ihnen

REPORTAGE UND TIERPORTRÄTS

Am Anfang war das Tier. Was selbstverständlich klingt,
blenden wir beim Anblick von Schnitzel und Filet gerne aus.
Höchste Zeit, genauer hinzuschauen,
was den Geschmack unseres Fleisches beeinflusst.

FLEISCH WÄCHST NICHT AUF BÄUMEN

Der wahre Genießer möchte wissen, ob die Tiere, von denen Braten und Schnitzel stammen, artgerecht gehalten wurden. Das ist nicht nur eine Frage der Qualität – sondern auch eine des Tierwohls und der Nachhaltigkeit.

Ein Lichtstrahl fällt in den dämmrigen Stall. Im gleichen Moment bricht unter den fast vierhundertjährigen Dachbalken ein Aufruhr los: An die vierzig Schweine stürzen unter ohrenbetäubendem Gequieke an die Gitter ihrer Verschläge. Georg Eggers lässt sich davon nicht beeindrucken. Gelassen schöpft der Landwirt mit einem Eimer Schrot aus einer großen Schubkarre und streut ihn gleichmäßig in die Futterrinnen. In ihrer Eile, an das begehrte Futter zu kommen, drängeln und schubsen die Schweine, was das Zeug hält.

Kein Wunder: Sie sind mit ihren zwei, drei Monaten gewissermaßen im besten Flegelalter. Gelegentlich verliert gar ein Ferkel die Bodenhaftung, und für einen Moment schwebt ein rosiger Schweineschinken in der Luft. Man könnte meinen, die Tiere hätten seit Wochen nichts mehr zu fressen bekommen. Dabei ist Fressen ihr Lebenszweck.

Ein glückliches Schwein? Jedenfalls eines, das seine natürlichen Bedürfnisse befriedigen kann.

Damit die Ferkel ihr gewünschtes Gewicht von rund 110 Kilo erreichen, bekommen sie zweimal täglich ihre Portion Schrot. Das Getreide dafür baut Eggers selbst an. Wachstumsbeschleunigendes Kraftfutter oder gar Tiermehl setzt er nicht ein: Hof Eggers in der Ohe ist ein Bio-Betrieb, und die Richtlinien des Bioland-Verbandes, dem er angeschlossen ist, schreiben ökologisch erzeugtes Futter möglichst vom eigenen Hof vor. Auch die Stall- und Auslaufflächen für die Tiere werden bei der Bio-Haltung großzügiger kalkuliert als üblich: Müssen einem 100 Kilo schweren Bioland-Schwein mindestens 1,3 Quadratmeter Stall- und noch einmal 1 Quadratmeter Auslauffläche zur Verfügung stehen, so ist für ein Schwein gleichen Gewichts aus konventioneller Mästung lediglich etwas mehr als die Hälfte der Stallfläche vorgeschrieben – und kein Außenauslauf.

Der Verzicht auf Wachstumsförderer und die Tatsache, dass die Tiere sich einen Teil der aufgenomme-

nen Kalorien beim Herumlaufen in ihrem Stall mit Außenfläche wieder abtrainieren, führt dazu, dass Bio-Schweine ihr Schlachtgewicht meist erst mit etwa zehn Monaten erreichen – etliche Monate später als solche aus intensiver konventioneller Mästung. Ihr langsam wachsendes Fleisch hat mehr Zeit, Geschmack zu entwickeln, und ihre durch Bewegung gut trainierten Muskeln sorgen für kernigen Biss.

Ist es also ein glückliches Schweineleben, das auch den Genießer glücklich macht? »Glücklich ist der falsche Begriff«, erklärt ein paar Tage später Martina Sträßer bei der Führung über Gut Wulfsdorf, einen weiteren Bio-Betrieb nahe bei Hamburg. »Wir dürfen nicht den Fehler machen, die Tiere zu vermenschlichen. Schweine, Rinder und Schafe – das sind Nutztiere. Menschen halten sie seit Jahrtausenden, um sich mit Fleisch, Milch und Wolle zu versorgen.

Vernünftige Bauern haben schon immer darauf geachtet, dass ihre Tiere nicht unnötig leiden. In der artgerechten Tierhaltung gehen wir allerdings noch einen Schritt weiter und schauen darauf, ob sie auch ihre natürlichen Bedürfnisse befriedigen können.«

Die traditionelle Landwirtschaft stellt wirtschaftliche Gesichtspunkte bei der Tierhaltung in den Vordergrund: Die Fütterung ist so optimiert, dass die Tiere möglichst schnell wachsen, Medikamente werden vorbeugend verabreicht, damit die Krankheitsrate niedrig bleibt. Das heißt nicht, dass das Tierwohl keine Rolle spielt. Schließlich gilt: Ein Schwein, ein Rind, ein Lamm, das ein leidvolles Leben führt, ist anfälliger für Krankheiten und liefert kein hochwertiges Fleisch. Das schlägt sich im Preis nieder, den der Landwirt erzielen kann, und der muss seine Kosten decken. An dieser Stelle geht die Rechnung allerdings oft nicht mehr auf. Der Anteil des Einkommens, der in privaten Haus-

Georg Eggers züchtet auch das selten gewordene Angler Sattelschwein: eine alte norddeutsche Rasse mit hohem Speckanteil und durchwachsenem Fleisch.

halten für Lebensmittel aufgewendet wird, sinkt seit Jahrzehnten. Gleichzeitig hat sich der Stellenwert von Fleisch geändert: Aus dem Sonntagsbraten ist ein Jeden-Tag-Essen geworden, das billig und in großen Mengen gekauft wird. Die Angebotsblättchen der Supermärkte bieten Woche für Woche schreiend rosa Fleischberge zu einem Preis an, der kaum höher ist als der für Brot. Qualität? Spielt dabei kaum eine Rolle.

Ein Bauer, der auf das Wohlergehen seiner Tiere achtet, kann zu diesen Preisen nicht wirtschaftlich arbeiten. Das können nur Mastbetriebe, die im industriellen Maßstab Fleisch produzieren. Hier ist Masse der entscheidende Faktor, nicht mehr Klasse – und Tiere, die unter den Haltungsbedingungen der Mastfabriken krank werden oder sterben, sind als Verlustquote von vornherein mit eingerechnet. Das Prinzip der artgerechten Tierhaltung, das neben den Bio-Verbänden auch einige konventionelle Landwirte und konventionelle Verbände wie Neuland umsetzen, ist der Gegenentwurf dazu. Im Mittelpunkt stehen hier die jeweils arteigenen Bedürfnisse von Rindern, Schweinen und Schafen. Die Haltungsbedingungen werden so weit wie möglich

Schweine sind gesellige Tiere. In der denkmalgeschützten Scheune auf Hof Eggers wachsen sie in kleinen Gruppen heran.

daran angepasst. Das bedeutet unter anderem: ausreichend Auslauf, Stroheinstreu statt nackter Spaltenböden, Verzicht auf die Fütterung mit Tier- oder Fischmehl und möglichst viel Frischluft.

»Wenn Tiere sich im Großen und Ganzen ruhig verhalten, ist das ein guter Hinweis darauf, dass es ihnen gut geht«, erklärt Martina Sträßer. Wie zur Bestätigung blinzeln die Ferkel, die in einer Stallecke über- und untereinander liegen, den Besuch lediglich kurz an. Nur wenn eines sich bewegt, gerät die Pyramide kurzzeitig ins Wanken. Das Dämmerdunkel im Stall schafft eine Ruhezone; ein behagliches, warmes Nest, das Schweine zu schätzen wissen. Bei kaltem Winterwetter betreten sie den Außenauslauf in erster Linie dann, wenn ihnen dort Möhren, Rote Beten oder Kohlstrünke aus der gutseigenen Gärtnerei geboten werden.

Im Sommer aber lassen sie sich mit Vorliebe draußen die Sonne auf die Schwarte brennen. Und sie geben ihrem Spieltrieb nach: Die intelligenten Tiere haben schnell gelernt, wie sie mit ihren Tränken – im wahrsten Sinne des Wortes – die größtmögliche Sauerei anstellen können. Da wird nach Herzenslust gespritzt, bis überall Pfützen stehen, in denen sich die Jungschweine genüsslich suhlen – Hautpflege auf Schweineart. Weil die Tiere ausreichend Beschäftigung finden und genügend Platz haben, entwickeln sie ein normales Sozialverhalten. Es besteht also nicht die Notwendigkeit, ihnen bereits in den ersten Lebenstagen die Ringelschwänze zu kupieren und die Zähne herauszubrechen, wie es in Massenbetrieben routinemäßig praktiziert wird. Dort sollen diese Maßnahmen verhindern, dass sich die Schweine, die in der qualvollen Enge der Großställe nicht selten aggressiv werden, gegenseitig beißen und verstümmeln.

Die kleine Heidschnuckenherde auf Hof Eggers liefert hocharomatisches Fleisch. Genau wie die Rinder stehen auch die Schafe ganzjährig auf der Weide.

Schweine sind am liebsten mit den Tieren zusammen, die sie von klein auf kennen. Artgerechte Tierhaltung heißt daher auch, dass sie von Geburt an in festen Gruppen gehalten werden. Und irgendwann treten sie in dieser vertrauten Gesellschaft auch den letzten Weg an – in den Schlachthof. Georg Eggers zeigt auf den Hänger, der mitten auf seinem Hof vor der Fachwerkscheune steht. Ein paar Gänse watscheln gleichmütig um das Gefährt herum. »Die Tiere, deren Fleisch wir direkt über unseren Hofladen verkaufen, werden bei einem traditionellen Schlachter hier ganz in der Nähe geschlachtet. Die anderen fahre ich zu einem regionalen Bioland-Schlachtbetrieb. Ich bin da, wenn sie mit Futter in den Hänger gelockt werden, und ich bin da, wenn sie ihn wieder verlassen. Sie kennen mich, das nimmt ihnen etwas vom Transportstress. Außerdem haben sie vor dem Schlachten mindestens eine Nacht lang Zeit, sich von der Fahrt zu erholen.«

Auch davon profitieren nicht nur die Tiere, sondern ebenso sehr die Fleischesser. Geraten Schweine nämlich vor dem Halsstich des Schlachters in Panik, wie es in Großschlachthöfen oft passiert, so produziert ihr Stoffwechsel vermehrt Milchsäure. Darunter leidet die Fleischqualität erheblich: Das Schnitzel sieht blässlich aus, ist weich und verliert beim Braten viel Flüssigkeit, sodass es geschrumpft und trocken auf dem Teller landet. Eine kulinarische Enttäuschung, die jede Freude über den Schnäppchenpreis zunichtemachen dürfte.

Gutes Fleisch ist ein wertvolles Lebensmittel, und sein Preis spiegelt den Aufwand bei Tierhaltung und Schlachtung wider. Natürlich kostet es mehr Zeit, einen Stall regelmäßig auszumisten, als den Kot direkt durch Spalten im Boden fallen zu lassen. Es ist teurer, wenige Tiere auf relativ viel Fläche zu halten, als Tausende auf engem Raum zusammenzupferchen. Es erfordert mehr Mühe und natürlich Erfahrung, regelmäßig und bei jedem einzelnen Tier darüber zu wachen, ob es gesund ist, statt von vornherein Antibiotika mit dem Futter zu

Die Bilderbuchkulisse sollte nicht darüber hinwegtäuschen, wie viel Wissen um natürliche Kreisläufe, artgerechte Tierhaltung und Nachhaltigkeit in die Bewirtschaftung des Hofs einfließt.

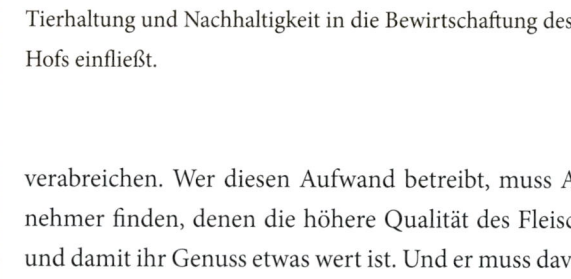

verabreichen. Wer diesen Aufwand betreibt, muss Abnehmer finden, denen die höhere Qualität des Fleischs und damit ihr Genuss etwas wert ist. Und er muss davon überzeugt sein, das Richtige zu tun.

»Als wir 1991 auf Bio umgestellt haben«, erzählt Georg Eggers, »ging es uns auch darum, Vielfalt zu erhalten.« Sieht man sich auf Hof Eggers in der Ohe um, begreift man schnell, was er meint. Im Schatten alter Bäume liegen Bauernhaus, Scheunen und Kornspeicher – reetgedeckte Fachwerkgebäude, das älteste von ihnen beinahe fünfhundert Jahre alt. Am Hof fließt träge ein Seitenarm der Elbe vorbei. Wasser prägt die Landschaft der Vier- und Marschlande, Gräben durchziehen Weiden und Felder, und auf den Feuchtwiesen stakst ein Storch auf der Suche nach Fröschen und Mäusen umher. Die weite, flache Landschaft wird aufgelockert von Wäldchen, Schilfflächen und Gebüschen – Lebensraum einer großen Artenvielfalt. Für intensiven Ackerbau, der reine Ertragsmaximierung anstrebt, eignet sich diese Landschaft nur schlecht. Und Massentierhaltung lässt sich in den denkmalgeschützten Gebäuden auf Hof Eggers erst recht nicht betreiben.

Georg Eggers ist daher den umgekehrten Weg gegangen, hat auf die Produktionssteigerung verzichtet und stattdessen auf Bio gesetzt. Seine Felder liefern Getreide und Klee für die Tiere, deren Mist wiederum die Felder düngt. Dass dieser Kreislauf funktioniert, hängt von der Balance zwischen der Anzahl der Tiere und der Größe der bewirtschafteten Fläche ab. Die knapp fünfzig Rinder auf Hof Eggers stehen ganzjährig draußen und suchen nur im Winter Schutz in einem Unterstand. Sie beweiden auch Gebiete, die ohne Eingriffe in die Landschaft sonst nicht nutzbar wären, weil sie von Gehölzen und Gewässern durchzogen sind. Als Weideflächen dagegen tragen sie zur Produktion von hochwertigem Rindfleisch bei, ohne dass dabei die Artenvielfalt der Landschaft beeinträchtigt wird. So greifen artgerechte Tierhaltung und Nachhaltigkeit ineinander.

Sogar ein paar Hühner scharren und picken in Sichtweite des Schweinestalls.

Ungefähr alle drei Wochen treibt Georg Eggers die Rinder auf eine neue Weide. Da er die Tiere ausschließlich zur Fleischgewinnung hält, muss er nicht melken. Die Milch seiner Kühe trinken die Kälber. Zugefüttert – Kleegrassilage vom eigenen Hof – wird nur im Winter und in sehr trockenen Sommern, wenn die Tiere nicht genügend frisches Gras finden. Trotzdem sieht der Landwirt täglich nach ihnen. Nicht nur, um zu kontrollieren, ob alles in Ordnung ist: »Sie sollen an Menschen gewöhnt bleiben. Wenn sie zu wild werden, kommt man irgendwann nicht mehr an sie heran.« Im Moment bieten sie einen durchaus friedlichen Anblick, wie sie dort im Schatten eines Baumes liegen und wiederkäuen. Selbst der imposante Zuchtbulle Gyso, der über die Mutterkuhherde wacht, wendet kaum den Kopf nach den Besuchern.

»Rinder sind im Grunde gelassene Tiere«, bestätigt Martina Sträßer mit Blick auf die rotbunten Milchkühe von Gut Wulfsdorf. »Ihr Tag ist bis auf die letzte Sekunde ausgefüllt: acht Stunden fressen, acht Stunden wiederkäuen, acht Stunden schlafen.« Allerdings gibt es in puncto Gelassenheit durchaus Unterschiede zwischen den Rassen. »Die Galloway-Haltung haben wir so gut wie aufgegeben. Die Tiere sind sehr wild, und gutes Fleisch liefern auch andere Rassen.« Wie Eindrücke täuschen können: Viel bedrohlicher als die zottligen, hornlosen Galloways sehen die Rotbunten mit ihren spitzen Hörnern aus. Was vielleicht auch daran liegt, dass man diesen Anblick kaum noch gewöhnt ist. Schließlich ist es heute meist üblich, die Hörner zu veröden, damit sich die Tiere nicht gegenseitig verletzen.

»Klar kommt das mal vor«, gibt Martina Sträßer zu, »zwar ziemlich selten, weil die Rinder sich aus dem Weg gehen können, aber es kommt vor.« Auf einem Bauernhof, und sei er so idyllisch wie Gut Wulfsdorf oder Hof Eggers, geht es nicht zu wie im Bilderbuch: Die Kühe verhalten sich nicht immer sanftmütig, die Schweine sind nicht immer rosa und blitzsauber, Kälber sind nicht zum Streicheln da – und alle werden sie irgendwann geschlachtet. Gut Wulfsdorf ermöglicht es jedem Besucher, den Zusammenhang zwischen dem Fleisch auf dem Teller und dem lebendigen Tier herzustellen. Dazu genügt es, den Hofladen zu betreten. All die Koteletts, die Filets, die Würste und Schinken, die appetitlich in der Theke der Hofmetzgerei Dreymann liegen, stammen von Wulfsdorfer Schweinen und Rindern, wie sie nur wenige Meter weiter in den Ställen und auf den Weiden herumlaufen. Näher kann man dem Bewusstsein, dass Fleisch nicht auf Bäumen wächst, kaum kommen. Und das wiederum fordert Respekt – Respekt vor einem Lebensmittel, das uns etwas wert sein sollte: einen fairen Preis, der artgerechte Tierhaltung erst möglich macht, und Zeit und Hingabe bei der Zubereitung.

In wenigen Wochen wird dieses Schwein den Weg zum Schlachthof antreten, und die nächste Generation Ferkel zieht in die historische Scheune ein.

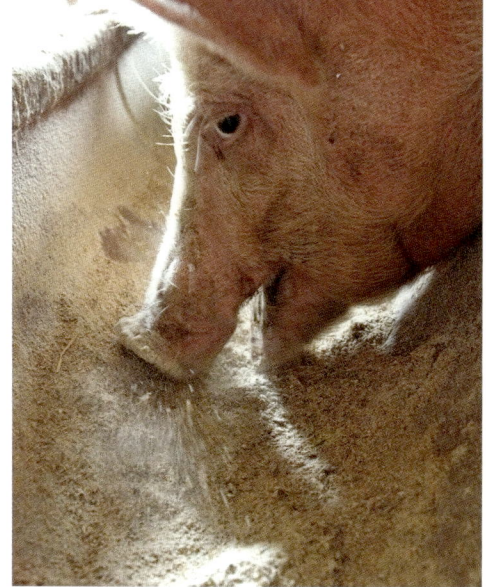

SCHWEINE-RASSEN

Schweine waren über Jahrhunderte selbstverständliche Mitglieder des Haushalts
und »lebendige Vorratskammer« für die kühlen Monate. Inzwischen sind sie in Ställen verschwunden
und vor allem mager. Aber es gibt eine Renaissance:
Die wohlschmeckenden, fetteren Rassen werden wieder geschätzt.

Schaut man auf die hundertundeins Schnitzelvariationen auf deutschen Speisekarten, so fragt man sich, ob es wohl ein »Schnitzelschwein« gibt. Wo sind die herrlichen Koteletts mit dem schneeweißen Fett hingekommen? Wieso ist heute sogar Schweinebauch mager, und warum gibt es Schweinebäckchen beinahe nur noch in der Spitzengastronomie, während man sie beim eigenen Metzger vorbestellen muss?

Das Schwein liefert das in Deutschland meistgekaufte Fleisch. Deshalb spiegelt dieses Nutztier auf sehr direkte Weise die Vorlieben und Bedürfnisse der deutschen Gesellschaft wider. Kurz nach dem Krieg sollte und durfte es fett sein. Danach wuchs der Appetit auf Fleisch. Die Devise lautete nun: viel, aber mager. Neue Kreuzungen ergaben Schweine mit wenig Fett und einem hohen Fleischanteil. Dafür ging allerdings Geschmack verloren, und das magere Fleisch wird leicht trocken. Das gilt umso mehr für die Tiere, die durch die Intensivhaltung Stress und Krankheiten ausgesetzt sind.

Heute ist Genuss zunehmend wieder ein hoher Wert, und immer mehr Menschen bemerken, wie viel Geschmack und Vielfalt dem Lebensmittel Schweinefleisch verloren gegangen ist. Engagierte Züchter vermehren wieder alte Rassen, die sich besonders gut zur Weidehaltung eignen. Durch abwechslungsreiche Fütterung bis hin zur traditionellen Eichelmast und durch Bewegung werden diese Schweine rund, muskulös und schmackhaft.

DEUTSCHES LANDSCHWEIN

In deutschen Fleischtheken taucht das Fleisch dieser Rasse am häufigsten auf. Das deutsche Landschwein nimmt schnell zu, hat einen hohen Magerfleischanteil, und seine Stressanfälligkeit wird durch Zucht immer weiter reduziert. Dieses Fleisch entspricht den Vorlieben moderner Esser und kann, gerade in Bio-Qualität, sehr gut schmecken. Angesichts des niedrigen Fettgehalts muss man darauf achten, dass es beim Garen nicht zu trocken wird.

IBERISCHES SCHWEIN

Im Idealfall lebt das Cerdo Ibérico, aufgrund seiner schwarzen Pfoten auch Pata negra genannt, halbwild in großen Waldgebieten. Sein bevorzugtes Futter sind im Herbst Eicheln, die ihm einen nussigen Geschmack verleihen. Das Fleisch ist sehr gut marmoriert und besitzt einen hohen Anteil an ungesättigten Fettsäuren, die der Rasse den Beinamen »die Olive unter den Schweinen« eingebracht hat.

MANGALITZA-SCHWEIN

Dieses wollige Tier ist aufgrund seines hohen Fettanteils ein klassisches Wurstschwein. Es liefert hervorragenden Speck und Schmalz. Auch das dunkle, gut marmorierte Fleisch schmeckt kurz gebraten oder gegrillt. Die ungarische Rasse überlebte in Österreich und Ungarn nur knapp. Inzwischen gibt es wieder Züchter, die sich ihrer annehmen.

BUNTES BENTHEIMER SCHWEIN

Das auch »Swatbunt« genannte Schwein ging aus einer Kreuzung von Angler Sattelschwein mit englischen Ebern hervor. Es eignet sich nicht für die Industriemast, dafür umso mehr für den Genuss. Die robusten, freundlichen Tiere wachsen am besten in Freilandhaltung. Sie entwickeln ein gut marmoriertes, dunkelrotes Fleisch mit kräftigem Geschmack, das beinahe an Rindfleisch erinnert. Hier gilt: Essen, um zu erhalten!

SCHWÄBISCH-HÄLLISCHES SCHWEIN

»Mohrenköpfle« werden die Schweine mit dem schwarzen Kopf und dem schwarzen Hinterteil auch genannt, zu deren Ahnen Chinesische Maskenschweine gehören. Das Schwäbisch-Hällische ist stressresistent, gedeiht sehr gut auf der Weide und besitzt festes, gut marmoriertes Fleisch sowie einen weißen, kernigen Speck.

RINDER-RASSEN

Reine Fleischrassen werden in Deutschland noch nicht lange gezüchtet.
Viel beliebter sind und waren Zweinutzungsrinder, die als Milchvieh und Fleischlieferanten dienen.
Die reinen Fleischrinder stammen aus England, den USA und Frankreich.
Heute entdecken vor allem kleine Bauern die Vorzüge der alten deutschen Rassen wieder.

Steak gilt heute als Inbegriff guten Rindfleischs – je größer und magerer, desto besser. Leider hat es häufig keinen Biss und wenig Geschmack. Dabei können Rinder viel mehr, als diese Reduzierung auf ein paar Edelteile vermuten lässt. Vor dem Ersten Weltkrieg waren sie alles in einem: Milchlieferanten, Fleischproduzenten und Zugtiere.

Das beste Beispiel: das Limpurger Rind, die älteste württembergische Rasse. Es war nicht nur robust und kräftig, sondern auch so wohlschmeckend, dass die Bauern es von Hohenlohe nach Paris trieben und dort verkaufen konnten. Nachdem die Rasse schon vom Aussterben bedroht war, wird sie heute wieder von engagierten Landwirten gezüchtet. In der gehobe-nen Gastronomie ist das saftige, feinfaserige Fleisch des Limpurger Weide-ochsen sehr beliebt.

Ein weiterer Vorteil der alten Rassen: Sie sind den natürlichen Gegeben-heiten ihrer Herkunftsregion angepasst und so genügsam, dass sie bei Wei-dehaltung bestens gedeihen. Dadurch werden sie zu Pflegern von Kultur-landschaften, die ohne Beweidung verwalden würden. Die Rinder wachsen langsamer, besitzen dadurch aber eine sehr gute Fleischqualität. Mit dem neu erwachten Interesse an Qualitätsfleisch werden die alten Rassen wie-der wichtig, wird über Fütterung und Mast reflektiert und die Vielfalt von Fleischschnitten neu entdeckt.

DEUTSCHES FLECKVIEH

Die in Deutschland am weitesten verbreitete Zweinutzungsrasse ging aus einer Kreuzung von deutschen Landrassen mit dem Schweizer Simmentaler Rind hervor. Das Fleisch des groß gewachsenen Tiers ist gut marmoriert, also von feinem Fett durchzogen, das es saftig hält.

CHAROLAIS

Diese Rinder aus Zentralfrankreich wurden bis zum Siegeszug des Traktors vor allem für die Arbeit eingesetzt. Heute werden sie als reine Fleischrasse gehalten. Sie wachsen langsam und besitzen ein ausgeprägtes Hinterviertel, also einen hohen Anteil an Edelteilen.

LIMOUSIN

Ursprünglich aus der Region um Limoges in Frankreich stammend, züchtete man auch diese Rasse vor allem für die Arbeit. Das robuste Fleischrind eignet sich sehr gut zur Weidehaltung. Es ist genügsam, wächst langsam und liefert feinfaseriges, aromatisches Fleisch.

ANGUS

Die kleinen, dunkel gefärbten, hornlosen Aberdeen Angus und Deutsch Angus sind sehr gute Futterverwerter. Aberdeen Angus eignen sich vor allem zur Weidehaltung, da sie bei der Mast schnell verfetten. In den USA gilt ihr Fleisch mit seinem vollen, würzigen Geschmack als bestes Rindfleisch überhaupt.

HINTERWÄLDER RIND

Das kleine, robuste Zweinutzungsrind aus dem Südschwarzwald gehört zu den gefährdeten Rassen. Zum Glück entdecken jedoch immer mehr Bauern seine Vorzüge. Das Fleisch ist besonders kurzfaserig, saftig und gut marmoriert. Für Geschmack sorgt ein hoher intramuskulärer Fettanteil.

SCHAF-
RASSEN

Schafe und Lämmer verstecken ihr gutes Fleisch unter der Wolle.
Während wir beim Anblick von Schwein und Rind sofort an Braten denken,
gehören Schafe in unserer Vorstellung auf die Weide.
Dabei liefern sie ganz hervorragendes, schmackhaftes Fleisch.

Erst seit Mitte des 19. Jahrhunderts wird das Schaf bei uns gezielt als Fleischlieferant gezüchtet. In dieser Zeit fielen die Wollpreise, und Bauern, die Schafe hielten, mussten sich nach zusätzlichen Einnahmequellen umsehen. Durch Zucht wurden die Rassen in der Folge größer, länger und entwickelten ausgeprägtere Keulen.

Mindestens ebenso wichtig wie die Rasse sind jedoch die Haltungsbedingungen und langsames Wachstum. Häufig werden Lämmer heute, sobald sie keine Milch mehr saugen, in andere Betriebe umgesiedelt, die Lämmermast im Stall betreiben. Viel intensiveren Geschmack entwickeln jedoch Tiere, die auf der Weide bleiben dürfen. Das Fleisch wird dunkler und fester, und die Art des Weidefutters sorgt für das spezifische Aroma. Das norddeutsche Salzwiesenlamm ist dafür ein gutes Beispiel, und auch das begehrte Pauillac-Lamm aus Frankreich ist keine Rasse, sondern ein Qualitätsbegriff für Tiere, die auf den Salzwiesen an der Girondemündung grasen.

TEXELSCHAF

Das Texelschaf stammt ursprünglich aus den Niederlanden und wurde mit englischen Fleischrassen gekreuzt. Es ist ausgesprochen muskulös, hat einen kurzen Hals, einen langen, breiten Rücken, kräftige Keulen und Beine. Es neigt trotz schneller Gewichtszunahme nicht zur Verfettung und ist in Deutschland heute eine der am weitesten verbreiteten Rassen.

MERINOFLEISCHSCHAF

Diese Rasse wurde ursprünglich wegen ihrer feinen Wolle gezüchtet und gilt heute als gefährdet. Auffällig ist der breite, tiefe Körper der Merinoschafe, die schnell an Gewicht zunehmen und dabei Muskelfleisch bilden.

SCHWARZKÖPFIGES FLEISCHSCHAF

Das hellwollige Schaf mit dem schwarzen Kopf und den schwarzen Beinen besitzt einen besonders langen Rücken und kräftige Keulen. Diese Rasse, die auf das norddeutsche Marschschaf zurückgeht, ist besonders robust und liefert eine sehr gute Fleischqualität.

HEIDSCHNUCKE

Heidschnucken erhalten die Kulturlandschaft Heide, indem sie Gehölze abfressen und die Bewaldung verhindern. Die Haltung auf ungedüngten, wilden Heideflächen und Magerrasen sorgt für dunkles, mageres Fleisch, das für seinen feinen, an Wildfleisch erinnernden Geschmack bekannt ist.

SUFFOLK

Diese Rasse ist ausgesprochen anspruchsvoll im Futter. Dafür liefert sie aber auch sehr zartes, gleichmäßig durchwachsenes, relativ fettarmes Fleisch. Die Böcke werden deshalb gern für Kreuzungen genommen.

KÜCHENPRAXIS

Am Anfang steht das Tier, am Ende ein feines Fleischgericht auf dem Teller.
Damit die Verwandlung vom einen ins andere glückt,
sollten Sie nicht nur einen guten Metzger finden. Auch ein bisschen
Know-how über Fleischschnitte und Geräte kommt dem Endergebnis zugute.
Das Wichtigste finden Sie auf den nächsten Seiten.

… UND FRAGEN SIE IHREN METZGER

Ein guter Metzger ist mehr als ein Lieferant von Steak, Schnitzel und Sonntagsbraten. Er ist auch eine hervorragende Quelle für Fleisch-Expertenwissen. Wohl dem, der eine solche Quelle anzapfen kann!

»Hier, probieren Sie mal.« Auf der Zunge entfaltet sich der perfekte Geschmack eines Wiener Würstchens. Dabei hat der rosa Teig in dem großen Bottich des Kutters noch keinerlei Ähnlichkeit mit den knackigen, hellbraunen Kinderlieblingen, wie sie ein paar Schritte weiter in der Theke der Bio-Metzgerei Dreymann liegen. »Die Wurstmasse ist vor dem Erhitzen immer viel geschmacksintensiver«, erklärt Andreas Dreymann und wirft die Maschine an, die den Teig in Schafsdärme füllt. Nach jedem Würstchen zwirbelt sie die zarte Hülle genau sechseinhalbmal, um sie zu verschließen. Eine Würstchengirlande nach der anderen hängt Dreymann über die Stangen, an denen sie als Nächstes in den Brühkessel wandern. Pausen erlaubt er sich nicht: Heute müssen noch etliche andere Wurstsorten produziert werden. In Stiegen warten Schweinefleisch und Rückenspeck darauf, zu Bock-, Jagd- und Fleischwurst verarbeitet zu werden.

Ein guter Metzger stellt Speck und Würste selbst her, statt sie im Großhandel einzukaufen.

Von welchen Schweinen und Rindern sein Fleisch stammt, weiß Andreas Dreymann genau, schließlich hat er sie tagtäglich vor Augen. Sein Betrieb liegt auf Gut Wulfsdorf, einem Bio-Hof in der Nähe von Hamburg, und er verarbeitet das Fleisch der hofeigenen Tiere. Nur Geflügel und Salzwiesenlämmer kauft er von anderen Höfen dazu. Aber auch hier kennt er die Betriebe ganz genau, und er weiß, wie die Tiere gehalten wurden. Das ist ihm wichtig. Geschlachtet werden sie allerdings in einer Schlachterei in der Nähe, das macht Dreymann nicht selbst. »Ich konzentriere mich auf das Zerlegen und natürlich auf die Herstellung der Fleisch- und Wurstwaren.« Er zeigt auf die Theke im Hofladen. Dort liegen nicht nur frisch gewolftes Hackfleisch, Schweinerippchen, Rindersteaks und Lammhaxen, sondern auch Fenchelsalami nach italienischer Art, Bündner Fleisch und Räucherschinken, würzige

Merguezwürstchen aus Lammfleisch und natürlich die Wiener. »Alles selbst gemacht.« Aus seinen Worten klingt Stolz auf sein Handwerk.

Der gleiche Stolz schwingt ein paar Tage später in der Stimme von Hans Wagner mit, als er von der über hundertjährigen Familientradition der Schlachterei Wagner in Hamburg-Eimsbüttel erzählt. Begründet wurde sie von seinem Großonkel, dem fränkischen Metzgermeister Wilhelm Reiß, der 1906 ein Haus baute und darin ein Geschäft eröffnete. 1958 wurden die Räume des benachbarten Lebensmittelladens zugekauft, weil der Platz nicht mehr reichte. Aber auch der alte Verkaufsraum ist noch in Benutzung: Vor den Jugendstilkacheln hängen Speckseiten und Würste, und es duftet nach Buchenholzrauch, so wie seit hundert Jahren.

Auch Hans Wagner und sein Sohn Michael, ebenfalls Metzgermeister, stellen alles selbst her, was bei ihnen in der meterlangen Theke liegt. Auch sie wissen genau, woher ihr Fleisch kommt: »Da fragen viele Kunden inzwischen nach, das finde ich gut. Wir schlachten ja in erster Linie Tiere, die wir selbst aufgezogen haben.« Zur Metzgerei gehört seit vielen Jahren der Birkenhof in der Wilster Marsch. Auf den weitläufigen Ländereien weiden neben Limousin- und Charolais-Rindern auch zottige Galloways und riesige weiße Chianina-Rinder aus der Toskana; daneben Schafe, Ziegen und Damhirsche. Die Tiere werden artgerecht gehalten und haben jede Menge Auslauf – das sorgt für hochwertiges, aromatisches Fleisch. Die verschiedenen Rassen bilden zudem eine Geschmacksvielfalt ab, die im Supermarkt nicht zu finden ist.

Andreas Dreymann und der Familienbetrieb der Wagners: Sie stehen für Handwerkstradition im besten Sinne. Kein Wunder, dass sie jeweils über einen großen Kreis treuer Stammkunden verfügen. Wie aber findet man nun einen guten Metzger? Trocken sagt Hans Wagner: »Ob der Metzger gut war, erkennt man im Endeffekt erst hinterher – wenn Fleisch und Wurst geschmeckt haben.« Am Ausprobieren führt also kein Weg vorbei. Aber ein paar Hinweise auf die Qualität gibt es trotzdem: Wie viele Leute kaufen bei diesem Metzger ein? Qualität spricht sich in aller Regel herum. Stellt er die Wurst- und Fleischwaren selbst her, oder legt er sie lediglich aus der industriellen Großpackung in seine Theke? Gibt er bereitwillig Auskunft darüber, woher die Tiere stammen, die er verarbeitet?

Vor allem aber darf man den eigenen Augen trauen. Sieht die Ware appetitlich aus, oder liegt das Frischfleisch womöglich in Pfützen von Blut und Fleischsaft? Kein Qualitätsmangel ist es dagegen, wenn bei einem Bio-Metzger die Fleischwurst blasser und die Salami dunkler aussieht als gewohnt. Andreas Dreymann erklärt: »Bei Bio-Fleischwaren wird auf Nitritpökelsalz verzichtet. Ich arbeite mit reinem Meersalz.« In der konventionellen Herstellung sorgen Natriumnitrit oder -nitrat dafür, dass Salami, Schinken und Fleischwurst ihre schön rosarote Farbe behalten. Ohne den Zusatz wird der fleischeigene Rotfarbstoff Myoglobin an der Luft und insbesondere durch Erhitzen abgebaut.

Dieser natürliche Myoglobin-Abbau ist auch für den typischen dunklen Reiferand bei gut abgehangenem Rindfleisch verantwortlich – auch der kein Zeichen für mangelnde Qualität, im Gegenteil. Rindfleisch muss nach dem Schlachten erst einmal reifen. Erst mit der Zeit wird das Bindegewebe gelockert und das Fleisch mürbe, und das Aroma entwickelt sich. Üblicherweise werden heute die Rinderhälften gleich zerlegt, eingeschweißt und in Vakuumfolie gelagert, bis das Fleisch verkauft werden kann. Die Wagners dagegen bedienen sich der traditionellen Methode: Sie lassen die ganzen Rinderhälften abhängen, und zwar drei bis vier Wochen lang. Das führt zu einer Geschmacksfülle, die Hans Wagner mit ebenfalls an der Luft gereiftem Käse vergleicht. Allerdings verliert das Fleisch während dieses Prozesses Wasser. So schrumpft es zwar später in der Pfanne weniger stark, wird aber natürlich auch teurer, denn der Metzger muss den Verdunstungsverlust mit einkalkulieren. »Aber die Kunden fragen zunehmend nach unserem ›dry-aged beef‹, wie man das heute nennt«, erzählt Hans Wagner.

Egal, ob es um Reife- oder Garmethoden geht: Ein guter Metzger antwortet bereitwillig auf Fragen. Noch besser ist es allerdings, wenn er auch selbst nachfragt. Hans Wagner erzählt: »Bei uns wollte mal ein Kunde zwei Kilo Schweinefilet kaufen. Ich habe dann nachgefragt, was er damit vorhat. Er hatte ein Rezept, in dem das Fleisch lange geschmort wird. Da wusste ich: Er meint nicht die Filets, die ja auch als Schweinelendchen bezeichnet werden, sondern den Lendenbraten. Zum Glück habe ich ihm dann das Richtige geben können. Die zarten Filets wären ja vollkommen trocken geworden.« Am besten ist es also, dem Metzger beim Kauf gleich zu sagen, für welches Gericht das Fleisch geplant ist. Er kann dann die besten Teilstücke für diesen Zweck empfehlen oder Alternativen vorschlagen. »Manchmal ermuntere ich meine Kunden auch, ein anderes Stück Fleisch zu nehmen, als sie eigentlich wollten«, sagt Andreas Dreymann. »Zum Beispiel, weil das gewünschte Rinderfilet aus ist. Ein Rind besteht nun mal nicht nur aus den Edelteilen. Ich gebe den Kunden dann Tipps, was sie Leckeres mit anderen Stücken anfangen können. Um gut beraten zu können, koche ich selbst viel.«

Da werden über die Theke hinweg schon mal Rezeptideen ausgetauscht – zur Freude der Kunden. Ein neu erwachtes Interesse am Kochen beobachtet auch

Michael Wagner hat die Oberschale aus dem Rinderviertel ausgelöst (▶ Seite 24). Nun schneidet Hans Wagner Sehnen, Fett und die trockenen Reiferänder ab, bevor das Fleisch in die Auslage wandert.

Frische Blutwürste hängen in der Räucherkammer. Hinter der großen Auswahl in der Theke der Metzgerei steckt jede Menge Arbeit, die hinter den Kulissen stattfindet.

Hans Wagner. »Aber was ich schade finde: Da geben die Leute bei ihrem Metzger viel Geld für gutes Fleisch aus, aber Fond und Brühe für das Rezept kaufen sie als Fertigprodukt im Supermarkt. Dabei müssten sie sich nur ein paar Knochen mitgeben lassen und daraus und aus dem, was sie von dem Fleisch beim Parieren weggeschnitten haben, die Brühe selbst kochen. Das ist allemal eine bessere Saucengrundlage als irgendein Pulver aus der Packung.«

Zum Thema Parieren schiebt er gleich noch hinterher: »Nicht zu viel Fett abschneiden! Das hält das Fleisch beim Garen saftig. Nach dem Zubereiten können Sie es ja immer noch entfernen. Und wenn Sie ein Steak mit einem richtig schönen Fettrand haben, dann machen Sie zuerst die Pfanne heiß und wischen Sie das Fleisch mit der Fettseite einmal über den Boden. So können Sie auf weiteres Bratfett verzichten, und Geschmack gibt das außerdem.« Hans Wagner ist in seinem Element. »Ach ja, Geschmack – dazu fällt mir noch ein: Wenn die Kunden das Fleisch noch nicht sofort kochen, sondern noch aufheben, dann sage ich ihnen, sie sollen es schon gleich mit Kräutern und Gewürzen einreiben, dann auf einen Teller legen, abdecken und auf der Glasplatte über dem Gemüsefach, also am kältesten Punkt des Kühlschranks, aufbewahren. So kann das Aroma richtig schön einziehen. Außerdem wirkt die Würze antibakteriell, und man kann das Stück ruhig ein paar Tage aufheben.« Das gilt natürlich nicht für Hackfleisch und Innereien, die auf jeden Fall am Tag des Kaufs zubereitet werden sollten.

Das Fleisch vor dem Zubereiten abzuspülen wirkt dagegen nicht gegen Keime – sie lassen sich durch eine kleine Wasserdusche nicht entfernen. Beim Erhitzen sterben sie allerdings zuverlässig ab. Aber das Abwaschen bietet nicht nur keinen Vorteil, sondern sogar einen handfesten Nachteil: Es ist nur mit größter Sorgfalt möglich, das Fleisch danach wieder vollständig zu trocknen. Befindet sich aber noch Feuchtigkeit an der Oberfläche, so spritzt es beim Anbraten stark. Hans Wagner empfiehlt daher, das Fleisch vor dem Garen nur mit Küchenpapier trocken zu tupfen, um eventuelle Feuchtigkeit zu entfernen.

Tipps vom Metzger – besser kann man Fleisch-Expertenwissen kaum anzapfen. Fleischliebhaber suchen sich daher am besten einen Betrieb, dem sie rundum vertrauen können. Denn ein gutes Rezept alleine garantiert noch keinen Genuss. Wer sich aber sicher sein kann, dass das gekaufte Fleisch von einem Meister oder einer Meisterin des Fachs zerlegt und verarbeitet wurde, der hat eine wichtige Voraussetzung für Erfolgserlebnisse in der Küche erfüllt.

KÜCHEN-HELFER

KURZBRATEN, GRILLEN UND RÄUCHERN

Edle Teile zum Kurzbraten wie Filet und Lende verlangen neben Aufmerksamkeit auch gutes Kochgeschirr, damit sie wirklich auf den Punkt gegart auf den Tisch kommen.

Viel hängt bei dieser Zubereitungsmethode von einer guten Pfanne ab. Ob beschichtet, aus Edelstahl mit Sandwichboden, aus Aluguss oder Gusseisen: Wichtig ist für alle Köche ohne Gasherd, dass die Pfanne plan auf der Kochfläche steht und sich beim Erhitzen nicht wölbt. Außerdem muss sie gut in der Hand liegen und sich einfach pflegen lassen. Gerade in dieser Hinsicht bieten beschichtete Pfannen einen Vorteil, beispielsweise solche mit Titanbeschichtung.

Sandwichböden sorgen bei Pfannen wie bei Töpfen für besonders gute Wärmeleitung. Sie bestehen aus mehreren Schichten, deren innerste die Wärme genauso gut leiten sollte wie Kupfer. Für Induktionsherde sind Pfannen aus ferromagnetischem Material besonders praktisch.

Grillpfannen bieten eine gute Alternative zum Grillen auf dem Holzkohlegrill. Sie haben tiefe Rillen auf der Oberfläche, sodass das Fleisch nur punktuell aufliegt. Dadurch kommt man beim Garen mit sehr wenig Fett aus. Das ausgebratene Fett fließt ebenfalls in die Rillen.

GRILLPFANNE

Mit ihren tiefen Rillen sorgt sie nicht nur für ein schönes Grillmuster auf dem Fleisch, sondern auch für besonders fettarmes Braten.

RÄUCHERCHIPS ODER -MEHL

Für feinen Rauchgeschmack: Im Heimwerker- oder Anglerbedarf gibt es beides in verschiedenen Aromarichtungen.

PINSEL

Um heißes Fleisch mit Marinade einzupinseln, eignen sich besonders hitzebeständige Silikonpinsel.

GRILL- ODER KÜCHENZANGE

Wer einmal eine Küchenzange benutzt hat, möchte sie nicht mehr missen. Mit ihr lässt sich das Fleisch bequem greifen, in die Pfanne legen, wenden oder beiseiteschieben – ganz ohne Jonglieren oder Anstechen.

BRATPFANNEN

Beschichtete Pfannen sind pflegeleicht und erlauben entspanntes Kochen, denn in ihnen haftet nichts am Boden. Keramik- oder Titanbeschichtungen haben eine längere Lebensdauer als Kunststoffbeschichtungen und verzeihen auch die Begegnung mit Metall. Mit der Zeit und der richtigen Pflege entwickeln auch Gusseisen- oder Alugusspfannen eine Patina, die das Anhaften des Bratguts verhindert: dazu die Pfanne nach Benutzung möglichst nur mit Küchenpapier auswischen und falls nötig mit klarem Wasser spülen – ohne Spülmittel und ohne Einsatz von Kratzschwämmen.

PLATTIEREISEN

Um dünne Schnitzel zu erhalten, ist das Plattiereisen die bessere Wahl als ein Fleischklopfer mit stark geriffelter Oberfläche, weil es die Fleischfasern nicht zerstört. Das Schnitzel oder Rouladenfleisch mit einem aufgeschnittenen Gefrierbeutel bedecken und vorsichtig dünn klopfen. Wer kein Plattiereisen besitzt, kann sich mit einem kleinen Stieltopf behelfen.

KOCHEN, SCHMOREN, OFENBRATEN

Die Fleischteile zum Kochen, Schmoren und Ofenbraten liefern einen unvergleichlichen Geschmack, aber sie erfordern auch ein wenig mehr Zeit und Sorgfalt bei der Zubereitung. Gut, wenn die richtigen Küchengeräte vorhanden sind! Alles beginnt mit hochwertigen Messern, die gut in der Hand liegen, damit sie sensibel eingesetzt werden können und keinen großen Kraftaufwand erfordern. Ihre Klingen müssen so scharf sein, dass sie durch die Fleischfasern schneiden, statt sie zu zerreißen. Ständiges Scharfhalten mit einem Wetzstahl oder Schleifstein ist ein Muss.

SCHARFE ASSISTENTEN

Großes Kochmesser
Das schwere Messer schneidet nicht nur Fleisch, sondern auch hartes Gemüse, und Kräuter lassen sich damit ebenfalls hacken. Trotz seiner Größe muss es gut balanciert in der Hand liegen.

Ausbeinmesser
Seine Klinge ist starr und die Spitze wirklich spitz. Es ist ideal dafür, Fleisch vom Knochen zu lösen und präzise Schnitte zu machen.

Office- oder Küchenmesser
Dieses kurze Universalmesser ist handlich, um Fleisch zu parieren oder Gemüse zu putzen.

Tranchier- oder Filiermesser
Ein Messer mit langer, flexibler Klinge, die am Ende abgerundet ist. Es erlaubt saubere Schnitte durch große, gegarte Fleischstücke.

Cutter
Praktisch für alle Liebhaber von Schweinebraten. Der Cutter ritzt durch die ledrige Schwarte und lässt so die knusprige Kruste entstehen.

Küchenbeil
Wer Knochen zerteilen will, schont die Messer und benutzt besser das Küchenbeil.

FLEISCH-THERMOMETER

Bei großen Braten gibt es Auskunft über die Kerntemperatur und damit über den Gargrad des Fleischs.

GROSSER SUPPEN- ODER SCHMORTOPF

Gerade zum Schmoren ist Gusseisen eine gute Wahl, denn es gibt die Hitze gleichmäßig nach innen ab.

BRÄTER

Wählen Sie ihn zum Ofengaren nicht zu groß, sonst verdunstet der Bratensaft zu schnell.

SCHAUMKELLE

Damit lässt sich nicht nur beim Kochen Schaum abschöpfen, sondern auch erstarrtes Fett von der Oberfläche erkalteter Brühen.

STIELTOPF ODER KASSEROLLE

Der kleine, hohe Topf ist ideal für die Vollendung von Saucen oder für kleine Gerichte wie Ragouts. Dank des Stiels hat man ihn gut im Griff und kann flexibel und schnell agieren.

SPICKNADEL

Mit ihr gelangt fetter Speck ins Innere magerer Fleischstücke, damit sie beim Braten oder Schmoren saftig bleiben. Das Fleisch wird immer in Faserrichtung durchstochen.

HOLZBRETT

Die Saftrinne fängt beim Anschneiden des gegarten Fleischs den Fleischsaft auf. Holz ist die bessere Wahl für Schneidebretter, weil es antibakteriell wirkt.

FEINES SIEB UND PASSIERTUCH

Unerlässlich für glatte Saucen und klare Brühen: Diese beiden halten ausgekochte Aromaten, Schweb- und Trübstoffe zurück.

FLEISCHGABEL

Sie hält das Fleisch beim Tranchieren. Zum Wenden ist die Küchenzange die bessere Wahl.

KÜCHENGARN UND -NADEL

Garn bringt Rollbraten in Form und verschließt Fleisch über Füllungen.

PASTETENFORM

Besonders praktisch sind solche mit klappbaren Seitenwänden, mit denen sich die Pastete komfortabel aus der Form lösen lässt.

SCHWEIN

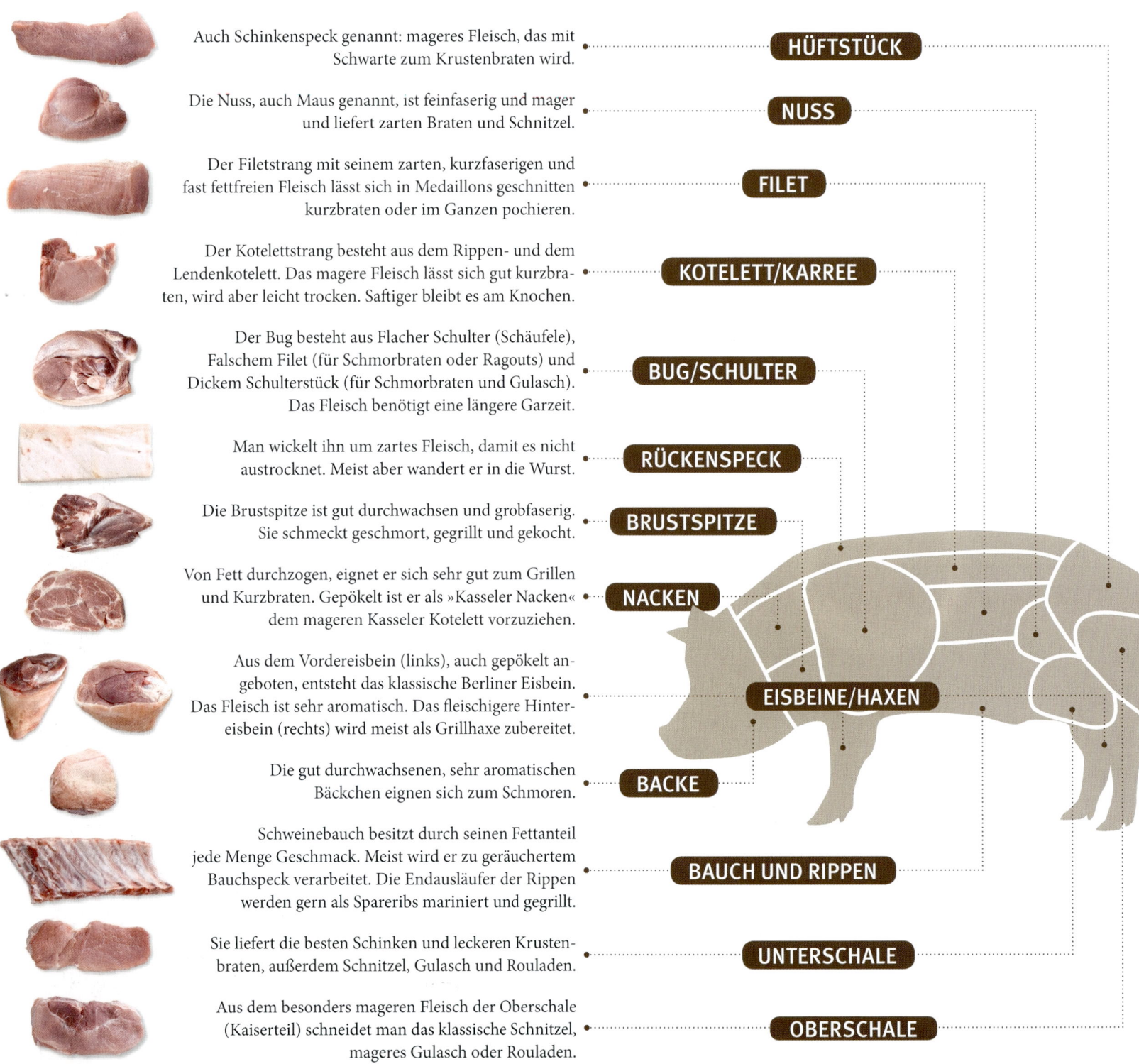

Auch Schinkenspeck genannt: mageres Fleisch, das mit Schwarte zum Krustenbraten wird.

HÜFTSTÜCK

Die Nuss, auch Maus genannt, ist feinfaserig und mager und liefert zarten Braten und Schnitzel.

NUSS

Der Filetstrang mit seinem zarten, kurzfaserigen und fast fettfreien Fleisch lässt sich in Medaillons geschnitten kurzbraten oder im Ganzen pochieren.

FILET

Der Kotelettstrang besteht aus dem Rippen- und dem Lendenkotelett. Das magere Fleisch lässt sich gut kurzbraten, wird aber leicht trocken. Saftiger bleibt es am Knochen.

KOTELETT/KARREE

Der Bug besteht aus Flacher Schulter (Schäufele), Falschem Filet (für Schmorbraten oder Ragouts) und Dickem Schulterstück (für Schmorbraten und Gulasch). Das Fleisch benötigt eine längere Garzeit.

BUG/SCHULTER

Man wickelt ihn um zartes Fleisch, damit es nicht austrocknet. Meist aber wandert er in die Wurst.

RÜCKENSPECK

Die Brustspitze ist gut durchwachsen und grobfaserig. Sie schmeckt geschmort, gegrillt und gekocht.

BRUSTSPITZE

Von Fett durchzogen, eignet er sich sehr gut zum Grillen und Kurzbraten. Gepökelt ist er als »Kasseler Nacken« dem mageren Kasseler Kotelett vorzuziehen.

NACKEN

Aus dem Vordereisbein (links), auch gepökelt angeboten, entsteht das klassische Berliner Eisbein. Das Fleisch ist sehr aromatisch. Das fleischigere Hintereisbein (rechts) wird meist als Grillhaxe zubereitet.

EISBEINE/HAXEN

Die gut durchwachsenen, sehr aromatischen Bäckchen eignen sich zum Schmoren.

BACKE

Schweinebauch besitzt durch seinen Fettanteil jede Menge Geschmack. Meist wird er zu geräuchertem Bauchspeck verarbeitet. Die Endausläufer der Rippen werden gern als Spareribs mariniert und gegrillt.

BAUCH UND RIPPEN

Sie liefert die besten Schinken und leckeren Krustenbraten, außerdem Schnitzel, Gulasch und Rouladen.

UNTERSCHALE

Aus dem besonders mageren Fleisch der Oberschale (Kaiserteil) schneidet man das klassische Schnitzel, mageres Gulasch oder Rouladen.

OBERSCHALE

RIND

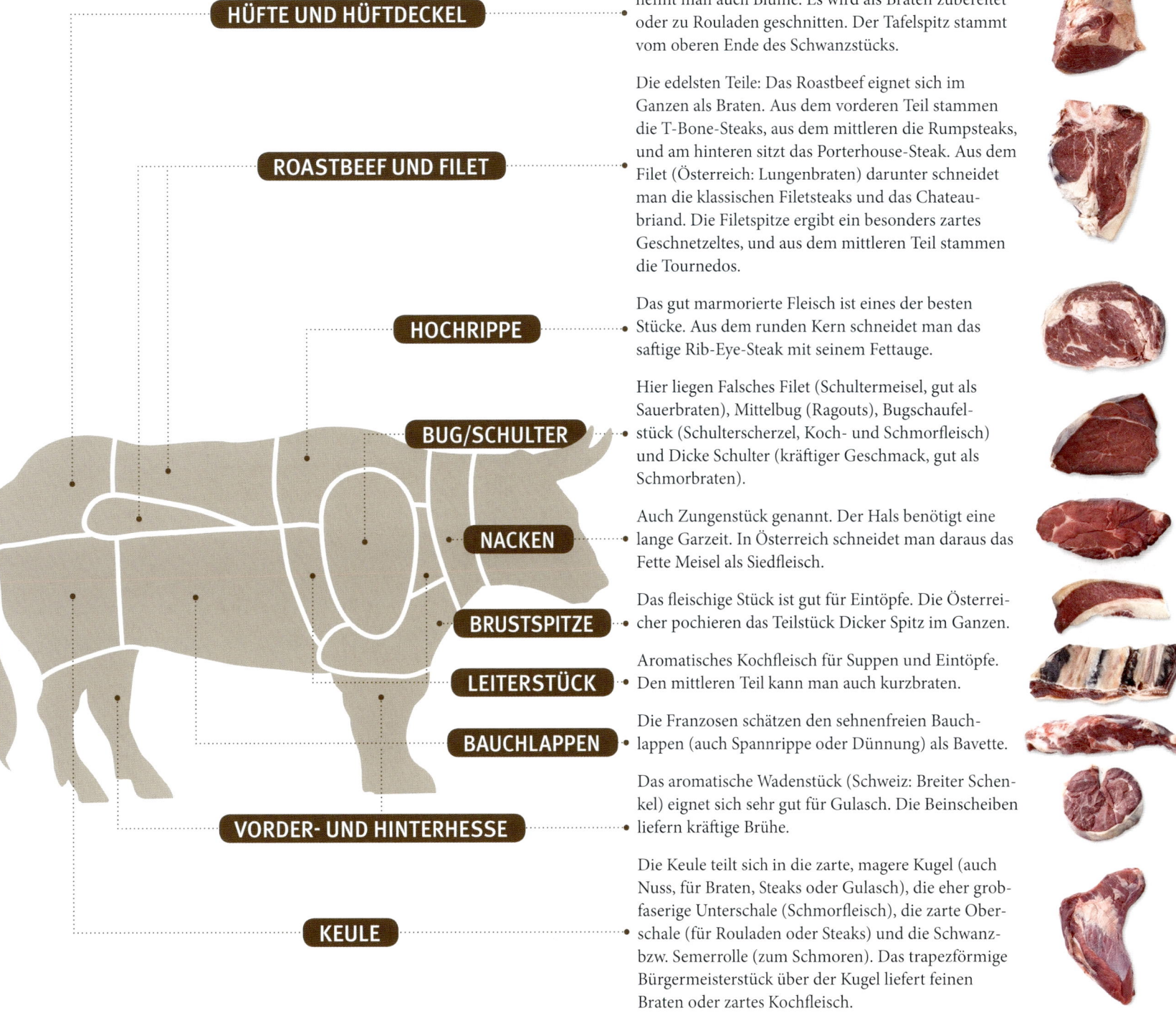

HÜFTE UND HÜFTDECKEL

Das zarte, saftige Fleisch der Hüfte ohne Hüftdeckel nennt man auch Blume. Es wird als Braten zubereitet oder zu Rouladen geschnitten. Der Tafelspitz stammt vom oberen Ende des Schwanzstücks.

ROASTBEEF UND FILET

Die edelsten Teile: Das Roastbeef eignet sich im Ganzen als Braten. Aus dem vorderen Teil stammen die T-Bone-Steaks, aus dem mittleren die Rumpsteaks, und am hinteren sitzt das Porterhouse-Steak. Aus dem Filet (Österreich: Lungenbraten) darunter schneidet man die klassischen Filetsteaks und das Chateaubriand. Die Filetspitze ergibt ein besonders zartes Geschnetzeltes, und aus dem mittleren Teil stammen die Tournedos.

HOCHRIPPE

Das gut marmorierte Fleisch ist eines der besten Stücke. Aus dem runden Kern schneidet man das saftige Rib-Eye-Steak mit seinem Fettauge.

BUG/SCHULTER

Hier liegen Falsches Filet (Schultermeisel, gut als Sauerbraten), Mittelbug (Ragouts), Bugschaufelstück (Schulterscherzel, Koch- und Schmorfleisch) und Dicke Schulter (kräftiger Geschmack, gut als Schmorbraten).

NACKEN

Auch Zungenstück genannt. Der Hals benötigt eine lange Garzeit. In Österreich schneidet man daraus das Fette Meisel als Siedfleisch.

BRUSTSPITZE

Das fleischige Stück ist gut für Eintöpfe. Die Österreicher pochieren das Teilstück Dicker Spitz im Ganzen.

LEITERSTÜCK

Aromatisches Kochfleisch für Suppen und Eintöpfe. Den mittleren Teil kann man auch kurzbraten.

BAUCHLAPPEN

Die Franzosen schätzen den sehnenfreien Bauchlappen (auch Spannrippe oder Dünnung) als Bavette.

VORDER- UND HINTERHESSE

Das aromatische Wadenstück (Schweiz: Breiter Schenkel) eignet sich sehr gut für Gulasch. Die Beinscheiben liefern kräftige Brühe.

KEULE

Die Keule teilt sich in die zarte, magere Kugel (auch Nuss, für Braten, Steaks oder Gulasch), die eher grobfaserige Unterschale (Schmorfleisch), die zarte Oberschale (für Rouladen oder Steaks) und die Schwanz- bzw. Semerrolle (zum Schmoren). Das trapezförmige Bürgermeisterstück über der Kugel liefert feinen Braten oder zartes Kochfleisch.

KALB

Unterschale, Kalbsnuss und Oberschale bilden die drei Teilstücke der Keule. Die Oberschale liefert das ideale Fleisch für Schnitzel und Rouladen. Die Unterschale mit der Schwanzrolle ist etwas grobfaseriger und wird deshalb gern geschmort. Die Kalbsnuss oder -kugel bietet sich mit ihrer Form für einen kleinen Braten an. Das Fleisch ist jedoch so fein, dass man durchaus auch kleine Schnitzel daraus schneiden kann.

KEULE

Der oberste Teil der Keule wird als magerer, feinfaseriger Braten geschätzt. Er eignet sich aber auch für Schnitzel oder Geschnetzeltes.

HÜFTE

Aus der Kalbslende (vergleichbar mit dem Roastbeef beim Rind) lassen sich aromatischer Braten oder zarte Steaks mit leichter Fettauflage zubereiten. Darunter liegt das besonders feine Filet. Es wird gern als Medaillon gebraten oder im Ganzen rosa pochiert.

RÜCKEN UND FILET

Aus dem vorderen Rücken des Kalbs werden die köstlichen Koteletts (Karrees oder Karbonaden) geschnitten. Man kann ihn auch als Ganzes im Ofen braten.

KOTELETT

Der sehr gut durchwachsene und daher saftige Hals des Kalbs wird gern als ganzer Braten zubereitet oder als Ragout geschmort.

NACKEN

Sülze und Ragout aus Kalbskopf profitieren von der Gallertmasse, die der Kopf reichlich besitzt. Kalbszunge ist dagegen besonders zartes Muskelfleisch.

KOPF/ZUNGE

Gefüllte Kalbsbrust ist ein Festessen. Das Fleisch eignet sich aber auch gut für geschmorte, helle Frikassees. Fleisch- und Fettanteil sind gut ausgewogen.

BRUST

Sie besteht aus der Dicken Schulter (klassischer Kalbsbraten), dem Falschen Filet (ebenfalls ein zarter Braten) und dem Schaufelstück (Ragout, längere Garzeit).

SCHULTER/BUG

Die Vorder- und Hinterhaxen des Kalbs werden gerne geschmort (Ossobuco) oder gekocht.

HAXEN

LAMM

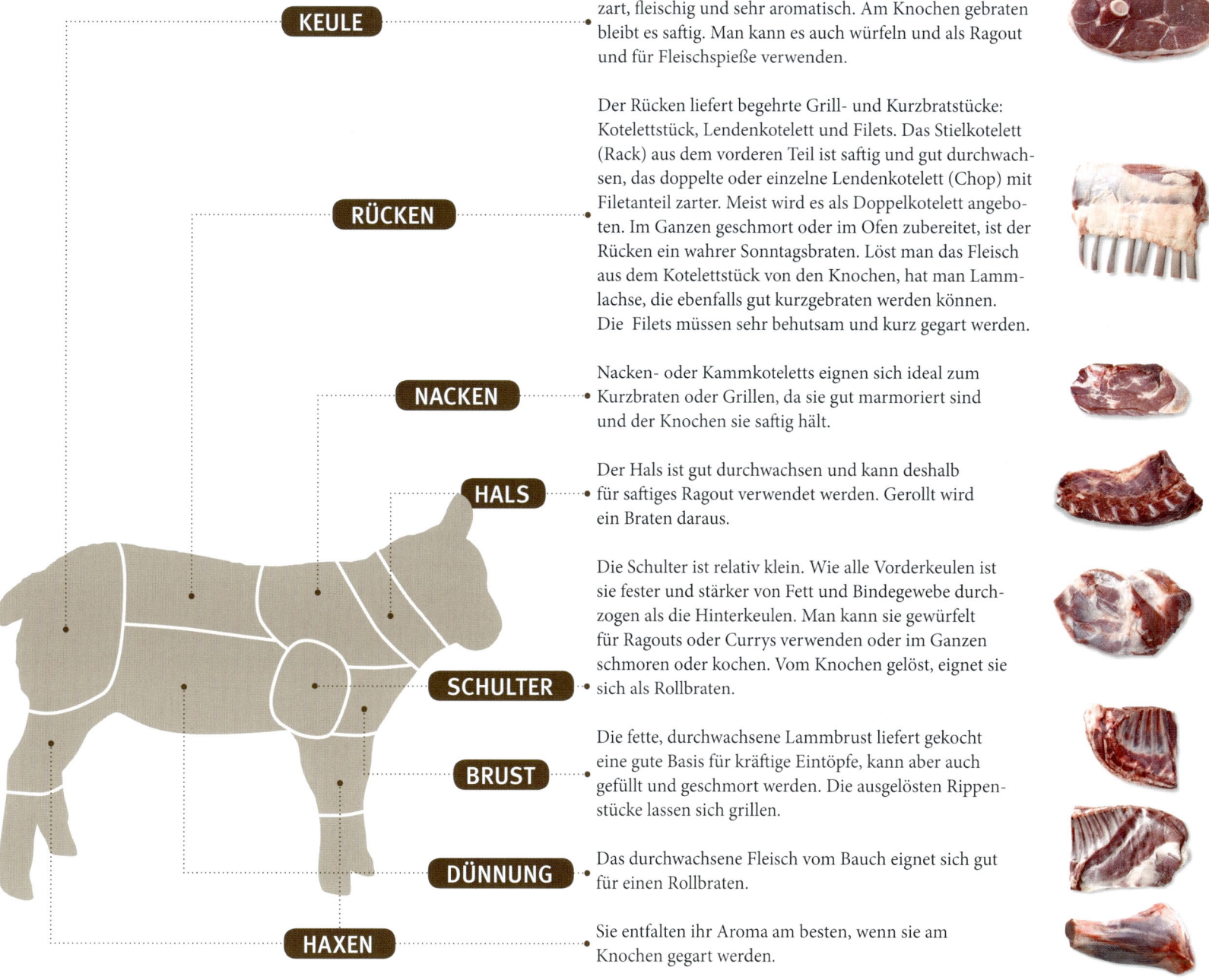

KEULE

Die Keule ist das beliebteste Bratenstück. Es ist mager, zart, fleischig und sehr aromatisch. Am Knochen gebraten bleibt es saftig. Man kann es auch würfeln und als Ragout und für Fleischspieße verwenden.

RÜCKEN

Der Rücken liefert begehrte Grill- und Kurzbratstücke: Kotelettstück, Lendenkotelett und Filets. Das Stielkotelett (Rack) aus dem vorderen Teil ist saftig und gut durchwachsen, das doppelte oder einzelne Lendenkotelett (Chop) mit Filetanteil zarter. Meist wird es als Doppelkotelett angeboten. Im Ganzen geschmort oder im Ofen zubereitet, ist der Rücken ein wahrer Sonntagsbraten. Löst man das Fleisch aus dem Kotelettstück von den Knochen, hat man Lammlachse, die ebenfalls gut kurzgebraten werden können. Die Filets müssen sehr behutsam und kurz gegart werden.

NACKEN

Nacken- oder Kammkoteletts eignen sich ideal zum Kurzbraten oder Grillen, da sie gut marmoriert sind und der Knochen sie saftig hält.

HALS

Der Hals ist gut durchwachsen und kann deshalb für saftiges Ragout verwendet werden. Gerollt wird ein Braten daraus.

SCHULTER

Die Schulter ist relativ klein. Wie alle Vorderkeulen ist sie fester und stärker von Fett und Bindegewebe durchzogen als die Hinterkeulen. Man kann sie gewürfelt für Ragouts oder Currys verwenden oder im Ganzen schmoren oder kochen. Vom Knochen gelöst, eignet sie sich als Rollbraten.

BRUST

Die fette, durchwachsene Lammbrust liefert gekocht eine gute Basis für kräftige Eintöpfe, kann aber auch gefüllt und geschmort werden. Die ausgelösten Rippenstücke lassen sich grillen.

DÜNNUNG

Das durchwachsene Fleisch vom Bauch eignet sich gut für einen Rollbraten.

HAXEN

Sie entfalten ihr Aroma am besten, wenn sie am Knochen gegart werden.

REZEPTE

Zugegeben, kaum ein Rezept auf den nachfolgenden Seiten lässt sich »mal eben schnell« auf den Tisch bringen. Sehen Sie darin einen Vorteil: Zeit und Hingabe bei der Vor- und Zubereitung machen uns wieder bewusst, dass Fleisch ein wertvolles Lebensmittel ist – und ein äußerst genussvolles. Lesen, oder besser: Kochen Sie selbst!

KURZBRATEN UND GRILLEN

**Das Spiel mit dem Feuer liefert köstliche Kontraste:
Große Hitze sorgt für würzige Kruste und zartes, saftiges Fleisch – der Maillard-Reaktion
und den dabei entstehenden Röststoffen sei Dank!**

Voraussetzung für erfolgreiches Kurzbraten und Grillen sind möglichst trockene Fleischstücke. Tupfen Sie daher Feuchtigkeit, die sich im Einwickelpapier gebildet hat, immer gründlich ab. Als Nächstes stellt sich die oft diskutierte Frage: Jetzt schon würzen? Oder nicht? Fest steht: Wenn Sie das Fleisch zu früh salzen und dann noch längere Zeit liegen lassen, tritt Fleischsaft aus, und Steak oder Schnitzel werden trocken. Bestreuen Sie die Stücke daher kurz vor dem Anbraten mit Salz. So bekommt das Fleisch mehr Geschmack. Vorsicht mit Pfeffer: Bei sehr hohen Temperaturen wird er schnell bitter. Wenn Sie Ihr Fleisch sehr heiß anbraten wollen, geben Sie ihn besser erst nachher dazu.

Das Fleisch wandert nun in die heiße Pfanne oder über die Glut des Grills. Als Fett zum Anbraten eignen sich hoch erhitzbare Pflanzenöle (also lieber Sonnenblumen- als Olivenöl extra vergine) und Butterschmalz. Besonders gut fürs Aroma ist eine Öl-Butter-Mischung, wobei die Butter erst nach dem kurzen, scharfen Anbraten zugegeben wird, damit sie nicht verbrennt. Denn nun wird in der Regel die Hitze reduziert, damit die entstandenen Aromen sich nicht wieder verflüchtigen oder das Fleisch zu zäh wird.

In Profiküchen wird das Fleisch nach dem Anbraten bei kleiner Hitze im Ofen weitergegart. Wer mag, brät das Fleisch zum Schluss noch einmal in Butter nach – für den Geschmack, aber auch, damit es noch einmal richtig heiß wird. Ist der gewünschte Gargrad erreicht, bekommt es noch etwas Zeit: Lassen Sie es an einer warmen Stelle ruhen, damit sich der Fleischsaft gleichmäßig im ganzen Stück verteilt und beim Anschneiden nicht herausläuft. Häufig wird das Fleisch dazu in Alufolie gewickelt, aber dabei kann die Kruste wieder weich werden.

Auch beim Grillen ist es möglich, die Temperatur zum Anbraten und Weitergaren zu variieren, indem Sie mit Zonen direkter und indirekter Hitze arbeiten. Verteilen Sie dafür die Kohlen nicht gleichmäßig, sondern häufen Sie sie außen oder in der Mitte auf. So können Sie direkt über der Glut scharf angrillen und das Fleisch zum Weitergaren aus der direkten Hitze schieben.

Mit einem Kugelgrill gelingen sogar sehr große Stücke perfekt, ohne außen zäh und trocken zu werden. Bei geschlossenem Deckel entsteht ein Garraum mit gleichmäßiger Hitze, aus dem die Feuchtigkeit nicht entweichen kann. Diesen geschlossenen Raum machen sich auch Rezepte zunutze, die den Grill als Heißräucherkammer einsetzen. Mithilfe von Räucherchips aus dem Grill- oder Anglerbedarf bekommt Fleisch auf diese Weise ein unnachahmliches Raucharoma. Das eröffnet eine Fülle neuer Grillmöglichkeiten.

DIE BESTEN STÜCKE
ZUM KURZBRATEN UND GRILLEN

Die besonders Zarten werden mit der direktesten Hitze konfrontiert.
So verwandelt sich weiches Fleisch in würzige Leckerbissen. Auch das Fett profitiert
von dieser Garmethode und schmeckt aromatisch und saftig.

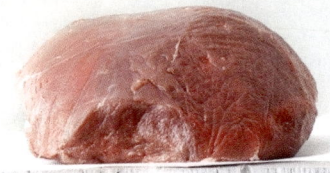

RIB-EYE- UND T-BONE-STEAK VOM RIND

Das Rib-Eye aus der Hochrippe, also dem vorderen Teil des Rückens, ist sehr gut durchwachsen. Mit seinem deutlichen Fettauge in der Mitte, das ihm den Namen gibt, bleibt es beim Garen sehr saftig. Das T-Bone-Steak stammt aus dem hinteren Rücken. Es besitzt einen größeren Roastbeef- und einen kleinen Filetanteil, getrennt durch den T-förmigen Knochen. Der Knochen und die großzügige äußere Fettschicht schützen das Fleisch beim Grillen vor dem Austrocknen und geben ihm Geschmack.

KALBSHÜFTE

Dieses magere und zarte Fleisch sollten Sie sowohl in der Pfanne als auch beim Grillen sorgsam im Auge behalten, damit es im Innern zartrosa bleibt und nicht trocken wird. Es eignet sich aber auch gut zum Räuchern im Kugelgrill, wodurch es besonders viel Geschmack bekommt.

SCHWEINERIPPE

Die sogenannten Schälrippchen sind besonders reizvoll für Genießer, die gerne aromatisches Fleisch vom Knochen knabbern. Mit ihren ausgewogenen Anteilen an Fleisch und Fett bleiben sie auch beim scharfen Grillen saftig. Häufig werden sie vor der Zubereitung mariniert.

Zum Kurzbraten oder Grillen eignen sich vor allem die Fleischstücke, die wenig Bindegewebe besitzen, denn das braucht längere Garzeiten, um weich zu werden. Marmoriertes Fleisch und Teile, die von Fett durchzogen sind oder einen Fettrand besitzen, bleiben bei den kurzen, heißen Garmethoden besonders saftig. Dazu gehören die Schnitte aus Nacken, Rücken und Hüfte, also vor allem Steaks, Koteletts, gut marmoriertes Filet und Lende. Das Fett an Stücken wie Bauch und Schälrippchen wird beim Grillen unvergleichlich aromatisch, knusprig und weich zugleich. Auch Hackfleisch lässt sich durch seinen Fettgehalt hervorragend braten oder grillen. Das zarte Filet, obwohl mager, gelingt in der Pfanne perfekt, wenn Sie es kurz heiß anbraten und bei niedriger Temperatur gar ziehen lassen.

Achten Sie darauf, gutes Fleisch einzukaufen. Die saftigsten Rinderschnitte für kurzes Garen stammen entweder von Stierkälbern oder von weiblichen Tieren, die noch nicht oder höchstens einmal gekalbt haben. Ochsenfleisch vom Grill begeistert Feinschmecker ebenfalls. Wichtig ist, dass das Rindfleisch gut gereift ist: idealerweise mindestens zwei Wochen. Kenner bevorzugen die Trockenreifung am Stück und an der Luft.

Schweinefleisch stammt heute meist von jungen, mageren Schweinen, die mit rund fünf Monaten geschlachtet werden. Unvergleichlich viel besser schmeckt es jedoch, wenn die Tiere langsam wachsen durften und das Fleisch Zeit hatte, eine gute Marmorierung zu entwickeln. Das ist meistens bei Bio-Schweinen der Fall, die länger und besser leben und wohlüberlegt gemästet werden.

Lämmer liefern relativ mageres Fleisch. Konzentrieren Sie sich daher beim Grillen auf Stücke wie Koteletts, die durch den Knochen saftig gehalten werden. Zum Kurzbraten eignen sich die edlen Teile wie Filets.

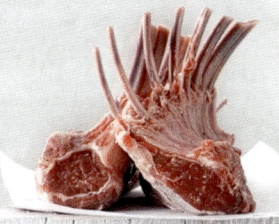

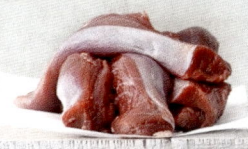

LAMMRACK

Aus dem Rücken des Lamms stammt das Stielkotelett oder Lammrack mit seinem leicht durchwachsenen und sehr aromatischen Fleisch, das zwischen Fettrand und Knochen eingebettet ist. Marinieren in Öl und Kräutern unterstützt den feinen Lammgeschmack zusätzlich, wobei das Fleisch auch kräftige Aromen wie Knoblauch, Thymian oder Rosmarin gut verträgt.

SCHWEINENACKEN

Zum Grillen eignet sich Nacken besser als mageres Fleisch: Er ist sehr gut durchwachsen und als stark beanspruchter Muskel fest im Fleisch und kräftig im Geschmack. Meist wird Nacken oder Halsgrat in einzelnen Portionsstücken verkauft.

LAMMFILET

Die zarten Filets verlangen behutsame Zubereitung, damit sie nicht trocken werden, sondern schön rosa auf dem Teller landen. Für sie ist Kurzbraten die beste Wahl. So sind sie im Handumdrehen fertig, und die entstehenden Röstaromen lassen ihren Geschmack besonders gut zur Geltung kommen.

SCHWEINEFLEISCHSPIESSCHEN
IN MARSALA

Schnell aufgespießt sind sie, aber noch schneller abgeknabbert – kein Wunder,
durften sie doch stundenlang in Wein baden, dessen Süße von der Sonne Siziliens stammt.

FÜR 4 PORTIONEN · ZUBEREITUNG: 45 MIN. · MARINIEREN: 5 STD. · PRO PORTION CA. 500 KCAL

ca. 700 g Schweinehals
1 Bio-Zitrone
1 kleine Chilischote
150 ml Marsalawein
2 EL Zucker
1 TL Salz
schwarzer Pfeffer aus der Mühle
6 EL Olivenöl

Außerdem
12 Metall- oder Holzspieße, ca. 15 cm
Öl für die Spieße

1 Das Fleisch trocken tupfen, falls nötig von Sehnen befreien und in Scheiben von ca. 1 cm schneiden.

2 Zitrone heiß abwaschen und gründlich trocken reiben. Schale fein abreiben. Saft auspressen. Chilischote waschen, putzen, längs halbieren, Kerne entfernen. Schote grob in Streifen schneiden.

3 Zitronensaft und -schale, Chili, Marsala, Zucker, Salz und 1 Prise Pfeffer gut verrühren. 4 EL Olivenöl mit einem Schneebesen unterschlagen. Das Fleisch in eine flache Form geben und mit der Marinade begießen. Abgedeckt für 5 Std. in den Kühlschrank stellen.

4 Nach ca. 4 Std. Holzspieße (falls verwendet) für 1 Std. in kaltes Wasser legen. Anschließend herausnehmen und trocknen. Holz- oder Metallspieße leicht einölen. Fleisch aus der Marinade nehmen, abtupfen und in 3 cm breite Streifen schneiden. Der Länge nach wellenförmig auf die Spieße stecken.

5 Die Marinade in einem kleinen Topf bei großer Hitze in ca. 10 Min. sirupartig einkochen.

6 Eine große Pfanne erhitzen und das restliche Olivenöl zugeben. Die Spieße von jeder Seite bei großer Hitze 4–6 Min. braten. Dabei immer wieder mit der Marinade bestreichen. Sofort servieren. Dazu schmeckt Sellerierohkostsalat (▶ Tipp).

BEILAGE: SELLERIEROHKOSTSALAT

1 kleinen Knollensellerie (ca. 400 g) putzen und schälen. Knolle vierteln und mithilfe eines Gemüsehobels in feine Streifen hobeln. 1 Zitrone auspressen, die Hälfte des Saftes über den Sellerie geben, damit er nicht braun wird. Aus dem restlichen Zitronensaft mit 3 EL saurer Sahne, 2–3 EL Ahornsirup (ersatzweise Blütenhonig), Salz und Pfeffer ein Dressing rühren. Alles gut vermischen und den Salat 5–10 Min. ziehen lassen und erneut abschmecken.

SAFTIGER SCHWEINEHALS

Das Fleisch vom Schweinehals ist gut durchwachsen und bleibt deshalb beim Braten schön saftig, selbst wenn es ein paar Minuten länger in der Pfanne liegt.

SPIESSCHEN ALS FINGERFOOD

Für Empfang oder Party eignen sich diese Spießchen toll als Fingerfood – dann in der Minivariante: Schneiden Sie das Fleisch dafür in dünne Streifen von 2 cm. Besonders edel sieht es aus, wenn Sie einen Salat in kleinen Gläschen anrichten und jeweils 1 bis 2 Spießchen darüberlegen.

SCHWEINEKOTELETTS
MIT MEERRETTICHKRUSTE

Auch unter seiner knusprigen Bröselhaube ist der Klassiker der deutschen Küche
nicht zu verkennen. Zum Glück!

FÜR 4 PORTIONEN · ZUBEREITUNG: 45 MIN. · PRO PORTION CA. 475 KCAL

4 Schweinekoteletts (à ca. 260 g)

2 Zwiebeln (à ca. 50 g)

2 Knoblauchzehen

1/2 Bund glatte Petersilie

5 EL Butter

2 EL Dijonsenf

100 ml Bier (Helles oder Pils)

4 EL Semmelbrösel

2 EL frisch geriebener Meerrettich

Salz | schwarzer Pfeffer aus der Mühle

1 Prise Zucker

1 Die Koteletts falls nötig kalt abwaschen, um Knochensplitter zu entfernen. Gründlich trocken tupfen und abgedeckt in den Kühlschrank stellen.

2 Zwiebeln und Knoblauch schälen. Zwiebeln in breite Ringe, Knoblauch in dünne Scheiben schneiden. Petersilie waschen, trocken schütteln, die Blättchen abzupfen und grob hacken.

3 3 EL Butter in einer Pfanne schmelzen, Zwiebeln zugeben und bei kleiner Hitze ca. 8 Min. anbraten, dabei gelegentlich umrühren. Knoblauch, Senf und Petersilie zugeben und weitere 2 Min. mitbraten. Mit Bier ablöschen und einmal kurz aufkochen. Die Pfanne vom Herd nehmen. Semmelbrösel und Meerrettich zugeben, untermischen und mit Salz, Pfeffer und Zucker abschmecken. Die Masse auf einen Teller geben und die Pfanne mit Küchenpapier auswischen.

4 Den Backofengrill auf höchster Stufe vorheizen. Restliche Butter in der Pfanne bei mittlerer Hitze aufschäumen. Das Fleisch aus dem Kühlschrank nehmen, von beiden Seiten mit Salz, Pfeffer und einer kleinen Prise Zucker würzen. Wenn die Butter beginnt, braun zu werden, die Koteletts in die Pfanne geben und von jeder Seite bei mittlerer Hitze ca. 6 Min. braten.

5 Das Fleisch auf eine feuerfeste Platte geben. Die Meerrettichmischung auf den Koteletts verteilen. Die Platte in den Ofen schieben (Mitte) und in ca. 4 Min. goldbraun überbacken.

6 Danach das Fleisch sofort auf vorgewärmte Teller geben und servieren. Dazu passen ein frischer Krautsalat (▶ Tipp) und Bratkartoffeln mit viel Schnittlauch.

GARGRAD ÜBERPRÜFEN

Den Gargrad des Koteletts können Sie direkt am Knochen überprüfen. Lösen Sie dazu mit einem kleinen Messer das Fleisch dort vom Knochen, wo Rippen- und Rückenknochen zusammentreffen. Es sollte nur noch leicht rosa sein.

BEILAGE: KRAUTSALAT

1/2 kleinen Weißkohl (ca. 400 g) waschen und putzen. Den Strunk entfernen und den Kohl in möglichst dünne Streifen schneiden. 1/2 TL Salz zugeben und die Kohlstreifen in einer Schüssel ca. 5 Min. kräftig durchkneten, anschließend 15 Min. ruhen lassen. 50 g Frühstücksspeck in Scheiben in 1 cm breite Streifen schneiden und in einer Pfanne kross ausbraten. Den Speck mit Bratfett, 2–3 EL Weißweinessig und 2 EL Pflanzenöl zum Salat geben. Den Krautsalat mit Salz, frisch gemahlenem schwarzem Pfeffer und 1 kräftigen Prise Zucker abschmecken.

SCHWEINERÜCKEN
MIT BASILIKUM-ZIMT-PESTO

Zeit, das vertraute Pesto neu zu entdecken! Die leicht scharfe Süße des Zimts gibt ihm
Tiefe und harmoniert perfekt mit dem Schweinefleisch.

FÜR 4 PORTIONEN · ZUBEREITUNG: 55 MIN. · MARINIEREN: 2 STD. · PRO PORTION CA. 730 KCAL

ca. 800 g Schweinerücken
   (nicht zu dick)
schwarzer Pfeffer aus der Mühle
50 g Pecorino
2 Bund Basilikum
3 Knoblauchzehen
150 ml Olivenöl
Salz
1/2 TL gemahlene Zimtblüte
   (ersatzweise 1 TL Zimtpulver)
2 Prisen Zucker
   + Zucker für die Tomaten
2 EL Semmelbrösel
4 reife Eiertomaten (à ca. 100 g)
1/2 Zitrone

Außerdem
Küchengarn

1 Das Fleisch gründlich trocken tupfen und falls nötig von Sehnen befreien. Mit einem langen, scharfen Messer an der langen Seite einschneiden, als solle eine 1–2 cm dicke Scheibe abgeschnitten werden. Der Rundung des Fleischs folgend immer weiter schneiden, bis ein großes, flaches Stück entstanden ist (▶ Bild 1). Das Fleisch innen mit Pfeffer würzen, wieder zusammenrollen und abgedeckt in den Kühlschrank legen.

2 Den Pecorino grob reiben. Basilikum waschen, trocken schütteln und die Blättchen abzupfen. Knoblauchzehen schälen und grob würfeln. Knoblauch mit Basilikumblättchen in ein hohes Gefäß geben. 100 ml Olivenöl zugeben und alles mit einem Pürierstab grob pürieren. Den Pecorino untermischen und alles mit Salz, Zimtblüte, Zucker und Pfeffer abschmecken. Die Masse halbieren und unter die eine Hälfte die Semmelbrösel mischen.

3 Das Fleisch aus dem Kühlschrank nehmen und zu einer flachen Scheibe entrollen. Beidseitig mit Salz würzen. Die Basilikum-Semmelbrösel-Masse gleichmäßig darauf verstreichen. Das Fleisch nicht zu eng wieder aufrollen und alle 3 cm mit Küchengarn binden (▶ Bild 2). Abgedeckt 2 Std. kühl stellen.

4 Kurz vor dem Essen das Fleisch aus dem Kühlschrank nehmen und zwischen den Garnschlingen in ca. 3 cm dicke Scheiben schneiden (▶ Bild 3).

5 Eine große beschichtete Pfanne erhitzen, das restliche Olivenöl zugeben und das Fleisch darin bei großer Hitze von jeder Seite ca. 3 Min. braten.

6 Die Tomaten waschen, den Stielansatz herausschneiden und die Tomaten in sehr dünne Scheiben schneiden. Die Scheiben fächerförmig auf vorgewärmten Tellern anrichten, mit Salz, Pfeffer und wenig Zucker bestreuen. Die Zitrone auspressen. Das Fleisch auf die Tomaten legen, mit etwas Zitronensaft beträufeln und mit Pfeffer würzen (▶ Bild 4). Das restliche Pesto dazu reichen. Dazu passt Ciabattabrot.

1 Das Fleisch mit einem langen, scharfen Messer zu einer großen Scheibe schneiden.

2 Die Fleischrolle nach dem Füllen mit Küchengarn binden, damit sie die Form behält.

3 Die gekühlte Rolle zwischen den Garnschlingen in 3 cm dicke Steaks teilen.

4 Das fertige Gericht mit Zitrone beträufeln und sofort servieren.

SCHWEINEFILET-CROSTINI
MIT BOHNENKERNEN

Die Kombination von Röstbrot, deftigem Schweinefleisch und Bohnen verbreitet jede Menge
rustikalen südlichen Charme – da gilt: von der Hand in den Mund!

FÜR 4 PORTIONEN · ZUBEREITUNG: 45 MIN. · MARINIEREN: 1 STD. · PRO PORTION CA. 490 KCAL

ca. 500 g Schweinefilet
100 ml trockener Sherry
4 Stängel Estragon
1 kleine Dose Flageoletbohnen
(Abtropfgewicht 200 g,
ersatzweise weiße Bohnen)
2 reife Eiertomaten (à ca. 100 g)
2 Schalotten (à ca. 20 g)
7 EL Olivenöl
1 TL Zucker + Zucker zum Abschmecken
Salz | schwarzer Pfeffer aus der Mühle
einige Tropfen Aceto balsamico bianco
2 Knoblauchzehen
4 große oder 8 kleine Scheiben
italienisches Weißbrot

1 Das Filet trocken tupfen, falls nötig von Sehnen befreien und in ca. 1,5 cm große Würfel schneiden. In einer Schüssel mit dem Sherry begießen. Den Estragon waschen, trocken tupfen und die Blättchen abzupfen. Die Stängel mit einem Messerrücken leicht andrücken und zum Fleisch geben. Das Fleisch abgedeckt ca. 1 Std. kühl stellen.

2 Inzwischen die Bohnen in ein Sieb geben und gründlich mit kaltem Wasser abwaschen. Gut abtropfen lassen und vorsichtig auf Küchenpapier trocken tupfen.

3 Die Tomaten waschen, den Stielansatz entfernen und das Tomateninnere mit einem Teelöffel herauskratzen (es kann für eine Tomatensauce verwendet werden). Das Fruchtfleisch ungefähr in der Größe der Bohnenkerne würfeln. Die Estragonblättchen grob hacken und mit den Tomaten in eine Schüssel geben. Die Schalotten schälen und nicht zu fein würfeln.

4 Das Fleisch aus der Marinade nehmen, abtropfen lassen und gründlich trocken tupfen. Kräuterstängel entfernen. Marinade für später beiseitestellen.

5 Eine Pfanne hoch erhitzen und 2 EL Olivenöl zugeben. Die Hälfte der Filetwürfel darin bei großer Hitze ca. 2 Min. anbraten. Dabei nur ab und zu umrühren, damit das Fett in der Pfanne nicht zu stark abkühlt. Die angebratenen Würfel auf einen Teller geben. Die restlichen Fleischwürfel in weiteren 2 EL Öl ebenso anbraten und herausnehmen.

6 Die Hitze reduzieren. Die Schalottenwürfel in das Bratfett geben und bei mittlerer Hitze in ca. 3 Min. glasig braten. 1 TL Zucker zugeben und schmelzen. Mit der Marinade ablöschen. Die Bohnenkerne und eventuell auf dem Teller mit dem Fleisch entstandenen Fleischsaft zugeben und alles ca. 4 Min. bei mittlerer Hitze reduzieren, bis die Marinade fast völlig eingekocht ist und einen schönen Glanz bekommen hat.

7 Die Hitze weiter reduzieren. Das Fleisch zugeben und bei kleinster Hitze ca. 4 Min. in der Marinade ziehen lassen. Mit Salz und Pfeffer würzen. Die Pfanne vom Herd nehmen und die Tomatenwürfel untermischen. Nochmals mit Salz, Zucker, Pfeffer und weißem Balsamico abschmecken.

8 Die Knoblauchzehen schälen. Die Brotscheiben kross toasten. Mit den Knoblauchzehen einreiben, mit den restlichen 3 EL Olivenöl beträufeln und mit Salz bestreuen.

9 Die Fleisch-Bohnen-Mischung möglichst ohne Flüssigkeit auf den Brotscheiben verteilen. Sofort servieren.

SPARERIBS
IN WÜRZIGER HONIGSAUCE

Lange führten Rippchen bei uns ein Schattendasein als preiswerte Saucenbasis. Bis die Amerikaner vormachten, was die Magie der richtigen Marinade und eines heißen Grills bewirkt.

FÜR 4 PORTIONEN · ZUBEREITUNG: 2 STD. 10 MIN. · MARINIEREN: 12 STD. · PRO PORTION CA. 1035 KCAL

ca. 2 kg kurze Schweinerippchen
   (am Stück)
1 Bio-Orange
1 Bio-Zitrone
1 Zwiebel (ca. 80 g)
3 Lorbeerblätter
5 Pimentkörner
5 Gewürznelken
120 g Tannen- oder Waldhonig
   + Honig zum Abschmecken
Salz
2 Schalotten (à ca. 20 g)
1–2 Knoblauchzehen
1/2 rote Chilischote
6 EL Olivenöl
1 kleine Dose stückige Tomaten
   (Abtropfgewicht 250 g)
3 EL Aceto balsamico bianco
1 Prise frisch geriebene Muskatnuss
1 Prise gemahlener Kardamom
1 Prise gemahlene Zimtblüte
   (ersatzweise 2 Prisen Zimtpulver)
1 Prise gemahlene Gewürznelke
schwarzer Pfeffer aus der Mühle

Außerdem
Holzkohlegrill

1 Am Vortag das Fleisch gut trocken tupfen und falls nötig Sehnen entfernen. Die Rippchen nicht teilen, sondern am Stück lassen.

2 Die Orange und die Zitrone heiß abwaschen, gründlich trocken reiben und grob würfeln. Die Zwiebel schälen und ebenfalls grob würfeln. Die Frucht- und Zwiebelwürfel in einem großen Topf mit 1,5 l kaltem Wasser, Lorbeerblättern, Piment, Nelken, 3 EL Honig und 1 TL Salz aufkochen. Dann den Sud ca. 10 Min. bei kleiner Hitze köcheln lassen.

3 Die Spareribs zugeben, einmal aufkochen und den Herd ausschalten. Das Fleisch ca. 12 Std. in dem Würzsud ziehen lassen.

4 Am nächsten Tag den Sud mit den Rippchen erneut aufkochen und das Fleisch bei ausgeschaltetem Herd ca. 20 Min. darin ziehen lassen.

5 Die Schalotten und den Knoblauch schälen und fein würfeln. Die halbe Chilischote waschen, putzen, die Samen entfernen und die Chilihälfte fein würfeln. 2 EL Olivenöl in einem kleinen Stieltopf erhitzen und die Schalotten, den Knoblauch und die Chili darin bei kleiner Hitze ca. 5 Min. andünsten.

6 Tomaten, Balsamico, restlichen Honig und die Gewürze zugeben. Die Sauce ca. 25 Min. bei mittlerer Hitze dicklich einkochen. Mit Salz und Honig abschmecken. Restliches Olivenöl unterrühren.

7 Den Grill anheizen. Sobald die Briketts oder Kohlen eine graue Ascheschicht haben, die Spareribs aus der Marinade nehmen, aber nicht abtupfen. Die Rippchen in ca. 10 Min. auf dem Grillrost unter mehrmaligem Wenden braun und knusprig grillen.

8 Die Rippchen mit der Tomaten-Honig-Sauce bestreichen. An den Rand des Grills legen und unter Beobachtung ca. 8 Min. weitergrillen. Nach Belieben noch ein zweites Mal mit der Honigsauce einstreichen. Sofort servieren. Restliche Sauce separat dazu servieren.

MEHR RAUCHAROMA

Wenn Sie den Rippchen ein kräftiges Raucharoma verleihen möchten, dann weichen Sie eine Handvoll Räucherchips Hickory (Baumarkt oder Anglerbedarf) 30 Min. in Wasser ein und geben Sie sie gut abgetropft auf die glühenden Kohlen.

GEFÜLLTES
SCHWEINEFILET

Geschützt durch Speck, darf mageres Filet Bekanntschaft mit dem Grill schließen
und im Rauch zur Vollendung garen.

FÜR 4 PORTIONEN · ZUBEREITUNG: 2 STD. · PRO PORTION CA. 590 KCAL

1 Schweinefilet (ca. 700 g)
150 ml Bourbon-Whiskey
3 Scheiben Toastbrot
1 große Schalotte (ca. 30 g)
50 g Butter
1/2 Bund glatte Petersilie
2 Stängel Estragon
1 EL süßer Senf
2 EL körniger Senf
Salz | schwarzer Pfeffer aus der Mühle
1 Prise Zucker
1 Eigelb (Größe M)
130 g grüner Speck in dünnen
 Scheiben (beim Metzger
 vorbestellen)

Außerdem

150 g Kirschholz-Räucherchips
 (Baumarkt oder Anglerbedarf)
Küchengarn
Holzkohlegrill mit Deckel
Fleischthermometer

1 Das Schweinefilet trocken tupfen und falls nötig Sehnen entfernen. Mit einem scharfen Messer der Länge nach eine Tasche in das Fleisch schneiden, sodass es an beiden Enden noch ca. 1 cm breit zusammenhängt. Abgedeckt in den Kühlschrank stellen.

2 Die Räucherchips in eine Schüssel geben, den Whiskey darübergießen und nur so viel Wasser zugeben, dass die Chips gerade bedeckt sind. Ca. 30 Min. einweichen. Das Küchengarn in einer kleinen Schüssel mit Wasser einweichen.

3 Für die Füllung die Toastscheiben entrinden und fein würfeln. Die Schalotte schälen und fein würfeln. Butter in einer Pfanne aufschäumen. Die Schalottenwürfel zugeben und bei kleiner Hitze in ca. 5 Min. glasig dünsten. Dann die Toastwürfel zugeben und goldbraun rösten. Die Pfanne vom Herd nehmen.

4 Die Petersilie und den Estragon waschen, trocken schütteln, die Blättchen abzupfen und grob hacken. Zusammen mit den beiden Sorten Senf zu der Schalottenmischung geben und alles mit Salz, Pfeffer und Zucker pikant abschmecken. Wenn die Masse fast abgekühlt ist, das Eigelb unterrühren.

5 Das Schweinefilet mit der Tasche nach oben auf ein Brett legen. Außen und innen salzen und pfeffern. Die Kräutermischung in die Tasche füllen, sodass etwas davon übersteht.

6 Die Filetspitze umklappen und mit Küchengarn festbinden, damit das Fleisch überall gleich dick ist. Das gefüllte Filet mit den Speckscheiben umwickeln und mit dem gewässerten Küchengarn binden.

7 Den Grill für indirektes Grillen vorbereiten. Dazu die Kohlen oder Briketts an den Seiten aufhäufen und anzünden. Sobald sich eine Ascheschicht darauf gebildet hat, die Räucherchips in ein Sieb abgießen, kurz abtropfen lassen und gleichmäßig auf der Glut verteilen.

8 Ein Fleischthermometer in das Schweinefilet stecken. Das Fleisch mit der Tasche nach oben mittig auf den Grillrost setzen, sodass es nicht direkt über der Glut liegt. Den Deckel des Grills schließen und das Fleisch ca. 50 Min. garen, bis es eine Kerntemperatur von 64° erreicht hat.

GEWÜRZSTEAKS
MIT ÄPFELN

Marinieren ohne Flüssigkeit? Diese Steaks überzeugen nicht nur diejenigen, denen das Hantieren
mit Pinsel und tropfender Marinade schon immer zu aufwendig war.

FÜR 4 PORTIONEN · ZUBEREITUNG: 35 MIN. · MARINIEREN: 1 STD. · PRO PORTION CA. 435 KCAL

1 TL getrocknete Kräuter der Provence
1 TL grobes Salz
1/2 TL Chiliflocken
1 TL brauner Zucker
1/2 TL Knoblauchpulver
4 Rinderhüftsteaks (à ca. 180 g)
2 säuerliche Äpfel
  (à ca. 180 g, z. B. Boskop)
1/2 Zitrone
2 EL Olivenöl
1 TL Puderzucker

1 Die Kräuter der Provence mit Salz, Chiliflocken, Zucker und Knoblauchpulver zu einer Trockenmarinade mischen. Die Steaks trocken tupfen und falls nötig Sehnen entfernen. Die Steaks von beiden Seiten mit der Trockenmarinade bestreuen und die Mischung gut andrücken. Abgedeckt ca. 1 Std. kühl stellen.

2 Die Äpfel waschen und trocken reiben. Die Kerngehäuse mit einem Ausstecher ausstechen. Das Fruchtfleisch ungeschält in ca. 1 cm dicke Ringe schneiden. Die Zitronenhälfte auspressen und die Apfelringe mit dem Saft beträufeln.

3 Das Fleisch aus dem Kühlschrank nehmen. Eine große Pfanne erhitzen, dann das Olivenöl zugeben. Die Steaks im heißen Öl von jeder Seite bei mittlerer Hitze ca. 4 Min. braten. Danach herausnehmen, auf einen Teller legen und abgedeckt ca. 4 Min. ruhen lassen.

4 In der Zwischenzeit die Apfelringe mit Puderzucker bestreuen und im Bratfett bei kleiner Hitze in ca. 6 Min. schön braun werden lassen, dabei zwischendurch wenden. Gut beobachten, denn der Puderzucker kann dabei schnell verbrennen.

5 Die Apfelringe auf die gebratenen Steaks geben und sofort servieren. Dazu passen Zitronenkartoffeln vom Blech (▶ Tipp).

TROCKENMARINADE

Diese Methode des trockenen Marinierens ist vom Graved Lachs bekannt. Wenn Sie die Steaks statt einer Stunde gleich über Nacht marinieren, werden sie durch das enthaltene Salz angepökelt.

BEILAGE: ZITRONENKARTOFFELN VOM BLECH

Den Backofen auf 200° (Umluft: 180°) vorheizen. 2 Bio-Zitronen heiß abwaschen und die Schale gründlich trocken reiben. Die Zitronen in jeweils 8 Schnitze scheiden. Eine Pfanne erhitzen, 2 EL Olivenöl und gleich darauf die Zitronenschnitze zugeben. Die Schnitze mit 1 EL Zucker bestreuen und bei kleiner Hitze in ca. 4 Min. goldgelb braten. Ca. 700 g kleine, möglichst rotschalige Kartoffeln unter fließend kaltem Wasser gründlich abbürsten und längs halbieren. Die Kartoffeln auf ein geöltes Backblech geben und die Zitronenschnitze zugeben. Kartoffeln und Zitronen mit 2 EL Olivenöl beträufeln und mit Salz würzen. Im heißen Backofen (Mitte) ca. 30 Min. backen, dabei ein- bis zweimal wenden. Die fertigen Kartoffeln mit reichlich frisch gemahlenem schwarzem Pfeffer würzen und zu den Gewürzsteaks servieren.

SCHNELLE
RINDERROULADEN

Schneller stand das geliebte Fleischröllchen noch nie auf dem Tisch: Extrazartes Fleisch
erlaubt die extrafixe Zubereitung in der Pfanne.

FÜR 4 PORTIONEN · ZUBEREITUNG: 50 MIN. · PRO PORTION CA. 515 KCAL

4 Rinderhüftsteaks (à ca. 180 g)
75 g Frühstücksspeck in Scheiben
2 Zwiebeln (à ca. 50 g)
2 Essiggurken
2 Stängel Majoran
Salz | schwarzer Pfeffer aus der Mühle
2 EL mittelscharfer Senf
2 EL Butterschmalz

Außerdem
Gefrierbeutel
4 Rouladennadeln oder Zahnstocher

1 Die Steaks trocken tupfen und falls nötig Sehnen entfernen. Ein Steak auf die Arbeitsfläche legen und mit einem seitlich aufgeschnittenen Gefrierbeutel bedecken. Mit einem Plattiereisen oder einem Stieltöpfchen flach klopfen. Mit den anderen Steaks ebenso verfahren. Abgedeckt im Kühlschrank ruhen lassen.

2 Inzwischen die Speckscheiben nebeneinander in eine kalte beschichtete Pfanne legen. Die Pfanne auf den Herd stellen und den Speck bei mittlerer Hitze kross braten. Auf Küchenpapier abfetten. Die Zwiebeln schälen und längs in Streifen schneiden. Die Gurken in schmale Streifen schneiden. Den Majoran waschen, trocken schütteln und die Blättchen abzupfen. Die Zwiebeln im Speckfett bei kleiner Hitze ca. 10 Min. schmoren. Die Majoranblättchen zugeben und das Ganze mit Salz und Pfeffer würzen.

3 Die dünn geklopften Steaks von beiden Seiten salzen und pfeffern. Die Oberseite mittig mit Senf bestreichen, die Zwiebelmasse darauf verteilen. Den krossen Speck grob darüberbröseln. Die Fleischscheiben an den langen Seiten etwas einschlagen und von der kurzen Seite aus aufrollen. Mit Rouladennadeln oder Zahnstochern verschließen.

4 Das Butterschmalz in einer großen Pfanne erhitzen und das Fleisch darin bei großer Hitze von allen Seiten je 1 Min. anbraten. Dann die Hitze reduzieren und die Rouladen weitere 5 Min. bei mittlerer Hitze von allen Seiten braten.

5 Die Rouladen aus der Pfanne nehmen, schräg halbieren und auf vorgewärmten Tellern anrichten. Klassisch gibt es dazu krosse Bratkartoffeln mit frischer Petersilie und einen Tomatensalat.

VARIANTE: ZIEGENKÄSEFÜLLUNG

150 g Ziegenfrischkäse mit 1 Eigelb (Größe M) verrühren. 75 g halb getrocknete Kirschtomaten in Öl (ersatzweise getrocknete Tomaten in Öl) und 2 EL entsteinte schwarze Oliven grob hacken. 1 große Knoblauchzehe schälen, fein würfeln und mit den Tomaten und Oliven unter die Käsemasse geben. Mit Salz, frisch gemahlenem schwarzem Pfeffer und 1 Prise Zucker abschmecken. Die Rouladen gleichmäßig mit der Käsecreme bestreichen und nur locker aufrollen.

VARIANTE: BREZELFÜLLUNG

2 Laugenbrezeln vom Salz befreien und in 1 cm große Würfel schneiden. 1/2 Bund Petersilie waschen, trocken schütteln und die Blättchen fein hacken. 1 Zwiebel schälen, fein würfeln und in 2 EL Butter glasig dünsten. Die gehackte Petersilie zugeben, kurz mitdünsten. Alles mit 100 ml Milch ablöschen und die Zwiebelmischung sofort zu den Brezelwürfeln geben. 1 Ei (Größe M) untermischen, salzen und pfeffern. Die Masse in die Rouladen füllen.

SEKUNDENSTEAKS
MIT ORANGE

Kaum sind die Steaks in der Pfanne gelandet, sind sie auch schon wieder draußen.
Hoffentlich sitzen die hungrigen Esser schon am Tisch!

FÜR 4 PORTIONEN · ZUBEREITUNG: 25 MIN. · PRO PORTION CA. 620 KCAL

2–3 Zweige Thymian
1 TL feinster Zucker
1 TL mittelgrobes Salz
1 TL grob gemörserter Mönchspfeffer
  (ersatzweise bunte Pfeffermischung)
1 Bio-Orange
8 dünne Rinderhüftsteaks (à ca. 100 g)
1 Stück Weißbrot (ca. 250 g)
4 EL Olivenöl
1–2 Knoblauchzehen
Salz

1 Den Thymian waschen, gut trocken schütteln und die Blättchen abstreifen. Thymian mit Zucker, Salz und Mönchspfeffer mischen. Die Orange heiß abwaschen und gut trocken reiben, die Schale sehr dünn abreiben und unter die Gewürze mischen.

2 Die Hüftsteaks gründlich trocken tupfen und falls nötig von Sehnen befreien. Das Fleisch von allen Seiten mit den Gewürzen bestreuen und abgedeckt ca. 15 Min. kühl stellen.

3 Inzwischen das Brot in Scheiben schneiden. Eine Grillpfanne erhitzen, die Stege mit etwas Olivenöl einstreichen. Die Brotscheiben darin bei mittlerer Hitze anrösten und herausnehmen. Die Knoblauchzehen schälen und halbieren, das Röstbrot damit einreiben.

4 1 EL Olivenöl in die heiße Grillpfanne geben und 4 Steaks bei großer Hitze von jeder Seite 20–30 Sek. grillen. Sofort servieren (sie kühlen sonst zu schnell ab) und die restlichen Steaks ebenso braten.

5 Zum Servieren das Röstbrot mit dem restlichen Olivenöl beträufeln und leicht salzen. Mit den Steaks auf vorgewärmten Tellern anrichten. Dazu passt Spargelrisotto (▶ Tipp) oder ein einfacher Fenchelsalat, angemacht mit frisch gepresstem Orangensaft, Olivenöl, Salz und Pfeffer.

WARENKUNDE: MÖNCHSPFEFFER

Mönchspfeffer schmeckt eher aromatisch als scharf. Den Namen verdankt er seiner angeblichen lusthemmenden Wirkung. Erhältlich ist er im Gewürzfachhandel oder übers Internet.

BEILAGENTIPP: SPARGELRISOTTO

500 g grünen Spargel waschen, putzen und im unteren Drittel schälen. Stangen in 1 cm dicke Scheiben schneiden. 3 EL Olivenöl und 50 g Butter in einer Pfanne erhitzen und den Spargel darin bei mittlerer Hitze ca. 10 Min. braten. Mit Salz, schwarzem Pfeffer und 1 Prise Zucker würzen. Abkühlen lassen. 4 kleine Schalotten schälen und fein würfeln. 2 EL Olivenöl in einem weiten Topf erhitzen und die Schalotten darin glasig dünsten. 200 g Risottoreis zugeben, kurz mit andünsten und mit 100 ml trockenem Weißwein ablöschen. Die Flüssigkeit einkochen. Nach und nach ca. 800 ml heiße Gemüsebrühe (▶ Tipp Seite 67) dazugeben und den Risotto unter gelegentlichem Rühren bei kleiner Hitze in ca. 20 Min. bissfest garen. Zum Schluss den gebratenen Spargel und 100 g frisch geriebenen Parmesan unterheben, salzen, pfeffern und sofort servieren.

RINDERHÜFTSTEAKS
MEXIKO

Als Speise der Götter galten Chili und Kakao im alten Mexiko.
Ihr wahrhaft himmlisches Potenzial entfalten sie aber, wenn sie auf saftige Rindersteaks treffen.

FÜR 4 PORTIONEN · ZUBEREITUNG: 45 MIN. · PRO PORTION CA. 430 KCAL

2 Schalotten (à ca. 20 g)
4 Rinderhüftsteaks (à ca. 200 g)
2 TL Olivenöl
Salz | schwarzer Pfeffer aus der Mühle
1/2 TL Zucker + Zucker zum
   Abschmecken
1 TL Tomatenmark
3 TL Mole-Gewürzmischung (▸ Tipp)
150 ml trockener Rotwein
200 ml Gemüsebrühe (▸ Tipp Seite 67)

Außerdem
Öl für das Blech

1 Den Backofen auf 85° (Umluft nicht empfehlenswert) vorheizen. Die Schalotten schälen und fein würfeln. Das Fleisch trocken tupfen und falls nötig von Sehnen befreien.

2 Eine große Pfanne erhitzen und das Olivenöl zugeben. Die Rinderhüftsteaks von allen Seiten salzen und sofort in der Pfanne bei großer Hitze von jeder Seite ca. 1 Min. anbraten.

3 Die Steaks auf ein geöltes Backblech legen, mit schwarzem Pfeffer würzen und im heißen Ofen ca. 35 Min. garen.

4 Die Pfanne 15 Min. vor Ende der Garzeit erneut erhitzen und bei mittlerer Hitze in dem Bratfett die Schalottenwürfel mit dem Zucker 2–3 Min. anbraten. Tomatenmark zugeben und weitere 2 Min. braten. Die Mole-Gewürzmischung zugeben, umrühren und alles sofort mit Rotwein und Gemüsebrühe ablöschen. Die Sauce ca. 5 Min. bei großer Hitze sämig einkochen und mit etwas Salz und Zucker abschmecken.

5 Das Fleisch auf vorgewärmten Tellern anrichten und sofort mit etwas Sauce servieren. Dazu passt am besten ein Stück Kartoffel-Paprika-Tortilla (▸ Tipp) oder ein bunter Salat mit Weiß- oder Maisbrot.

WARENKUNDE: MOLE

Mole ist eine würzige Saucenzubereitung, die aus Mexiko stammt. Es gibt sehr viele unterschiedliche Rezepte dafür, aber Kakao, Chili, gemahlene Nüsse und Vanille sind fast immer enthalten. Sie erhalten fertige Mole-Mischungen im Gewürzfachhandel oder bei Spezialversendern mexikanischer Lebensmittel. Da die Schärfe stark variiert, setzen Sie die Mischung zunächst lieber zurückhaltend ein und würzen Sie bei Bedarf nach.

BEILAGENTIPP: KARTOFFEL-PAPRIKA-TORTILLA

600 g gekochte Kartoffeln pellen, in ca. 2 cm große Würfel schneiden. 2 kleine rote Paprikaschoten putzen, waschen und in 2 cm große Würfel schneiden. 2 EL Butter in einer Pfanne erhitzen und Kartoffel- und Paprikawürfel darin 8 Min. bei mittlerer Hitze braten. In der Zwischenzeit 3 Eier (Größe M) mit 100 ml Milch verrühren und mit Salz, Cayennepfeffer und 1 Prise Zucker würzen. Die Eiermilch in die Pfanne über die Kartoffeln geben und zugedeckt bei sehr kleiner Hitze in ca. 10 Min. stocken lassen. Die Tortilla auf den Topfdeckel gleiten lassen und wenden. Noch einmal 4 Min. braten. Die fertige Tortilla auf einen Teller geben und in Tortenstücke schneiden.

SCHARFE RINDERFILETS
AUF GEEISTER AVOCADO

Feuer und Eis, heißes, chilischarfes Filet und kühle, sanfte Avocado: ein Spiel der Kontraste.
Kein Raum für lauwarme Geschmackskompromisse!

FÜR 4 PORTIONEN · ZUBEREITUNG: 40 MIN. · MARINIEREN: 2 STD. · PRO PORTION CA. 530 KCAL

4 frische Habanero-Chilischoten
  (▸ Tipp)
1/2 Bund glatte Petersilie
2 EL Honig
Salz
4 Rinderfilets aus dem Mittelstück
  (à ca. 180 g)
2 Zitronen
2 reife Avocados (à ca. 200 g,
  möglichst Sorte Hass)
2 Stängel Koriandergrün
  (+ Koriandergrün zum Garnieren,
  nach Belieben)
1 Knoblauchzehe
schwarzer Pfeffer aus der Mühle
5 Prisen Zucker
4 EL Olivenöl

Außerdem
4 Zahnstocher
Fleischthermometer (nach Belieben)

1 Beim Verarbeiten der Chilis am besten Handschuhe tragen: Die Chilischoten abwaschen und trocken tupfen. Die Früchte halbieren, dann die Samen und Scheidewände entfernen. Das Fruchtfleisch in kleine Würfel schneiden. Die Petersilie waschen und trocken schütteln, die Blättchen abzupfen und fein hacken.

2 Den Honig in einem kleinen Topf erwärmen. Chilis und Petersilie zugeben, leicht salzen und wieder völlig abkühlen lassen.

3 Die Filets trocken tupfen. In jedes seitlich mit einem kleinen Messer eine Tasche einschneiden. Die Honig-Chili-Mischung hineinfüllen und die Taschen mit Zahnstochern gut verschließen. Die Steaks abgedeckt für 2 Std. in den Kühlschrank stellen.

4 Ca. 40 Min. vor Ende der Marinierzeit die Zitronen auspressen. Die Avocados halbieren, Steine entfernen, die Früchte schälen und mit 2 TL Zitronensaft beträufeln. Abgedeckt für 30 Min. ins Gefrierfach legen.

5 Inzwischen für das Dressing den Koriander waschen und trocken schütteln. Die Blättchen abzupfen. Die Knoblauchzehe schälen und zusammen mit den Korianderblättchen fein hacken. Beides mit dem restlichen Zitronensaft, Salz, Pfeffer und 1 Prise Zucker mischen. 2 EL Olivenöl unterschlagen. Das Dressing ebenfalls bis zum Gebrauch ins Gefrierfach stellen.

6 Eine große Pfanne erhitzen. Die Filets von beiden Seiten mit Salz und je 1 Prise Zucker würzen. Das restliche Öl und gleich darauf die Steaks in die Pfanne geben. Das Fleisch bei großer Hitze von jeder Seite ca. 2 Min. braten, dann die Hitze reduzieren und die Steaks bei kleiner Hitze ca. weitere 5 Min. von jeder Seite braten. Falls Sie mit einem Fleischthermometer arbeiten: Die Kerntemperatur sollte 58° betragen.

7 Die Avocadohälften aus dem Gefrierfach nehmen und in Scheiben schneiden. Auf gekühlte Teller legen und mit dem Dressing marinieren. Nach Belieben mit Koriandergrün garnieren. Die Filets daneben anrichten. Dazu passt ein Schmanddip (▸ Tipp).

WARENKUNDE: HABANERO-CHILIS

Habanero-Chilis gehören zu den schärfsten Chilisorten und sind bei gut sortierten Gemüsehändlern erhältlich. Sie können Sie auch durch mildere Chilisorten wie beispielsweise Thai-Chilis ersetzen.

BEILAGENTIPP: SCHMANDDIP

Verrühren Sie 200 g Schmand mit je 1 Prise Salz und Zucker und 1 EL frisch gepresstem Orangensaft. Damit lässt sich, falls nötig, die Chilischärfe lindern.

RIB-EYE AUS DEM WOK
MIT KORIANDER

Noch gehört das aromatische Rib-Eye bei uns nicht zu den begehrtesten Stücken.
Das könnte sich mit diesem Rezept ändern!

FÜR 4 PORTIONEN · ZUBEREITUNG: 40 MIN. · PRO PORTION CA. 250 KCAL

ca. 400 g Rib-Eye (Rind)
2 EL Reisstärke
   (ersatzweise Maisstärke)
2 Knoblauchzehen
1 walnussgroßes Stück Ingwer
   (ca. 10 g)
4 rote Frühlingszwiebeln
   (ersatzweise normale)
1 rote Paprikaschote (ca. 160 g)
1 Bio-Limette
1/2 Bund Koriandergrün
2 TL Reisöl (Supermarkt oder
   Asienladen, ersatzweise
   neutrales Pflanzenöl)
2 TL geröstetes Sesamöl
200 ml Gemüsebrühe (▸Tipp Seite 67)
2 EL dunkle Sojasauce
1/2 TL Sambal oelek
1 TL Palmzucker (Asienladen,
   ersatzweise brauner Zucker)
2–3 EL Fischsauce (Asienladen)
schwarzer Pfeffer aus der Mühle

1 Das Fleisch trocken tupfen, falls nötig von Sehnen befreien und in ca. 1 cm dünne und 4 cm lange Streifen schneiden. Die Streifen in einer Schüssel mit der Stärke bestäuben und gut vermischen. Abgedeckt kühl stellen.

2 Knoblauch und Ingwer schälen und fein würfeln. Die Frühlingszwiebeln waschen, putzen, trocken tupfen und schräg in mundgerechte Stücke schneiden. Die Paprika putzen, waschen und das Fruchtfleisch in lange, dünne Streifen schneiden. Die Limette heiß abwaschen, gründlich trocken reiben und die Schale abreiben. Den Koriander waschen, trocken schütteln und die Blättchen abzupfen.

3 Einen großen Wok bei großer Hitze heiß werden lassen. Reis- und Sesamöl zugeben und die Fleischstreifen darin ca. 3 Min. unter Rühren kräftig anbraten. Das Fleisch herausnehmen und beiseitestellen. Paprika, Frühlingszwiebeln, Ingwer und Knoblauch zugeben und ca. 2 Min. unter Rühren braten. Mit Gemüsebrühe und Sojasauce ablöschen und aufkochen.

4 Das Fleisch wieder zugeben und noch einmal kurz aufkochen. Sofort die Hitze reduzieren und das Gericht mit Limettenschale, Sambal oelek, Palmzucker, Fischsauce und Pfeffer würzig abschmecken.

5 Die Hälfte der Korianderblättchen untermischen, die restlichen Blättchen in einem Schälchen separat servieren. Das Wokgericht auf vorgewärmten Tellern anrichten. Dazu passt ganz klassisch Basmati- oder Duftreis, aber auch frisches Weißbrot.

KORIANDER: GESCHMACKSSACHE

Koriandergrün wird in Asien so großzügig verwendet wie bei uns Petersilie. Hierzulande gibt es allerdings viele Leute, die den manchmal als »seifig« beschriebenen Geschmack nicht so gerne mögen. Geben Sie daher lieber etwas weniger von den aromatischen Blättern in das Gericht (oder auch gar keine) und reichen Sie den Rest separat in einer Schale zum Essen.

ROASTBEEF
MIT KARAMELL-VANILLE-SAUCE

Zugegeben: Das feinfaserige Roastbeef mit seinen sehr dünnen Fettadern saftig auf den gewünschten Punkt
zu garen ist eine Herausforderung – das Fleischthermometer die willkommene Lösung.

FÜR 4 PORTIONEN · ZUBEREITUNG: 40 MIN. · PRO PORTION CA. 360 KCAL

4 Schalotten (à ca. 20 g)
2 Zweige Thymian
1 Vanilleschote
4 Scheiben Roastbeef
   (à ca. 180 g, Rind)
Salz
3 EL Zucker + Zucker zum Würzen
2 EL Olivenöl
250 ml Gemüsebrühe (▸ Tipp)
100 ml trockener Sherry
schwarzer Pfeffer aus der Mühle

Außerdem
Fleischthermometer

1 Den Backofen auf 80° (Umluft nicht empfehlenswert) vorheizen. Die Schalotten schälen und fein
würfeln. Thymian waschen und trocken schütteln.
Die Vanilleschote längs halbieren und das Mark mit
dem Messerrücken herausschaben.

2 Eine große Pfanne erhitzen. Die Steaks trocken
tupfen, mit Salz und je 1 kleinen Prise Zucker würzen.
Sobald die Pfanne heiß ist, das Olivenöl zugeben und
die Steaks bei hoher Hitze von jeder Seite ca. 2 Min.
scharf anbraten.

3 Das Fleisch herausnehmen. Ein Fleischthermometer an der dicksten Stelle eines Steaks einstechen.
Das Fleisch in einer flachen Schale im Ofen (Mitte)
ca. 20 Min. garen, bis 58° Kerntemperatur erreicht sind.

4 Inzwischen den Zucker in das heiße Bratfett geben
und bei mittlerer Hitze schmelzen, bis er hellbraun
karamellisiert ist. Die Hitze reduzieren und den Karamell mit der Gemüsebrühe und dem Sherry ablöschen.
Vanillemark, Vanilleschotenhälften, Thymianzweige
und Schalottenwürfel zugeben. Die Sauce bei mittlerer
Hitze in ca. 15 Min. dicklich einkochen.

5 Das Fleisch aus dem Ofen nehmen. Eventuell aus-
getretenen Fleischsaft zur Sauce geben. Thymianzweige
und Vanilleschote herausnehmen und wegwerfen.
Die Steaks 1–2 Min. in der Sauce wenden.

6 Das Fleisch mit der Sauce auf vorgewärmten Tellern
anrichten und sofort servieren. Dazu passen heiß ange-
bratene Kirschtomaten mit Balsamico-Dressing.

FEINE GEMÜSEBRÜHE

Selbst gemachte Gemüsebrühe eignet sich,
weil sie nicht schon gesalzen ist, besonders als
Saucengrundlage. Sie lässt sich problemlos in
großen Portionen kochen und einfrieren. Wer keine
Zeit dazu hat, ersetzt die Gemüsebrühe in den
Rezepten dieses Buchs durch Wasser oder ver-
dünnte Instant-Gemüsebrühe.

Für 1 l Gemüsebrühe 200 g Knollensellerie und
200 g Möhren putzen, schälen und grob würfeln. 200 g Lauch (nur den weißen Teil) gründlich
waschen und ebenfalls würfeln. 1 Zwiebel ungeschält halbieren, mit der Schnittfläche nach unten
in einen weiten Topf geben und bei mittlerer Hitze
anrösten, bis sie fast vollständig schwarz ist.
1 l kaltes Wasser, 1 Scheibe Ingwer (ca. 10 g), 1 Lorbeerblatt, 2 Wacholderbeeren, 1 Gewürznelke und
1/2 TL schwarze Pfefferkörner zugeben. Aufkochen
und bei kleiner Hitze ca. 45 Min. ziehen lassen.
Die Gemüsebrühe durch ein Sieb abgießen und
nach Belieben abschmecken.

ENTRECÔTES DOUBLES
IN KAFFEEMARINADE

Heute wird das Entrecôte double manchmal aus dem Rücken geschnitten, klassischerweise stammt es aber vom durchwachsenen Zwischenrippenstück und ist entsprechend saftig. Perfekt geeignet für den Grill!

FÜR 4 PORTIONEN · ZUBEREITUNG: 45 MIN. · MARINIEREN: 24 STD. · GAREN: 45 MIN. · PRO PORTION CA. 390 KCAL

1 Bio-Zitrone
1/2 rote Chilischote
4 EL Zucker
200 ml Schwarzbier
100 ml starker Espresso
1/4 TL gemahlene Zimtblüte
   (ersatzweise 1/2 TL Zimtpulver)
2 Entrecôtes doubles aus
   dem Zwischenrippenstück
   (à ca. 500 g, Rind)
Salz | schwarzer Pfeffer aus der Mühle

Außerdem

Holzkohlegrill mit Deckel
Fleischthermometer

1 Die Zitrone heiß abwaschen, gründlich trocken reiben und die Hälfte der Schale fein abreiben. Die Chilihälfte waschen und putzen. Den Zucker in einem Stieltopf bei mittlerer Hitze schmelzen. Sobald er eine goldbraune Farbe annimmt, mit Schwarzbier und Espresso ablöschen und bei mittlerer Hitze um ca. die Hälfte einkochen. Dann Zitronenschale, Zimtblüte oder Zimtpulver und Chilihälfte zugeben. Die Marinade vom Herd nehmen und abkühlen lassen.

2 Die Steaks trocken tupfen, falls nötig von Sehnen befreien und mit der abgekühlten Marinade übergießen. Abgedeckt ca. 24 Std. im Kühlschrank marinieren.

3 Am nächsten Tag das Fleisch aus der Marinade nehmen und trocken tupfen. Die Marinade nach Belieben erhitzen und bei mittlerer Hitze etwas einkochen.

4 Den Grill anheizen, dabei die Kohlen oder Briketts am Rand aufhäufen, sodass in der Mitte eine Zone ohne direkte Hitze entsteht.

5 Sobald sich auf den Kohlen oder Briketts eine graue Ascheschicht gebildet hat, das Fleisch salzen und direkt über die Glut auf den Rost legen. 4 Min. grillen, dann wenden und die andere Seite ebenfalls 4 Min. über direkter Hitze grillen.

6 Die Steaks in die Mitte schieben, sodass sie über indirekter Hitze weitergegart werden. In eines der Steaks an der dicksten Stelle das Fleischthermometer stecken. Den Deckel des Grills schließen und die Steaks ca. 45 Min. bei kleiner Hitze weitergaren, bis sie eine Kerntemperatur von 58° erreicht haben (sie sind dann rosa). Dabei zwischendurch mithilfe eines Silikonpinsels mit Marinade bestreichen und wenden.

7 Die fertigen Steaks mit schwarzem Pfeffer würzen und ca. 5 Min. ruhen lassen. Mit einem scharfen Messer quer zur Faser in Scheiben schneiden. Sofort servieren. Dazu passt ein Avocadodip (▶ Tipp).

BEILAGENTIPP: AVOCADODIP

1 reife Avocado halbieren, den Stein entfernen und die Avocado schälen. Das Fruchtfleisch mit einer Gabel zerdrücken und mit etwas Zitronensaft, Knoblauch, Salz, Zucker und Pfeffer abschmecken.

TEMPERATURGENAU GRILLEN

Je dicker das Fleischstück, das auf dem Grillrost liegt, umso geringer sollte die Temperatur sein. Indirekte Hitze ist also ein Muss. Am besten lässt sich die Temperatur mit einem Grill kontrollieren, der eine Temperaturanzeige im Deckel besitzt. Bei diesem Rezept sollte die Hitze im Garraum nach dem Angrillen ca. 130° betragen.

HAMBURGER
»SPICY«

Frisch durchgedrehtes, grobes Hackfleisch bringt den Biss, Kardamom die orientalische Würze:
Von der schnöden Bulette ist dieser Hamburger so weit entfernt wie die namensgebende Stadt von den Küsten Indiens.

FÜR 4 PORTIONEN · ZUBEREITUNG: 35 MIN. · RUHEN: 1 STD. · PRO PORTION CA. 520 KCAL

600 g grobes Rinderhackfleisch
   (z. B. aus der Hüfte)
1 Prise gemahlener Kardamom
1/4 TL Chiliflocken
1 Prise gemahlene Gewürznelken
1 Prise gemahlener Kreuzkümmel
3 EL Ahornsirup
Salz | schwarzer Pfeffer aus der Mühle
1 rote Zwiebel (ca. 80 g, ersatzweise
   normale Küchenzwiebel)
1 große Tomate (ca. 150 g)
2 Essiggurken
4 Blätter Kopfsalat oder
   anderer Blattsalat
4 Hamburgerbrötchen
8 TL Mangochutney »hot«
   (ersatzweise Aprikosenkonfitüre,
   gewürzt mit Chiliflocken)

1 Das Hackfleisch in einer Schüssel mit den Gewürzen und dem Ahornsirup gut verkneten. Mit Salz und frisch gemahlenem Pfeffer abschmecken. Im Kühlschrank ca. 30 Min. ruhen lassen.

2 Die Masse in 4 gleich große Portionen teilen und mit feuchten Händen zu möglichst gleichmäßigen Pattys (Frikadellen) formen. Sie sollten etwas größer sein als die Hamburgerbrötchen. Die Pattys nochmals für ca. 30 Min. kühl stellen.

3 In der Zwischenzeit die Zwiebel schälen und in dünne Ringe schneiden. Die Tomate waschen, den Stielansatz entfernen und die Frucht in dünne Scheiben schneiden. Die Essiggurken ebenfalls schräg in dünne Scheiben schneiden. Die Salatblätter waschen und gründlich trocken tupfen.

4 Den Grill anheizen. Sobald sich eine graue Ascheschicht auf den Kohlen oder Briketts gebildet hat, die Pattys auf dem Rost bei direkter, großer Hitze von jeder Seite 4 Min. grillen. Die Hamburgerbrötchen aufschneiden und für 1 Min. mit der Schnittfläche auf den Rost legen.

5 Nun die Hamburger zusammensetzen: Auf jeden Brötchenboden 1 TL Chutney geben und mit 1 Salatblatt belegen. 1 Patty, Tomatenscheiben, Zwiebelringe und Essiggurke darauflegen. Mit 1 TL Chutney abschließen und mit der zweiten Brötchenhälfte belegen. Alles leicht andrücken.

6 Den fertigen Burger noch einmal von jeder Seite knapp 1 Min. grillen und sofort servieren.

KLASSIKER: HAMBURGER

Das Hackfleisch nur mit Salz und frisch gemahlenem schwarzem Pfeffer würzen, Pattys formen und grillen. Den Hamburger wie links beschrieben zusammensetzen, dabei aber das Chutney durch je 1/2 TL Senf und 1 TL Ketchup ersetzen.

SCHNELLES MANGOCHUTNEY

1 Mango schälen, das Fruchtfleisch vom Kern schneiden und klein würfeln. 1 Zwiebel schälen und würfeln. 1/2 Knoblauchzehe und 1 haselnussgroßes Stück Ingwer schälen und fein würfeln. 3 EL braunen Zucker in einem Topf schmelzen und goldgelbe Farbe annehmen lassen. Die Zwiebelwürfel mit 4 EL Wasser und 3 EL weißem Balsamico-Essig zugeben und aufkochen. Knoblauch, Ingwer und Mango zugeben, aufkochen und alles ca. 20 Min. bei kleiner Hitze kochen. Mit Salz und Cayennepfeffer würzig abschmecken.

T-BONE-STEAK
VOM GRILL

Wer will schon wählen müssen, wenn er alles haben kann? Das T-Bone-Steak bietet Filet und Roastbeef,
schieres Fleisch und volles Aroma durch den Knochen. Noch Wünsche offen?

FÜR 4 PORTIONEN · ZUBEREITUNG: 30 MIN. · MARINIEREN: 3 TAGE · GAREN: 30 MIN. · PRO PORTION CA. 340 KCAL

ca. 1,3 kg T-Bone am Stück (Rind)
8 Zweige Rosmarin
1 Bio-Zitrone
1 Bio-Orange
1–2 Knoblauchzehen
3 Scheiben Ingwer (ca. 15 g)
4 EL Olivenöl
1 Prise Chiliflocken
1 Prise Zucker
Salz | schwarzer Pfeffer aus der Mühle

Außerdem
Spicknadel
großer, gut verschließbarer
   Gefrierbeutel
Holzkohlegrill
Fleischthermometer

1 Bis zu 3 Tage vor dem Essen das Fleisch trocken tupfen und falls nötig von Sehnen befreien. Den Rosmarin waschen und trocken schütteln. 5 Zweige mithilfe einer Spicknadel waagerecht durch das Fleisch ziehen.

2 Von den restlichen Rosmarinzweigen die Nadeln abstreifen. Zitrone und Orange heiß abwaschen und gründlich trocken reiben. Mit einem Sparschäler die Schale dünn abschälen.

3 Den Knoblauch schälen und in dünne Scheiben schneiden. Den Ingwer ungeschält in Stifte schneiden und mit Knoblauch, Zitrusschalen, Rosmarinnadeln, Olivenöl und Chiliflocken mischen.

4 Das Fleisch in den Gefrierbeutel legen und die Marinade zugeben. Den Beutel gut verschließen und vorsichtig durchkneten. Im Kühlschrank 1–3 Tage marinieren und jeden Morgen und jeden Abend einmal sanft durchkneten.

5 Am Tag des Essens den Grill für indirektes Grillen vorbereiten. Dazu die Kohlen oder Briketts an den Seiten aufhäufen und anzünden. Sobald sich eine Ascheschicht darauf gebildet hat, das Fleisch aus dem Gefrierbeutel nehmen und abtupfen. Mit Zucker und Salz würzen und auf dem Rost direkt über der Glut von jeder Seite 5 Min. braun angrillen.

6 Das Fleisch in die Mitte des Rosts schieben, sodass es bei indirekter Hitze in ca. 20 Min. fertig garen kann. An die dickste Stelle ein Fleischthermometer einstechen. Das Steak ist fertig, wenn es eine Kerntemperatur von 58° erreicht hat.

7 Das Steak vom Grill nehmen, mit frisch gemahlenem schwarzem Pfeffer würzen und auf einem Holzbrett servieren. Das Fleisch direkt am Tisch in Scheiben schneiden.

AROMA BIS IN DEN KERN

Eine Spicknadel ist in jedem guten Haushaltswarenladen für ein paar Euro erhältlich. Wenn Sie mit ihrer Hilfe das Fleisch mit Rosmarin spicken, bleibt während der langen Marinierzeit der Kräutergeschmack nicht nur an der Außenseite, sondern zieht auch direkt ins Fleisch.

KALBSSCHNITZEL
MIT ASIATISCHEN AROMEN

Zartes Fleisch in knuspriger Panade – diese unschlagbare Kombination machte das Wiener Schnitzel zum Klassiker.
Dass sie noch jede Menge Raum für Ideen lässt, beweist diese asiatische Variante.

FÜR 4 PORTIONEN · ZUBEREITUNG: 35 MIN. · PRO PORTION CA. 400 KCAL

1/4 TL rote Thai-Currypaste
(Asienladen)
1–2 TL Zitronensaft
2 Eier (Größe M)
1–2 TL Fischsauce (Asienladen)
Salz
9 Prisen Zucker
100 g Panko-Panade (▸Tipp;
ersatzweise Semmelbrösel)
1/2 TL Chiliflocken
1 Prise Fünf-Gewürze-Pulver
(Asienladen)
1/2 Bund Thai-Basilikum (Asienladen)
1 Limette
100 g Kokosfett
8 Kalbsschnitzel aus der Keule
(à ca. 80 g)
schwarzer Pfeffer aus der Mühle

1 In einem tiefen Teller die Currypaste mit dem Zitronensaft glatt rühren. Die Eier zugeben und schaumig rühren. Die Mischung mit Fischsauce, Salz und 1 Prise Zucker würzen.

2 In einem zweiten tiefen Teller Panko-Panade mit Chiliflocken und Fünf-Gewürze-Pulver mischen.

3 Das Thai-Basilikum waschen, trocken schütteln und die Blättchen abzupfen. Die Limette in Scheiben oder Schnitze schneiden.

4 Das Kokosfett in einer tiefen Pfanne bei mittlerer Hitze erhitzen (es ist heiß genug, wenn an einem hineingehaltenen Holzlöffelstiel kleine Bläschen aufsteigen). Die Schnitzel trocken tupfen und von beiden Seiten mit Salz, Pfeffer und je 1 kleinen Prise Zucker würzen. Jedes Schnitzel zuerst durch die Eiermischung ziehen, kurz abtropfen lassen und dann in der Panade wenden. Die Panade leicht andrücken.

5 Die Schnitzel portionsweise im heißen Fett bei mittlerer Hitze in ca. 2 Min. pro Seite goldgelb braten. Aus der Pfanne nehmen und auf Küchenpapier abfetten, während die restlichen Schnitzel gebraten werden.

6 Die Schnitzel auf vorgewärmten Tellern anrichten, mit je 1 Limettenscheibe oder 1 Limettenschnitz und einigen Blättchen Thai-Basilikum garniert servieren. Dazu passt im Wok knackig gebratenes Gemüse.

NOCH MEHR AROMA

Wenn Sie das asiatische Thema dieses Gerichts noch verstärken möchten, können Sie 2 EL der Panko-Panade durch Kokosflocken ersetzen. Oder Sie geben 2 EL geröstetes Sesamöl zu dem heißen Kokosfett, kurz bevor Sie die Schnitzel darin ausbraten.

WARENKUNDE: PANKO

Panko-Panade, die in der japanischen Küche zum Panieren verwendet wird, ähnelt unseren Semmelbröseln, ist aber heller und luftiger. Dadurch sorgt sie beim Frittieren für besonders knusprige Krusten. Panko ist in gut sortierten Asienläden erhältlich, lässt sich aber auch durch Semmelbrösel ersetzen.

KLASSIKER: WIENER SCHNITZEL

Für klassisches Wiener Schnitzel 1 Zitrone in dünne Scheiben schneiden. 2 EL Mehl in einen tiefen Teller geben. In einem zweiten tiefen Teller 1 Ei verschlagen. 3 Scheiben Toastbrot entrinden und in der Küchenmaschine oder im Mixer zu Bröseln zerkleinern. 1 Bio-Zitrone heiß abwaschen, gründlich trocken reiben und die Hälfte der Schale abreiben. Zitronenschale und Toastbrösel in einem dritten tiefen Teller vermischen. 8 Kalbsschnitzel (à ca. 80 g) trocken tupfen, nebeneinander auf ein Brett legen und mit einem seitlich aufgeschnittenen Gefrierbeutel bedecken. Mit einem Plattiereisen flach klopfen, bis sie nur noch 0,5 cm dick sind. Mit Salz und frisch gemahlenem schwarzem Pfeffer würzen. Die Schnitzel zuerst im Mehl wenden, überschüssiges Mehl abklopfen. Dann durch das Ei ziehen und in den Bröseln wenden. Die Panade leicht andrücken. 4 EL Butter in einer tiefen Pfanne erhitzen und die Schnitzel darin portionsweise in ca. 1 Min. pro Seite bei mittlerer Hitze goldgelb braten. Anschließend auf Küchenpapier abfetten. Jedes Schnitzel mit 1 Zitronenscheibe, 1 zur Schleife gelegten Sardelle und 4 Kapern garnieren. Sie können zusätzlich knusprig frittierte krause Petersilie und je 1 EL Preiselbeerkonfitüre dazu reichen.

KALBSSTEAKS
IN KAKAO-BÜFFELBUTTER

Büffelbutter, eine italienische Spezialität, verleiht dem eher zurückhaltenden Kalbssteak eine entschiedenere Geschmacksnote, ohne seine Sanftheit zu übertönen.

FÜR 4 PORTIONEN · ZUBEREITUNG: 35 MIN. · MARINIEREN: 2 STD. · PRO PORTION CA. 490 KCAL

4 Kalbssteaks aus dem Rücken
   (à ca. 170 g)
2 EL dunkle Sojasauce
8 EL weißer Portwein
   (ersatzweise trockener Sherry)
1 TL Chiliflocken
2–3 Zweige Rosmarin
1 EL Kakaopulver
1 EL Kakaobohnen (Schokoladen-
   fachgeschäft oder Internet)
150 g Büffelbutter
   (italienischer Delikatessenladen,
   ersatzweise normale Butter)
Salz | schwarzer Pfeffer aus der Mühle

Außerdem:
Fleischthermometer

1 Die Steaks trocken tupfen und falls nötig von Sehnen befreien. Sojasauce mit Portwein und Chiliflocken mischen. Den Rosmarin waschen, trocken schütteln und in eine flache Schale legen. Das Fleisch in der Marinade wenden, auf die Rosmarinzweige legen, mit der restlichen Marinade übergießen und zugedeckt ca. 2 Std. im Kühlschrank marinieren.

2 Die Steaks aus der Marinade nehmen und trocken tupfen. Die Marinade ohne die Rosmarinzweige in einem kleinen Topf erhitzen und bei mittlerer Hitze etwas einkochen.

3 Kakaopulver und Kakaobohnen in eine große Pfanne geben und bei kleiner Hitze vorsichtig anrösten. Dabei ab und zu umrühren, sodass nichts verbrennt. Sobald es intensiv nach Kakao riecht, die Büffelbutter zugeben und aufschäumen. Die Rosmarinzweige in die Pfanne legen.

4 Das Fleisch in der Butter bei mittlerer Hitze in ca. 8 Min. rosa braten, zwischendurch wenden. Die Kerntemperatur mit einem Fleischthermometer überprüfen: Sie sollte 58° betragen.

5 In den letzten 2 Min. der Garzeit die eingekochte Marinade mit in die Pfanne geben und die Steaks darin wenden. Salzen, pfeffern und sofort servieren. Dazu passt selbst gemachte Pasta (▶ Tipp).

BEILAGENTIPP: FRISCHE PASTA

250 g Mehl mit 2 Eiern (Größe M), 3 EL Olivenöl, Salz und nach Bedarf 3–4 EL kaltem Wasser von Hand ca. 10 Min. lang zu einem geschmeidigen, glänzenden Teig verkneten. In Frischhaltefolie gewickelt mind. 30 Min. im Kühlschrank ruhen lassen. Teig vierteln und jedes Viertel mehrmals auf immer kleinerer Stufe durch die Nudelmaschine drehen. Teigplatten in dünne Bandnudeln schneiden. Reichlich Salzwasser zum Kochen bringen und die Pasta darin in ca. 2 Min. bissfest kochen. 1 Bund Frühlingszwiebeln waschen, putzen und klein schneiden. 2 Knoblauchzehen schälen, fein würfeln. 500 g Kirschtomaten waschen und halbieren. 4 Salbeiblätter waschen, trocken tupfen und grob hacken. 2 EL Olivenöl in einer weiten Pfanne erhitzen, Frühlingszwiebeln, Knoblauch, Tomaten und Salbei zugeben und bei hoher Hitze 4 Min. braten. 2 EL Butter zugeben, Hitze reduzieren und alles mit Salz, Pfeffer und Zucker abschmecken. Die Pasta unterheben und mit frisch geriebenem Pecorino servieren.

KARAMELLISIERTE
ZITRONENSCHNITZELCHEN

Hier geht die Sonne auf dem Teller auf!
Die Zitrusfrische hebt das schnelle, unkomplizierte Gericht über das Gewöhnliche hinaus.

FÜR 4 PORTIONEN · ZUBEREITUNG: 55 MIN. · PRO PORTION CA. 425 KCAL

2 Bio-Zitronen
3 Zweige Zitronenthymian
  (ersatzweise normaler Thymian)
1 rote Chilischote
3 EL Olivenöl
4 EL brauner Zucker
70 g Butter
8 Schnitzel aus dem Kalbsrücken
  (à ca. 80 g)
Salz | schwarzer Pfeffer aus der Mühle

1 Die Zitronen heiß abwaschen und gut trocken reiben. Den Saft auspressen und 70 ml abmessen. Die ausgepressten Früchte in grobe Stücke schneiden.

2 Den Thymian waschen und trocken schütteln. Die Chili waschen, putzen, halbieren, Samen und weiße Zwischenwände entfernen und das Fruchtfleisch fein würfeln (am besten mit Handschuhen arbeiten).

3 Eine Pfanne erhitzen, erst dann 2 EL Olivenöl zugeben. Die Zitronenstücke darin gleichmäßig bei mittlerer Hitze ca. 4 Min. anbraten. Sobald sie etwas braun geworden sind, den Zucker zugeben und goldgelb karamellisieren.

4 Mit dem abgemessenen Zitronensaft ablöschen und Chili und Thymian untermischen. Die Sauce ca. 5 Min. kochen, bis sich der Karamell aufgelöst hat, dann durch ein Sieb in einen kleinen Topf geben und in ca. 5 Min. bei mittlerer Hitze zu honigartiger Konsistenz einkochen. Die Butter zugeben und gut unterrühren.

5 Inzwischen die Steaks trocken tupfen, falls nötig von Sehnen befreien und von beiden Seiten mit Salz und Pfeffer würzen.

6 Eine große Pfanne erhitzen, erst dann das restliche Olivenöl zugeben. Die Schnitzelchen darin bei großer Hitze ca. 1 Min. von jeder Seite Farbe annehmen lassen. Die Hitze reduzieren.

7 Die Zitronensauce mit in die Pfanne geben, die Schnitzelchen darin wenden und weitere 2 Min. ziehen lassen. Das Fleisch sofort aus der Pfanne nehmen und auf vorgewärmten Tellern anrichten. Als Beilage passt gebratenes, mariniertes Gemüse oder ein kalter Bratkartoffelsalat (▶ Tipp).

BEILAGENTIPP: BRATKARTOFFELSALAT

750 g festkochende kleine Kartoffeln mit der Schale in Salzwasser 20–25 Min. kochen, pellen und etwas abkühlen lassen. 1/2 Bund Petersilie waschen, trocken schütteln und fein hacken. 1 Zwiebel schälen und würfeln. In einer großen Schüssel aus 4 EL Zitronensaft, 1/2 TL Dijonsenf und 3 EL Pflanzenöl ein cremiges Dressing rühren. Mit Salz, Pfeffer und Zucker abschmecken und die Zwiebeln untermischen. Die Kartoffeln in 0,5 cm dicke Scheiben schneiden. In einer großen beschichteten Pfanne 3 EL Pflanzenöl erhitzen und die Kartoffelscheiben darin bei mittlerer Hitze in 8–10 Min. goldgelb braten. Kartoffeln mit gehackter Petersilie zum Dressing geben und alles gut untermischen. Den Salat mit Salz und Pfeffer abschmecken und lauwarm servieren.

KLASSIKER: SALTIMBOCCA

Saltimbocca – wörtlich »Spring in den Mund!« – ist die italienische Version der kleinen, dünnen Kalbsschnitzel. Dazu 8 kleine Kalbsschnitzelchen (à ca. 80 g) mit je 1 Scheibe Parmaschinken und 1 Blatt Salbei belegen und alles mit Zahnstochern befestigen. Eine große Pfanne erhitzen, 1–2 EL Olivenöl zugeben und die Schnitzel darin von jeder Seite bei großer Hitze 1–2 Min. braten. Mit frisch gemahlenem schwarzem Pfeffer bestreuen. Dazu wird gewöhnlich Kartoffelpüree serviert. Sehr gut passt aber auch eine cremige Polenta zu den Schnitzelchen.

WANDLUNGSFÄHIGE ZITRONENSAUCE

Die Zitronensauce passt auch gut als Dip zu gegrilltem Fleisch oder Fisch. Um sie farblich und geschmacklich zu variieren, können Sie sie auch mit Bio-Orangen zubereiten.

KALBSFILETS
IN DER TOMATE

Die Ofenwärme gart nicht nur das Fleisch, sondern konzentriert auch das Tomatenaroma.
Das schmeckt wie der Inbegriff eines Sommers am Mittelmeer.

FÜR 4 PORTIONEN · ZUBEREITUNG: 45 MIN. · GAREN: 2 STD. 30 MIN. · PRO PORTION CA. 395 KCAL

4 Ochsenherztomaten
(à ca. 200 g, ersatzweise reife,
feste Fleischtomaten)
2 Knoblauchzehen
6 Zweige Rosmarin oder Thymian
4 EL Olivenöl
1 EL Puderzucker
300 g Schalotten
5 EL Zucker
200 ml trockener Rotwein
(z. B. badischer Spätburgunder)
1 Prise gemahlene Zimtblüte
(ersatzweise 2 Prisen Zimtpulver)
1 Prise gemahlene Gewürznelke
4 Kalbsfiletsteaks (à ca. 140 g)
Salz | schwarzer Pfeffer aus der Mühle
Cayennepfeffer

Außerdem
Öl für das Blech
Fleischthermometer

1 Den Ofen auf 100° (Umluft: 90°) vorheizen. Die Tomaten waschen, trocken tupfen und quer halbieren. Die Kräuter waschen und trocken schütteln. Die Knoblauchzehen schälen und halbieren.

2 Ein Backblech einölen. Die Kräuter und den Knoblauch auf eine Hälfte des Blechs legen, die Tomaten mit der Schnittfläche nach oben daraufsetzen. Die Tomaten mit 2 EL Olivenöl beträufeln und mit dem Puderzucker bestäuben. Im heißen Backofen (Mitte) ca. 2 Std. 30 Min. backen.

3 Inzwischen die Schalotten schälen und fein würfeln. Den Zucker in einem kleinen Stieltopf schmelzen. Sobald er eine goldgelbe Farbe annimmt, mit dem Rotwein ablöschen, dann die Schalottenwürfel und die Gewürze zugeben. Die Sauce ca. 25 Min. bei mittlerer Hitze dick einkochen.

4 Ca. 45 Min. vor Ende der Tomatengarzeit die Steaks trocken tupfen und von beiden Seiten mit Salz und Pfeffer würzen. Eine beschichtete Pfanne erhitzen, erst dann das restliche Olivenöl zugeben. Das Fleisch darin bei großer Hitze 1 Min. pro Seite kräftig anbraten.

5 Das Fleisch zu den Tomaten auf das Blech geben und ca. 35 Min. mitgaren. Dabei ein Fleischthermometer in eines der Steaks stecken und laufend die Kerntemperatur kontrollieren. Das Fleisch ist fertig, wenn sie 58° erreicht hat. Das kann je nach Dicke des Fleischs auch schon wesentlich früher der Fall sein.

6 Die Schalotten nochmals erhitzen und mit Salz und Pfeffer abschmecken. Die gebackenen Tomaten mit Salz und Cayennepfeffer würzen.

7 Zum Anrichten die Filetsteaks waagerecht halbieren. Auf die unteren Hälften der Steaks je 1–2 EL Schalotten geben, mit den oberen Hälften bedecken. Je ein gefülltes Steak auf jede untere Tomatenhälfte geben und mit der oberen Tomatenhälfte bedecken. Auf vorgewärmten Tellern sofort servieren. Dazu passt Portwein-Vanille-Sauce (▶ Tipp).

BEILAGENTIPP: PORTWEIN-VANILLE-SAUCE

Geben Sie 140 ml von dem Saft, der sich auf dem Backblech gebildet hat (ersatzweise Weißwein), durch ein Sieb in einen kleinen Topf oder Schlagkessel und verrühren Sie ihn mit 2 Eigelben (Größe M), 50 ml weißem Portwein und dem Mark von 1/2 Vanilleschote. Schlagen Sie alles über einem heißen Wasserbad zu einer schaumigen Sauce auf und würzen Sie sie mit Salz, Zucker und etwas Cayennepfeffer.

FLEISCH MIT GRILLNOTE

Wenn Sie Ihrem Fleisch noch eine kleine Grillnote geben möchten, flammen Sie es nach dem Anbraten kurz mit einem Crème-brûlée-Brenner ab.

KALBSHERZ
IN AHORNSIRUP-MARINADE

Die Romantiker mag es enttäuschen, die Kulinariker freut es: Das Herz ist nichts anderes als ein Muskel.
Und zwar einer mit besonders feinfaserigem, geschmackvollem Fleisch.

FÜR 4 PORTIONEN · ZUBEREITUNG: 50 MIN. · MARINIEREN: 24 STD. · PRO PORTION CA. 500 KCAL

2 Kalbsherzen (à ca. 500 g,
   beim Metzger vorbestellen)
1 Zwiebel (ca. 80 g)
1 Möhre (ca. 120 g)
1 Stück Knollensellerie (ca. 100 g)
3 EL Olivenöl
5 Pimentkörner
1 TL schwarze Pfefferkörner
300 ml trockener Rotwein
150 ml Ahornsirup
1 TL Aceto balsamico bianco
1 Lorbeerblatt
Salz | schwarzer Pfeffer aus der Mühle

1 Am Vortag die Kalbsherzen trocken tupfen und von Sehnen und Fett befreien, falls das nicht vom Metzger bereits erledigt wurde (▶ Bild 1). Die Herzen abgedeckt kühl stellen.

2 Für die Marinade die Zwiebel schälen, Möhre und Sellerie putzen und schälen. Das Gemüse grob würfeln. 2 EL Olivenöl in einem weiten Topf erhitzen und das Gemüse darin ca. 8 Min. bei mittlerer Hitze anbraten. Piment und Pfefferkörner zugeben und 1 Min. mitbraten. Mit Rotwein, Ahornsirup und Balsamico ablöschen (▶ Bild 2). Den Lorbeer zugeben und alles ca. 20 Min. zugedeckt bei kleiner Hitze köcheln lassen.

3 Die Marinade vom Herd nehmen und lauwarm abkühlen lassen. Die Herzen in die lauwarme Marinade legen. Mindestens 24 Std. im Kühlschrank marinieren.

4 Am nächsten Tag die Herzen aus der Marinade nehmen und trocken tupfen. Die Marinade in einen Topf geben und bei großer Hitze in ca. 10 Min. auf knapp 1/4 einkochen. Die Marinade durch ein Sieb in eine Schüssel gießen.

5 Inzwischen das Fleisch in gleich große Steaks schneiden (▶ Bild 3). Eine Pfanne erhitzen, das Olivenöl zugeben und das Fleisch darin bei mittlerer Hitze ca. 15 Min. braten. Zwischendurch gelegentlich wenden und mithilfe eines Pinsels mit der Marinade bestreichen.

6 Sobald das Fleisch schön braun und gleichmäßig von der Marinade überzogen ist, aus der Pfanne nehmen und mit Salz und Pfeffer würzen. Sofort servieren (▶ Bild 4). Als Beilage passen knackige Salate, Preiselbeerdip (▶ Tipp) und frisches, dunkles Brot.

MARINIERTE KALBSLEBER

Sie können auf die gleiche Weise auch eine Kalbsleber zubereiten. Braten Sie die marinierten Leberscheiben aber nur 2–3 Min. von jeder Seite, damit sie nicht trocken werden.

BEILAGENTIPP: PREISELBEERDIP

150 g frische Preiselbeeren waschen, gründlich verlesen und gut abtropfen lassen. 3 EL Zucker in einem kleinen Topf karamellisieren. Dann mit 50 ml Rotwein und 50 ml Orangensaft ablöschen und ca. 5 Min. bei kleiner Hitze köcheln, bis sich der Karamell wieder aufgelöst hat. Die Preiselbeeren zugeben und ca. 5 Min. bei kleiner Hitze mitkochen. Den Dip mit 1 TL Dijonsenf, Salz und 1 Prise gemahlener Nelke abschmecken.

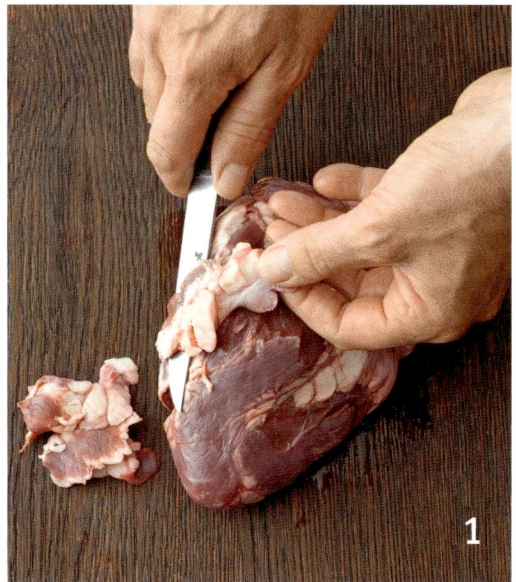

1 Falls der Metzger die Kalbsherzen nicht schon küchenfertig vorbereitet hat, sichtbares Fett und Sehnen sorgfältig abschneiden.

2 Das angeröstete Gemüse für die Marinade mit Rotwein ablöschen.

3 Die marinierten Herzen trocken tupfen und in einzelne Steaks teilen.

4 Das fertige Gericht auf vorgewärmten Tellern servieren und mit Salz und Pfeffer würzen.

MINUTENSTEAKS
IN FRUCHTIGER MARINADE

Ist die Pfanne erst einmal heiß, geht alles ganz schnell. Gut, dass die Steaks bereits vorher Zeit hatten, sich mit den indischen Gewürzen der Marinade anzufreunden.

FÜR 4 PORTIONEN · ZUBEREITUNG: 30 MIN. · MARINIEREN: 5 STD. · PRO PORTION CA. 230 KCAL

150 g Vollmilch-Naturjoghurt
80 g Mangochutney »hot«
   (ersatzweise Aprikosenkonfitüre,
   gewürzt mit Chiliflocken)
1 EL Currypulver
1–2 TL Zitronensaft
2 Spritzer Angostura (Bitterlikör)
1 EL schwarze Zwiebelsamen
   (ersatzweise schwarzer Sesam)
Salz
Zucker
8 Minutensteaks aus dem Kalbsrücken
   (à ca. 80 g)
1 reife Thai-Mango
   (ersatzweise normale Mango)
3 El Olivenöl

1 Den Joghurt mit Mangochutney und Currypulver cremig rühren. Mit Zitronensaft, Angostura, Zwiebelsamen, Salz und Zucker abschmecken.

2 Die Minutensteaks trocken tupfen, falls nötig von Sehnen befreien und dünn mit der Marinade bestreichen. Abgedeckt im Kühlschrank mindestens 1, besser 5 Std. marinieren, dabei die Steaks zwischendurch gelegentlich wenden.

3 Kurz vor Ende der Marinierzeit das Fruchtfleisch der Mango vom flachen Stein schneiden. Das Fruchtfleisch der beiden Hälften mit einem spitzen Messer rautenförmig bis zur Schale einritzen.

4 Eine große Pfanne erhitzen, erst dann 1 EL Öl zugeben. Die Steaks aus der Marinade nehmen, aber nicht trocken tupfen. 4 Steaks im Öl von jeder Seite ca. 30 Sek. anbraten, herausnehmen und salzen. Die restlichen Steaks ebenso in 1 EL Öl braten. Die Mango auf der Fruchtfleischseite in einer zweiten Pfanne im restlichen Öl ca. 2 Min. anbraten.

5 Die Steaks sofort auf vorgewärmten Tellern anrichten. Die Mangohälften halbieren und die Stücke auf den Tellern verteilen. Dazu passen indisches Naan-Brot (fertig gekauft und unter dem Backofengrill aufgebacken) und Hummus (▶ Tipp).

BEILAGENTIPP: HUMMUS

Für dieses orientalische Kichererbsenpüree 1 kleine Dose Kichererbsen (Abtropfgewicht 240 g) in ein Sieb geben, mit kaltem Wasser abwaschen und abtropfen lassen. 1 Knoblauchzehe schälen und mit 1 kräftigen Prise Kreuzkümmel, 3 EL Zitronensaft, 2 EL Tahin (Sesampaste, aus dem türkischen Lebensmittelgeschäft), 4 EL Olivenöl und den Kichererbsen in ein hohes Gefäß geben und mit dem Pürierstab zu einem glatten Püree zerkleinern (das geht auch in einem Mixer). Falls nötig, etwas Wasser zugeben. Den Hummus mit Salz, Kreuzkümmel, Cayennepfeffer und Zucker pikant würzen. Mit reichlich glatter Petersilie garnieren.

ZÜRCHER GESCHNETZELTES
MIT STEINPILZEN

Mitunter finden sich auch Nieren in Rezepten für dieses Schweizer Traditionsgericht. Hier aber lenkt nichts von dem perfekten Zusammenspiel von Kalbfleisch und Pilzen ab.

FÜR 4 PORTIONEN · ZUBEREITUNG: 35 MIN. · PRO PORTION CA. 390 KCAL

600 g Kalbsfiletspitzen
2 Schalotten (à ca. 20 g)
200 g frische Steinpilze
2 EL Butterschmalz
75 ml trockener Weißwein
   (z. B. Chardonnay)
250 ml Kalbsfond (Glas)
200 g Sahne
Salz | schwarzer Pfeffer aus der Mühle
1 Prise Zucker

1 Das Fleisch gründlich trocken tupfen, falls nötig von Sehnen und Fett befreien und in gleichmäßig dünne Streifen schneiden. Die Schalotten schälen und fein würfeln. Die Steinpilze mit einem Pinsel oder Küchenpapier säubern (nicht waschen), putzen und in 0,5 cm dicke Scheiben schneiden.

2 Eine große beschichtete Pfanne erhitzen, erst dann 1 EL Butterschmalz zugeben. Die Hälfte des Fleisches in das heiße Fett geben und bei starker Hitze unter gelegentlichem Rühren 1–2 Min. anbraten. Aus der Pfanne nehmen und auf einem Teller beiseitestellen. Restliches Fleisch im restlichen Butterschmalz ebenso anbraten.

3 Die Pilze im heißen Bratfett portionsweise in je 1/2 Min. bei großer Hitze anbraten und herausnehmen. Die Hitze reduzieren, die Schalotten in die Pfanne geben und ca. 4 Min. bei mittlerer Hitze glasig werden lassen. Mit Weißwein und Fond ablöschen und die Sauce 5 Min. einkochen.

4 Sahne und den Fleischsaft, der sich auf dem Fleischteller gebildet hat, in die Pfanne geben und alles bei mittlerer Hitze ca. 5 Min. einkochen, bis die Sauce leicht cremig wird. Mit Salz, frisch gemahlenem schwarzem Pfeffer und Zucker abschmecken.

5 Fleisch und Pilze untermischen und bei kleiner Hitze noch einmal kurz erwärmen. Sofort auf vorgewärmten Tellern servieren. Dazu passen Kartoffel-Artischocken-Rösti (▶ Tipp).

FRÜHLINGSVARIANTE

Die Steinpilze lassen sich gut durch weißen Spargel ersetzen. Dafür den Spargel putzen, schälen und schräg in 1 cm dicke Scheiben schneiden.

BEILAGENTIPP:
KARTOFFEL-ARTISCHOCKEN-RÖSTI

Am Vortag 500 g mehligkochende Kartoffeln in der Schale 10 Min. vorkochen und pellen. Das Vorkochen sorgt dafür, dass die Kartoffelstärke die Rösti bindet und man auf die Zugabe von Ei oder Stärke verzichten kann. Am nächsten Tag die Kartoffeln grob raffeln und mit Salz, frisch gemahlenem schwarzem Pfeffer und frisch geriebener Muskatnuss würzen. 2 Babyartischocken waschen. Den Stiel abbrechen und die äußeren harten Blätter entfernen. Die oberen Blattdrittel abschneiden. Die Artischocken in schmale Scheiben schneiden und unter die Kartoffelmasse mischen. Eine beschichtete Pfanne erhitzen und 1 EL Butterschmalz zugeben. Die Kartoffelmasse esslöffelweise in das heiße Fett geben und zu kleinen Rösti flach drücken. Die Mini-Rösti bei mittlerer Hitze von jeder Seite ca. 5 Min. braten, bis sie goldgelb sind.

KALBSKOTELETTS
IM AROMAPACK

Erst beim Öffnen der Päckchen entweicht der verführerische Duft – eine Verführung,
der Sie unbedingt nachgeben sollten!

FÜR 4 PORTIONEN · ZUBEREITUNG: 45 MIN. · MARINIEREN: 12 STD. · PRO PORTION CA. 280 KCAL

4 Kalbskoteletts (à ca. 250 g)
2 Bio-Zitronen
8 Knoblauchzehen
1 Bund glatte Petersilie
2 TL grob geschroteter schwarzer Pfeffer
2 EL Olivenöl
1 TL Puderzucker
Salz | schwarzer Pfeffer aus der Mühle

Außerdem
Alufolie extra reißfest
Holzkohlegrill

1 Am Vortag die Koteletts trocken tupfen und falls nötig von Sehnen befreien. Zitronen heiß abwaschen, gründlich trocken reiben und in dünne Scheiben schneiden. Knoblauchzehen schälen und grob hacken. Petersilie waschen, trocken schütteln, die Blättchen abzupfen und fein hacken. Petersilie mit Knoblauch und geschrotetem Pfeffer mischen.

2 4 große Blätter Alufolie (keine antihaftbeschichtete!) nebeneinanderlegen. Die Alufolie dünn mit dem Olivenöl bestreichen und je 1 Prise Puderzucker in die Mitte streuen. Darauf schuppenartig in Größe eines Koteletts einige Zitronenscheiben legen.

3 Die Kräutermischung auf den Zitronenscheiben verteilen. Auf jedes Stück Folie 1 Kotelett setzen und die Folie eng darüber verschließen. Das Fleisch ca. 12 Std. im Kühlschrank marinieren.

4 Den Grill anheizen, dabei die Briketts oder Kohlen rechts und links außen aufhäufen, sodass in der Mitte eine Zone für das indirekte Grillen bleibt. Sobald die Briketts oder Kohlen von grauer Asche überzogen sind, die Kotelettpäckchen (Zitronenseite nach unten) direkt über die Glut auf den Rost legen. Ca. 10 Min. grillen, wenden und weitere 8 Min. bei großer Hitze grillen.

5 Die Päckchen in die Mitte des Rosts schieben und bei indirekter Hitze ca. 5 Min. ruhen lassen. Wer sich nicht sicher ist, ob das Fleisch schon rosa gegrillt ist, öffnet vorsichtig eines der Päckchen: Der Fleischsaft in der Alufolie darf nicht mehr rot sein. Sieht er klar aus, ist das Fleisch fertig.

6 Das Fleisch mit den Zitronenscheiben und den Kräutern aus der Folie auf vorgewärmten Tellern anrichten, salzen und pfeffern. Dazu passen geeister Melonen-Feta-Salat (▶ Tipp) und Fladenbrot.

BEILAGENTIPP: MELONEN-FETA-SALAT

350 g Tomaten waschen, halbieren und entkernen, den Stielansatz entfernen. 350 g Wasser- oder Netzmelonenfruchtfleisch (ohne Schale und Kerne gewogen) würfeln, 1 grüne Paprikaschote und 1 kleine Salatgurke waschen, putzen und in 1 cm große Würfel schneiden. 1/2 Bund Radieschen waschen, putzen und in dünne Scheiben schneiden. 2 Frühlingszwiebeln waschen, putzen und in feine Ringe schneiden. Alles mischen. 1/2 Bund Minze waschen, trocken schütteln, die Blättchen abzupfen, hacken und mit dem Saft von 1 Zitrone und 5 EL Olivenöl mischen, mit Salz, frisch gemahlenem schwarzem Pfeffer und Zucker abschmecken. Dressing zum Salat geben und alles ca. 15 Min. marinieren. 200 g Feta fein würfeln, nur locker unterheben und den Salat für ca. 30 Min. in das Gefrierfach stellen.

KALBSHÜFTE
VOM ZEDERNHOLZBRETT

Ein Hauch von Nadelwald umweht den Grill, in dem die Kalbshüfte gart. Verantwortlich ist eine Zubereitungsart, die den Indianern Nordamerikas abgeschaut ist.

FÜR 4 PORTIONEN · ZUBEREITUNG: 1 STD. · MARINIEREN: 12 STD. · GAREN: 1 STD. 20 MIN. · PRO PORTION CA. 315 KCAL

1 EL Senfsamen
1 EL Fenchelsamen
1 EL Anissamen
1 Zweig Thymian
2 Knoblauchzehen
1 TL Salz
1/2 TL Zucker
500 ml Pflaumenwein (Asienladen, ersatzweise trockener Sherry)
ca. 1 kg Kalbshüfte am Stück
schwarzer Pfeffer aus der Mühle
10 Wacholderbeeren

Außerdem:
großer, verschließbarer Gefrierbeutel
unbehandeltes Zedernholzbrett
   (ca. 20 × 40 cm, ▸ Tipp)
Holzkohlegrill mit Deckel
Fleischthermometer

1 Am Vortag die Samen in einer kleinen Pfanne ohne Fett kurz anrösten, herausnehmen und auf einem Teller abkühlen lassen. Den Thymian waschen, trocken schütteln und die Blättchen abstreifen. Die Knoblauchzehen schälen und fein würfeln. Mit den Thymianblättchen, den gerösteten Samen, Salz, Zucker und 50 ml Pflaumenwein mischen.

2 Das Fleisch trocken tupfen, falls nötig von Sehnen befreien und mit der Marinade in einen großen Gefrierbeutel geben. Gut verschließen und ca. 12 Std. im Kühlschrank marinieren. Ab und zu wenden.

3 Am nächsten Tag ca. 3 1/2 Std. vor dem Essen das Zedernholzbrett abspülen, in ein tiefes Backblech (Fettpfanne) legen und mit dem restlichen Pflaumenwein übergießen (▸ Bild 1). Das Brett ca. 2 Std. einweichen und ab und zu wenden.

4 Den Grill für indirektes Grillen vorbereiten: dabei die Briketts oder Kohlen am Rand aufhäufen, sodass in der Mitte eine Zone für das indirekte Grillen bleibt (▸ Bild 2). Sobald die Briketts oder Kohlen von grauer Asche überzogen sind, das Zedernholzbrett aus dem Wein nehmen, aber nicht trocken tupfen.

5 Das Fleisch aus dem Gefrierbeutel nehmen, nicht trocken tupfen, sondern rundum mit Pfeffer würzen und auf das Brett legen. Die Wacholderbeeren in einem Mörser leicht andrücken und anschließend um das Fleisch herum auf dem Brett verteilen.

6 Ein Fleischthermometer an der dicksten Stelle in das Fleisch stecken. Das Holzbrett auf den Grillrost über die Zone ohne Glut legen (▸ Bild 3), den Deckel des Grills schließen und das Fleisch ca. 80 Min. garen, bis es eine Kerntemperatur von 60° erreicht hat (für Grills mit Temperaturanzeige: bei ca. 160°).

7 Das Brett vom Rost nehmen und das Fleisch 10 Min. ruhen lassen. Dann aufschneiden und lauwarm zu einem frischen Blattsalat servieren (▸ Bild 4).

GRILLEN AUF DEM ZEDERNHOLZBRETT

Das Brett muss vor dem Grillen gewässert werden. Man kann es zwei- bis dreimal verwenden: einfach nach dem Grillen mit heißem Wasser ohne Spülmittel reinigen und gut trocknen lassen. Zedernholzbretter bekommen Sie in Geschäften mit Grillbedarf oder über das Internet.

ZUBEREITUNG OHNE ZEDERNHOLZBRETT

Um trotzdem eine leichte Holznote zu erzielen, können Sie auch eine Hand voll Räucherchips (Baumarkt oder Anglerbedarf) ca. 1 Std. in Wein einweichen, in ein Sieb abgießen und auf die glühende Kohle geben. Das Fleisch wird dann in einer flachen, feuerfesten Form auf dem Rost gegrillt (Garzeit wie oben).

1 Das gründlich gereinigte Zedernholzbrett in einer Fettpfanne in Pflaumenwein einweichen und beschweren, damit es nicht aufschwimmt.

2 Den Grill für indirektes Grillen vorbereiten; dabei die Kohlen am Rand aufhäufen, sodass in der Mitte eine glutfreie Zone bleibt.

3 Das Fleisch mitsamt Holzbrett auf den Rost legen und den Deckel des Grills schließen.

4 Das Fleisch vor dem Anschneiden etwas ruhen lassen, dann lauwarm aufschneiden und servieren.

TEEGERÄUCHERTE
KALBSLEBER

Flüchtiger Rauch für ein nachhaltiges Aromawunder:
Hier darf die Leber einmal völlig neue Geschmacksseiten zeigen.

FÜR 4 PORTIONEN · ZUBEREITUNG: 30 MIN. · EINWEICHEN: 2 STD. · GAREN: 15 MIN. · PRO PORTION CA. 230 KCAL

ca. 700 g Kalbsleber
4 EL loser schwarzer Tee
(ersatzweise 4 Teebeutel)
1 Bio-Zitrone
1 Bio-Orange
10 Wacholderbeeren
Salz | schwarzer Pfeffer aus der Mühle

Außerdem:
100 g Räucherchips (Baumarkt oder
Anglerbedarf)
Holzkohlegrill mit Deckel

1 Ca. 2 1/2 Std. vor dem Essen die Kalbsleber mit Küchenpapier gut trocken tupfen. Die Sehnen entfernen und die dünne Haut abziehen. Die Kalbsleber in ca. 1 cm dicke Scheiben schneiden und abgedeckt kühl stellen.

2 Die Räucherchips mit dem Tee (Teebeutel aufreißen und entleeren) in einer Schüssel mit 350 ml kochendem Wasser überbrühen und ca. 2 Std. einweichen.

3 Den Grill für indirektes Grillen vorbereiten: dabei die Briketts oder Kohlen rechts und links außen aufhäufen, sodass in der Mitte eine Zone für das indirekte Grillen bleibt.

4 Inzwischen Räucherchips und Tee auf ein Sieb abgießen. Zitrone und Orange heiß abwaschen und gründlich trocken reiben. Jeweils die Schale der halben Frucht abreiben und mit den Wacholderbeeren zu den Räucherchips geben.

5 Sobald die Briketts oder Kohlen von grauer Asche überzogen sind, die Räucherchips-Mischung gleichmäßig auf der Glut verteilen.

6 Die Kalbsleber nun mittig auf den Grillrost legen, sodass sie nicht direkt über der Glut liegt. Bekommt sie zu viel Hitze, wird sie schnell hart. Den Deckel des Grills schließen und die Leber 10–15 Min. räuchern, dabei einmal wenden.

7 Die Leber vom Grill nehmen, erst jetzt mit Salz und etwas Pfeffer würzen. Lauwarm zu einem frischen sommerlichen Salat mit einem leichten getrüffelten (▶ Tipp) oder einem cremigen Meerrettichdressing servieren.

RÄUCHERN IM GASGRILL

Die Zubereitung dieses Rezepts ist auch im Gasgrill möglich. Geben Sie dazu die eingeweichten, abgegossenen Räucherchips in eine Alu-Grillschale, eine Metallschüssel oder auf ein kleines Metallblech und stellen Sie dieses Behältnis direkt auf den Brenner unter den Rost.

BEILAGENTIPP: SALAT MIT TRÜFFELDRESSING

Für das Dressing 1 Schalotte schälen und fein würfeln. 1/2 TL süßen und 1/2 TL mittelscharfen Senf mit den Schalottenwürfeln mischen. 4 EL weißen Balsamico-Essig, 1 kräftige Prise Salz und etwas frisch gemahlenen schwarzen Pfeffer unterrühren. 4 EL Olivenöl (noch feiner: 2 EL Olivenöl und 2 EL Öl von getrockneten Tomaten in Öl) unterschlagen. Mit einigen Tropfen hochwertigem Trüffelöl, Salz und Pfeffer abschmecken. Das Dressing passt gut zu Blattsalaten. Sie können dazu frisches Gemüse mithilfe eines Parmesanhobels oder Sparschälers in sehr dünne Scheiben hobeln und untermischen.

KLASSIKERVARIANTE: LEBER BERLINER ART

Den Backofen auf 95° (Umluft: 85°) vorheizen. 1 rotschaligen Apfel waschen, halbieren, vom Kerngehäuse befreien und ungeschält in Scheiben schneiden. 2 Zwiebeln schälen und in Ringe schneiden. Die Kalbsleber trocken tupfen. Sehnen entfernen und Haut abziehen. Die Leber in ca. 1 cm dicke Scheiben schneiden, in Mehl wenden und in einer Pfanne in 2 EL Butter bei mittlerer Hitze von jeder Seite 1 Min. braten. Mit Salz und Pfeffer würzen und im Ofen warm stellen. 3 EL Butter in der Pfanne aufschäumen und Apfelscheiben und Zwiebelringe darin ca. 5 Min. bei mittlerer Hitze anbraten. Zum Servieren Äpfel, Zwiebeln und nach Belieben auch das Bratfett über die rosa gebratene Leber geben. Dazu passt Kartoffelpüree.

LAMMHÜFTEN
MIT SCHARFEN KIRSCHEN

Ein fruchtiges Vergnügen, das sich im Verlauf der sommerlichen Erntemonate vielfältig abwandeln lässt: mit Pflaumen, mit Birnen oder Äpfeln.

FÜR 4 PORTIONEN · ZUBEREITUNG: 35 MIN. · PRO PORTION CA. 550 KCAL

150 g Sauerkirschen (▸ Tipp)
4 EL Zucker
150 ml roter Portwein
1 Chilischote
1 Prise gemahlener Kardamom
4 Lammhüften (à ca. 180 g)
Salz | schwarzer Pfeffer aus der Mühle
3 EL Olivenöl

Außerdem
4 Zahnstocher oder Metallspieße

1 Die Kirschen waschen, entstielen, entsteinen und vierteln. Den Zucker in einem kleinen Topf bei mittlerer Hitze schmelzen. Sobald er eine goldgelbe Farbe angenommen hat, mit dem Portwein ablöschen.

2 Die Kirschen zugeben und in der Flüssigkeit ca. 2 Min. bei mittlerer Hitze köcheln lassen. Mit einem Schaumlöffel herausnehmen und beiseitestellen.

3 Die Chilischote waschen, putzen, halbieren, entkernen und in die Portweinsauce geben. Alles in ca. 6 Min. bei großer Hitze sirupartig einkochen. Die Kirschen erneut in den Topf geben und den Sirup mit Kardamom abschmecken.

4 Die Lammhüften trocken tupfen und falls nötig von Sehnen und Fett befreien. Mit einem kleinen Messer in jedes Stück waagerecht eine kleine Tasche schneiden.

5 Die Kirschmischung mit einem Löffel in das Fleisch füllen, die Chilihälften wegwerfen. Die Taschen gut mit Zahnstochern oder Metallspießen verschließen und die gefüllten Lammhüften von allen Seiten mit Salz und Pfeffer würzen.

6 Eine Pfanne erhitzen und erst dann das Olivenöl zugeben. Das Fleisch im heißen Öl bei großer Hitze von jeder Seite 1 Min. anbraten. Dann die Hitze reduzieren und die Lammhüften bei kleiner Hitze in ca. 12 Min. fertig braten.

7 Das Fleisch auf vorgewärmte Teller geben, die Zahnstocher oder Spieße entfernen und jedes Stück einmal schräg zur Faser aufschneiden. Sofort servieren. Zu den Lammhüften passen Kartoffelpüree mit Frühlingszwiebeln und Rucola-Salat.

KIRSCHEN RUND UMS JAHR

Außerhalb der Saison können Sie statt der frischen Sauerkirschen auch TK-Ware oder Schattenmorellen aus dem Glas verwenden. Lassen Sie die Früchte gut abtropfen und geben Sie sie erst kurz vor dem Fleischfüllen zum Sirup.

EXTRAVIEL FRUCHT

Wenn Sie gleich die doppelte Menge Kirschkompott zubereiten, können Sie es separat zum Fleisch reichen. Es passt auch gut als Begleitung für einen würzigen Käse, z. B. einen gereiften Manchego.

LAMMFILETS
IM BROTMANTEL

Dass das feine Filet einfach so auf der Zunge zergeht, verhindert die Knusperkruste.
Zum Glück, denn so können sich die Kontraste von weich und rösch, fruchtig und würzig entfalten.

FÜR 4 PORTIONEN · ZUBEREITUNG: 30 MIN. · PRO PORTION CA. 740 KCAL

8 Lammfilets (à ca. 70 g)
7 EL Olivenöl
Salz | schwarzer Pfeffer aus der Mühle
450 g Toastbrot
8 Zweige Thymian
350 g Preiselbeerkonfitüre

1 Die Lammfilets trocken tupfen und falls nötig von Sehnen befreien.

2 Eine Pfanne erhitzen und 1 EL Olivenöl zugeben. Die Lammfilets mit Salz und Pfeffer würzen und im heißen Öl bei großer Hitze von allen Seiten kurz anbraten. Das Fleisch aus der Pfanne nehmen und auf Küchenpapier abfetten.

3 Das Toastbrot entrinden und im Mixer fein zerkleinern. Den Thymian waschen und trocken schütteln. Die Blättchen von den Zweigen streifen und mit dem zerkleinerten Toastbrot und der Preiselbeerkonfitüre gründlich vermischen. Die Bröselmasse mit Salz und Pfeffer abschmecken.

4 Aus Backpapier 8 Rechtecke von ca. 25 × 25 cm ausschneiden. Auf jeden Bogen 1/8 der Brotmasse streichen: ungefähr in der Länge des Filets und ca. 5 cm breit. Die Lammfilets auf die Masse legen und mithilfe des Papiers vorsichtig mit der Brotmasse ummanteln.

5 Eine große Pfanne erhitzen, 3 El Olivenöl zugeben. Vorsichtig die ersten 4 Lammfilets vom Backpapier in die Pfanne gleiten lassen und in ca. 10 Min. bei kleinster Hitze von allen Seiten goldbraun braten. Das Filet sollte im Kern noch leicht rosa sein. Sofort servieren, damit der Brotmantel knusprig bleibt. Mit den restlichen Filets ebenso verfahren. Dazu passen eine Knoblauch-Meerrettich-Sauce (▸ Tipp) und Feldsalat mit Kartoffel-Speck-Dressing (▸ Seite 155).

BEILAGENTIPP:
KNOBLAUCH-MEERRETTICH-SAUCE

1/2 Knolle Knoblauch (ca. 70 g) ungeschält in 400 ml Milch 60–80 Min. bei kleiner Hitze köcheln. Alles durch ein Sieb streichen, sodass nur die Knoblauchhäute im Sieb zurückbleiben. 1–2 Scheiben Toastbrot entrinden und fein würfeln. Die Würfel unter die Sauce mischen, um sie etwas zu binden. Alles mit Salz, Cayennepfeffer, Zucker und 1–2 TL frisch geriebenem Meerrettich würzig abschmecken.

PREISELBEERKONFITÜRE SELBST GEMACHT

250 g Zucker in einem flachen Topf karamellisieren. Hitze reduzieren, 300 g frische Preiselbeeren oder Cranberrys waschen, gut abtropfen lassen und vorsichtig zu dem Karamell geben. Eine Vanilleschote halbieren, das Mark herauskratzen und mit der Schote zugeben. Deckel auf den Topf legen und alles bei kleiner Hitze ca. 10 Min. köcheln lassen.

LAMMFLEISCHPFLANZERL
MIT BLAUEM KARTOFFELSALAT

Fleischpflanzerl, Buletten, Frikadellen? Für diese raffiniert gewürzten Lammfleischbällchen müsste man eigentlich einen neuen Namen erfinden. Oder man belässt es einfach bei »Oh« und »Ah«.

FÜR 4 PORTIONEN · ZUBEREITUNG: 1 STD. 10 MIN. · PRO PORTION CA. 760 KCAL

Für den Kartoffelsalat:

700 g violette oder blaue Kartoffeln
(Trüffelkartoffeln, ersatzweise normale festkochende)
Salz
1 Schalotte (ca. 20 g)
6 EL Aceto balsamico bianco
6 EL Geflügel- oder Gemüsebrühe
(▸ Tipp Seite 67)
1 TL mittelscharfer Senf
schwarzer Pfeffer aus der Mühle
1 Prise Zucker
4 EL Pflanzenöl

Für die Fleischpflanzerl:

160 g Toastbrot
4 EL Sahne
2 Schalotten (à ca. 20 g)
2 kleine Knoblauchzehen
4 EL Pflanzenöl
500 g Lammhackfleisch
2 Eier (Größe M)
1 kleines Bund Minze
2 Msp. gemahlener Sternanis (▸ Tipp)
Salz | schwarzer Pfeffer aus der Mühle
Cayennepfeffer

1 Für den Kartoffelsalat die Kartoffeln waschen und in einem Topf mit reichlich Salzwasser in 20–25 Min. gar kochen. Die Kartoffeln noch warm pellen und in feine Scheiben schneiden.

2 Die Schalotte schälen und in feine Würfel schneiden. Den Essig mit der Brühe, dem Senf, den Schalotten-würfeln und den Gewürzen vermischen. Nach und nach das Öl dazugeben. Die Marinade über die Kartof-felscheiben geben und vorsichtig unterheben.

3 Für die Fleischpflanzerl das Toastbrot entrinden und fein würfeln. Die Sahne lauwarm erhitzen und das Toastbrot damit übergießen. Alles kurz einweichen.

4 Schalotten und Knoblauch schälen und fein würfeln. 1 EL Öl in einem kleinen Topf erhitzen und die Schalot-ten- und Knoblauchwürfel darin in ca. 5 Min. bei mitt-lerer Hitze glasig dünsten. Abkühlen lassen.

5 Das eingeweichte, nicht ausgedrückte Toastbrot in einer Schüssel mit dem Lammhackfleisch und den Eiern gut vermischen.

6 Die Minze waschen, trocken schütteln, die Blätter abzupfen und fein hacken und mit der Zwiebel-Knob-lauch-Mischung unter den Fleischteig rühren. Die Masse mit Sternanis, Salz, Pfeffer und Cayennepfeffer würzig abschmecken.

7 Aus dem Fleischteig mit angefeuchteten Händen 8 gleich große Pflanzerl (Frikadellen) formen. Eine große beschichtete Pfanne erhitzen und das restliche Öl zugeben. Die Pflanzerl darin in ca. 4 Min. bei kleiner bis mittlerer Hitze kross anbraten. Danach auf kleinste Hitze reduzieren und die Pflanzerl in ca. 10 Min. fertig garen. Die fertigen Pflanzerl mit dem Kartoffelsalat auf vorgewärmten Tellern anrichten.

MEDITERRAN STATT ORIENTALISCH

Der gemahlene Sternanis gibt hier dem Hack-fleisch das besondere Aroma. Wenn Sie keinen bekommen, ersetzen Sie ihn durch 2 Messerspit-zen getrockneten, gemahlenen Rosmarin – dann bekommt das Gericht eine mediterrane Note.

KLASSIKER: FLEISCHPFLANZERL

160 g fein gewürfeltes Toastbrot in 3 EL lauwar-mer Milch einweichen. 1 gewürfelte Zwiebel und 1 gewürfelte Knoblauchzehe in 2 EL Butter 3 Min. dünsten, 3 EL gehackte glatte Petersilie zugeben und weitere 3 Min. mitgaren. Toastbrot und Zwiebelmischung unter 500 g Hackfleisch (halb Rind, halb Schwein) mischen, 2 Eier und 1–2 TL Senf zugeben und mit Salz und schwarzem Pfeffer abschmecken. Aus der Masse 8 Pflanzerl formen und wie oben beschrieben kross braten.

LAMMRACKS
MIT ANANASMARINADE

Lammracks sehen nicht nur dekorativ aus – der Knochen hält das Fleisch auch besonders saftig.
Extramürbe wird es durch den Ananassaft.

FÜR 4 PORTIONEN · ZUBEREITUNG: 1 STD. 5 MIN. · MARINIEREN: 12 STD. · PRO PORTION CA. 300 KCAL

2 Lammracks (à ca. 500 g)
4 Knoblauchzehen
3 EL Olivenöl
1 Zitrone
100 ml Ananassaft
2 Prisen gemahlene Zimtblüte
   (ersatzweise 1/4 TL Zimtpulver)
2 EL süße Chilisauce
   (Supermarkt oder Asienladen)
Salz | schwarzer Pfeffer aus der Mühle

Außerdem
Holzkohlegrill

1 Am Vortag die Racks mit kaltem Wasser abwaschen, falls Knochensplitter entfernt werden müssen. Gründlich trocken tupfen und in eine flache Schale legen.

2 Den Knoblauch schälen und fein würfeln. Das Olivenöl in einem kleinen Topf erhitzen. Den Knoblauch darin bei kleiner Hitze ca. 3 Min. andünsten.

3 Die Zitrone auspressen. Zitronen- und Ananassaft zum Knoblauch geben. Den Sud mit Zimtblüte oder Zimtpulver würzen und in ca. 15 Min. dicklich einkochen. Die Chilisauce unterrühren.

4 Die Marinade lauwarm abkühlen lassen und über die Lammracks gießen. Abgedeckt im Kühlschrank ca. 12 Std. marinieren.

5 Am nächsten Tag den Grill für indirektes Grillen vorbereiten. Dazu die Kohlen oder Briketts an den Seiten aufhäufen und anzünden. Sobald sich eine Ascheschicht darauf gebildet hat, die Racks aus der Marinade nehmen, aber nicht trocken tupfen. Das Fleisch direkt über die Glut auf den Grillrost legen und in 3–4 Min. von allen Seiten bräunen.

6 Danach das Fleisch in die Mitte des Grillrosts schieben und bei indirekter Hitze in weiteren 10–12 Min. fertig grillen. Dabei mehrmals wenden und mit der übrigen Marinade bestreichen.

7 Zum Anrichten jedes Lammrack mit Salz und Pfeffer würzen und in 4 Teile schneiden. Je 2 Stücke auf einem vorgewärmten Teller anrichten. Dazu passt ein Couscous-Salat (▶ Tipp).

BEILAGENTIPP: COUSCOUS-SALAT

Für einen frischen Salat nach Art der arabischen Taboulé 300 g Instant-Couscous mit 400 ml kochendem Wasser übergießen und ca. 7 Min. ausquellen lassen. Dabei ab und zu mit einer Gabel auflockern. 200 g Salatgurke schälen, mit einem Teelöffel die Kerne herauskratzen und das Fruchtfleisch in 1 cm große Würfel schneiden. 200 g Tomaten waschen, den Stielansatz herausschneiden und das Fruchtfleisch würfeln. 1 Bund Frühlingszwiebeln waschen, putzen und in dünne Ringe schneiden. 1/2 Bund Minze und 1/2 Bund Petersilie waschen, trocken schütteln und die Blättchen grob hacken. 3–4 EL Zitronensaft mit Salz, Pfeffer, 1 Prise Zucker und 3 EL Olivenöl verquirlen. Alle Zutaten mit der Sauce in einer Schüssel mischen. Den Salat 10 Min. durchziehen lassen und noch einmal abschmecken.

LAMMHAXEN
AUS DER GLUT

Am offenen Feuer erfand die Menschheit das Kochen. Am Grill versetzt sie sich dorthin zurück.
Nur die Rezepte sind raffinierter geworden.

FÜR 4 PORTIONEN · ZUBEREITUNG: 30 MIN. · GAREN: 2 STD. 30 MIN. · PRO PORTION CA. 1010 KCAL

4 Vorderhaxen vom Lamm (à ca. 350 g)

1 gelbe Paprikaschote (ca. 160 g)

1 rote Paprikaschote (ca. 160 g)

2 rote Zwiebeln (à ca. 80 g)

2 normale Küchenzwiebeln (à ca. 80 g)

4 Zweige Rosmarin

200 g Schafskäse (Feta)

4 EL Olivenöl

Salz | schwarzer Pfeffer aus der Mühle

4 EL Ouzo (ersatzweise ein
    anderer Anisschnaps)

Außerdem

Alufolie extra reißfest (44 cm breit)

1 Die Haxen mit kaltem Wasser abwaschen, falls Knochensplitter entfernt werden müssen. Gründlich trocken tupfen.

2 Die Paprikaschoten putzen, waschen und das Fruchtfleisch in 3 cm große Stücke schneiden. Die Zwiebeln schälen und vierteln. Rosmarin waschen und trocken schütteln. Den Schafskäse abtropfen lassen und vierteln.

3 Ein ca. 45 cm langes Stück Alufolie auf die Arbeitsfläche legen. In die Mitte 1 EL Olivenöl geben und 1/4 der Paprikastücke, 2 Zwiebelschnitze und 1 Rosmarinzweig um das Öl verteilen. Die Lammhaxen mit Salz und Pfeffer würzen. 1 Haxe und 1 Stück Käse auf die geölte Alufolie legen. Mit 1 EL Ouzo beträufeln.

4 Die Alufolie eng über Haxe, Gemüse und Käse verschließen. Ein ca. 90 cm langes Stück Alufolie doppelt legen, ein wenig zerknüllen und wieder auseinanderziehen. Die zerknitterte Alufolie um das Haxenpäckchen wickeln.

5 Die restlichen Zutaten ebenso in Folienpäckchen packen. Den Grill anheizen.

6 Sobald die Kohlen oder Briketts von einer grauen Ascheschicht überzogen sind, die Haxenpäckchen direkt in die Glut legen. Nach ca. 1 Std. Garzeit die Päckchen einmal wenden und ca. 1 Std. 30 Min. weitergaren. Die Päckchen erst bei Tisch öffnen. Dazu passen würzige Grillkartoffeln (▶ Tipp).

DOPPELT BELEGTER GRILL

Auch wenn in der Glut die Lammhaxen liegen, können Sie darüber auf dem Grillrost trotzdem wie gewohnt grillen.
Für die Zubereitung direkt in der Glut eignen sich auch Gemüsezwiebeln hervorragend: Geben Sie sie ungeschält, aber ohne Folie für 1 Std. 30 Min. in die Glut. Die äußeren Schichten verbrennen, aber das Innere wird zart und saftig.

BEILAGENTIPP: SPICY POTATOES

500 g festkochende gegarte Pellkartoffeln (möglichst kleine, aromatische, z. B. La Ratte) längs halbieren. In einer Schüssel mit 3 EL Pflanzenöl beträufeln. 1 TL geschroteten bunten Pfeffer, 1 TL getrocknete Kräuter der Provence, 2 TL Zucker, 3 TL Meersalz und 1 TL Chiliflocken zu den Kartoffeln geben und gründlich untermischen. Die Kartoffeln 30 Min. vor Ende der Haxengarzeit mit den Schnittflächen nach unten auf den Grillrost legen. In ca. 15 Min. goldbraun werden lassen, wenden und von der zweiten Seite in weiteren 15 Min. fertig grillen. Nach Belieben etwas Sauerrahm dazu reichen.

AUS DEM OFEN

**Große Braten bedeuten entspanntes Kochen.
Während sie im Ofen langsam ihre leckere Kruste bekommen, bleibt genügend Zeit,
sich um anderes zu kümmern – zum Beispiel um liebe Gäste.**

Auch beim Ofenbraten sind es Röststoffe, die für aromatischen Geschmack und eine schöne Kruste sorgen. Deshalb bekommen große Braten zunächst eine Dosis großer Hitze: entweder durch Anbraten in der Pfanne oder im gut vorgeheizten Ofen bei Temperaturen bis zu 220 Grad.

Zu Beginn der eigentlichen Garphase ist das Fleisch daher außen heiß, innen aber noch kühl. Um den Unterschied anzugleichen und den Fleischfasern zu erlauben, sich zu entspannen, wird nun die Hitze reduziert. So gart der Braten gleichmäßig weiter. Ein Fleischthermometer hilft, die Kontrolle über den Gargrad zu behalten. Stecken Sie es in die dickste Stelle des Bratens (weder an einen Knochen noch ins Fett) und warten Sie, bis die gewünschte Kerntemperatur erreicht ist. Sie bewegt sich, je nachdem, von welchem Tier das Fleisch stammt, und nach persönlicher Vorliebe zwischen 58 und 70 Grad.

Profiköche verlassen sich gelegentlich auf die Fingerprobe, um zu entscheiden, ob das Fleisch fertig ist oder nicht: Lässt es sich leicht eindrücken und fühlt es sich weich an, so ist es innen noch roh. Je weniger es nachgibt, desto stärker ist es bereits durchgebraten. Um mit dieser Methode zu beurteilen, wann das Fleisch aus dem Ofen auf den Tisch kommen darf, ist allerdings viel Erfahrung notwendig.

Immer beliebter wird beim Ofengaren die Niedrigtemperaturmethode: Das Fleisch wird nach dem Anbraten bei sehr niedriger Hitze (meist etwa 80 Grad) in den Ofen geschoben, wodurch sich die Garzeit deutlich verlängert. Der Vorteil: Während man sonst genau auf den Punkt achten muss, an dem der Braten nicht zu trocken und das Bindegewebe trotzdem weich wird, umgeht man beim Niedrigtemperaturgaren diesen neuralgischen Punkt einfach. Das Fleisch trocknet nicht aus, das Bindegewebe wird während der langen Zeit trotzdem weich, und der Braten verzeiht es auch, wenn er noch eine halbe Stunde länger im Ofen bleibt.

Unabhängig von der Garmethode: Wenn Sie im Ofen Fleisch garen möchten, das nicht überall gleich dick ist (beispielsweise Filet mit seiner dünnen Spitze), dann binden Sie es am besten vor dem Zubereiten mit Küchengarn zu einer kompakten Form. So vermeiden Sie, dass manche Stellen schon trocken werden, während andere noch garen müssen. Und wenn Sie sich für ein Fleischstück am Knochen entschieden haben, dann entfernen Sie den Knochen erst kurz vor dem Servieren, denn er hält das Fleisch besonders saftig und sorgt für zusätzliches Aroma.

Noch ein Wort zum Bräter: Er soll nicht viel größer sein als das Fleischstück, sodass gerade noch Gemüse und Kräuter hineinpassen. Sonst verdunsten Bratensaft und die angegossene Flüssigkeit wie Wasser, Fond oder Wein zu schnell. Und diese Flüssigkeit ist nicht nur wichtig, um den Braten damit immer wieder zu übergießen, sondern auch für die gute Sauce!

DIE BESTEN
STÜCKE ZUM OFENBRATEN

Stücke mit hohem Fleischanteil und schützender Fettschicht
finden im Ofen den idealen Garraum.
Und weil meist viel dran ist, dürfen auch viele mitessen.

KALBSKOTELETT

Dieses sehr zarte und wenig
beanspruchte Stück aus dem
Rücken eignet sich hervorragend für diese Garmethode,
denn die Fettschicht und der
Knochen halten es saftig.
Der ganze Kotelettstrang ist
ein exzellenter Braten.

KALBSBRUST

Die Kalbsbrust ist
von Fett und Bindege-
webe durchzogen und
benötigt deshalb eine
längere Garzeit, aber
ihr Geschmack belohnt
die Geduld. Gerade bei
niedriger Temperatur
gebraten, kombiniert
sie Saftigkeit mit Röst-
noten – ein Genuss.
Sie eignet sich sehr gut
zum Füllen.

HACKFLEISCH

Damit ein großer Hackfleischbraten im
Ofen nicht trocken wird, muss das Fleisch
genügend Fett enthalten. Deshalb ist es
ratsam, einen Anteil Schweinefleisch zu
verwenden. Beim langen Braten verteilen
sich die Gewürze im Fleischteig gut, und
in der offenen Hitze entsteht eine leckere
Kruste. Hackfleisch schmeckt am besten,
wenn es frisch durch den Wolf gedreht
wurde. Auf jeden Fall muss es noch am
Tag des Einkaufs verbraucht werden.

Beim Braten im Ofen hängen Hitze und Garmethode entscheidend von der Art des Fleischstücks ab. Grundsätzlich gilt: Für das Braten im Ofen eignen sich besonders gut Teile, deren Anteil an Bindegewebe eher gering ist, denn das lässt sich besser langsam weich schmoren. Fett dagegen, sei es in Form feiner Marmorierung oder einer Fettschicht, eventuell sogar mit Schwarte, hält das Fleisch saftig. Für große Braten sind die großen Stücke wie Nacken, Rücken und Keule ideal.

Klassiker unter den Sonntagsbraten vom Rind sind Roastbeef und Hohe Rippe. Wenn Sie günstigere, aber ebenfalls sehr schmackhafte Teile wie Fehlrippe oder Hüftdeckel wählen, müssen Sie längere Garzeiten einplanen und deshalb mit niedrigerer Hitze arbeiten. Fragen Sie außerdem beim Metzger nach, wie lange das Fleisch an der Luft reifen durfte. Gut abgehangenes Rindfleisch ist zarter und hat bereits Wasser verloren. Es gart daher etwas schneller.

Kalbfleisch schmeckt im Ofen gebraten ausgezeichnet, aber es ist sehr zart und mager und wird daher leicht trocken. Bei Haxen und Brust schützt davor die Fettauflage. Falls Sie aber einen Kalbsbraten aus der Nuss zubereiten möchten, sollten Sie das Fleisch mit dünnen Scheiben von fettem Speck umwickeln. So trocknet es im Ofen nicht so leicht aus.

Auch beim Schwein wird gern die Haxe zubereitet. Schweinebauch mit der knusprigen Schwarte wird inzwischen in der Topgastronomie als besondere Delikatesse angeboten. In Bayern ist der Krustenbraten aus der Schulter das Aushängeschild für Schweinernes. Beide werden mitunter blanchiert, bevor sie in den Ofen kommen.

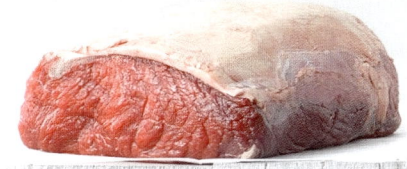

ROASTBEEF

Der Klassiker mit der Fettschicht und dem zarten, gut marmorierten Fleisch sollte aus dem Hohen Roastbeef (Hochrippe) geschnitten werden. Traditionell wird das Innere dieses eleganten, saftigen Bratens sehr rosa gegart. Das gelingt gerade bei niedriger Temperatur hervorragend. Am besten arbeitet man dabei mit einem Fleischthermometer: Die Kerntemperatur sollte 58 Grad betragen.

SPANFERKELHAXEN

Spanferkel werden im Alter von sechs Wochen geschlachtet und besitzen dann noch zartes, helles Fleisch. Die Schwarte schützt es in der Ofenhitze vor dem Austrocknen und wird gleichzeitig zur schmackhaften, knusprigen Kruste.

LAMMRÜCKEN

Der Fettrand hält das zarte, magere Fleisch saftig. Wird der Rücken ausgelöst und bei Niedrigtemperatur gegart, kommt das subtile Lammaroma besonders gut zur Geltung.

SCHWEINEHALS
MIT BLUTWURST-APFEL-FÜLLUNG

Süßsäuerlicher Apfel balanciert die Deftigkeit von Fleisch und Blutwurst aus.
Ein rustikales Festessen!

FÜR 4–5 PORTIONEN · ZUBEREITUNG: 45 MIN. · GAREN: 2 STD. 30 MIN. · BEI 5 PORTIONEN PRO PORTION CA. 715 KCAL

Für den Schweinehals:
ca. 1,4 kg Schweinehals am Stück
2 frische Blutwürste (à ca. 100 g)
1/2 säuerlicher Apfel (ca. 100 g,
   z. B. Boskop)
1 große Knoblauchzehe
1/2 EL Butter
1 TL Kümmelsamen
1 TL Salz
schwarzer Pfeffer aus der Mühle

Für die Sauce:
2 große Zwiebeln (ca. 300 g)
200 ml Cidre (lieblich, ersatzweise ein anderer Apfelwein)
400 ml Bratenfond (Glas)
Salz | schwarzer Pfeffer aus der Mühle

Außerdem:
Küchengarn und lange Nadel

1 Den Backofen auf 175° (Umluft: 160°) vorheizen. Den Schweinehals trocken tupfen. Ein scharfes, langes Messer der Länge nach durch das Fleisch stechen und die so entstandene Öffnung weiter aufschneiden oder mit den Händen erweitern, damit sie sich füllen lässt (▶ Tipp). Die Längsseiten bleiben dabei geschlossen, sodass die Füllung später ganz vom Fleisch umschlossen ist (▶ Bild 1).

2 Die Blutwürste häuten. Den halben Apfel schälen und ohne Kerngehäuse in 6 Spalten schneiden.

3 Zunächst 2 Apfelspalten bis zur Mitte ins Fleisch schieben, dann 1 Blutwurst. Mit 2 Apfelspalten abschließen. Das Fleisch von der anderen Seite aus ebenso mit 1 Blutwurst und den restlichen 2 Apfelspalten füllen (▶ Bild 2). Die beiden Öffnungen gut mit Küchengarn zunähen (▶ Bild 3).

4 Den Knoblauch schälen und in Scheiben schneiden. Auf einem Brett mit Butter, Kümmel und Salz zu einer feinen Paste verarbeiten (am besten geht das mit einem großen, scharfen Messer). Die Paste ringsherum auf dem Fleisch verteilen, gut einmassieren und den Braten mit Pfeffer würzen.

5 Für die Sauce die Zwiebeln schälen, grob würfeln und in eine Bratreine oder Auflaufform (ca. 20 × 30 cm) geben. Das Fleisch darauflegen, Cidre und Bratenfond dazugießen. Alles im Ofen (unten) insgesamt ca. 2 Std. 30 Min. braten. Dabei dreimal wenden: nach 40 Min.,

nach weiteren 40 Min. und erneut nach 30 Min. Gegen Ende der Garzeit mit einer Fleischgabel prüfen, ob das Fleisch weich ist.

6 Den Schweinehals aus dem Ofen nehmen, das Küchengarn entfernen und das Fleisch in fingerdicke Scheiben schneiden. Die Flüssigkeit aus dem Bräter durch ein Sieb geben und mit Salz und Pfeffer abschmecken. Das Fleisch auf vorgewärmten Tellern oder rustikal auf einem Holzbrett anrichten, mit schwarzem Pfeffer übermahlen und mit dem Bratensaft servieren (▶ Bild 4). Als Beilage passen Kartoffelknödel oder auch kleine Semmelknödel (▶ Seite 177).

FLEISCH ZUM FÜLLEN AUFSCHNEIDEN

Arbeiten Sie am besten mit einem langen, scharfen Messer, um das Fleisch durchzustechen, und helfen Sie bei Erweitern des Schnitts mit den Händen nach. So haben Sie ein besseres Gefühl und schneiden nicht zu weit. Sie können natürlich auch Ihren Metzger fragen, ob er das für Sie erledigt.

DEFTIGES ZUR BROTZEIT

Der Schweinehals schmeckt auch kalt aufgeschnitten mit frischem Meerrettich. Sie können sogar das erkaltete Bratenfett weiterverwenden und als Brotaufstrich zu Bauernbrot servieren.

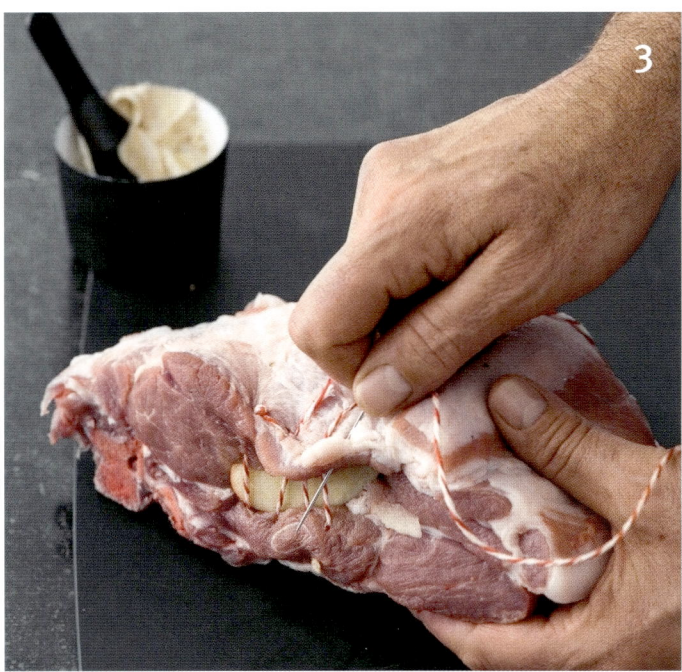

1 Den Schweinehals so einschneiden, dass er sich der Länge nach füllen lässt.

2 Die Apfelspalten und die Blutwürste in die Öffnung des Fleischs schieben.

3 Den Schweinehals an beiden Enden mit Küchengarn zunähen.

4 Den fertigen Braten mit dem Bratensaft servieren.

SCHWEINESCHÄUFERL
MIT HONIGWEIN UND SPITZKOHL

Für Franken ist das knusprige Schäuferl oder Schäufele ohnehin ein Leibgericht,
für Nichtfranken eine lohnenswerte Neuentdeckung.

FÜR 6 PORTIONEN · ZUBEREITUNG: 40 MIN. · GAREN: 3 STD. 30 MIN. · PRO PORTION CA. 1060 KCAL

Für Fleisch und Sauce:

2 Stück Flache Schweineschulter
(à ca. 1,5 kg) mit Knochen und
Schwarte, in je 3 Stücke geteilt
(beim Metzger vorbestellen)
2 Gemüsezwiebeln (ca. 300 g)
2 EL Pflanzenöl
200 ml Honigwein (Met)
1,2 l Bratenfond (Glas,
ersatzweise Fleischbrühe)
Salz | schwarzer Pfeffer aus der Mühle

Für die Beilage:

1 Spitzkohl (ca. 1,2 kg)
1 Gemüsezwiebel (ca. 200 g)
1 EL brauner Zucker
Salz
100 ml Weißwein
300 ml Gemüsebrühe (Instant)
1/2 Bund glatte Petersilie
2 TL Stärke
schwarzer Pfeffer aus der Mühle
2–3 Prisen gemahlener Kümmel
1 TL Weißweinessig

Außerdem:

3 TL Stärke
3 EL Honigwein (Met)

1 Den Backofen auf 150° (Umluft: 140°) vorheizen. Das Fleisch trocken tupfen. Die Zwiebeln schälen und grob würfeln.

2 Das Pflanzenöl in einem großen Topf erhitzen, die Zwiebeln darin 5 Min. bei mittlerer bis großer Hitze Farbe annehmen lassen. Mit dem Honigwein ablöschen, Bratenfond dazugießen und aufkochen.

3 Salz und Pfeffer auf das Fleisch streuen und gut einmassieren. Den Zwiebelansatz samt Flüssigkeit in einen Bräter (ca. 25 × 35 cm) geben, die Fleischstücke mit der Schwartenseite nach unten hineinlegen und alles im Ofen (Mitte) offen in ca. 3 Std. weich braten. Dabei dreimal wenden: nach 40 Min., nach weiteren 50 Min. und erneut nach 30 Min.

4 Inzwischen für die Beilage den Spitzkohl halbieren, waschen, putzen und ohne Strunk in 2 cm große Rauten schneiden. Die Zwiebel schälen und fein würfeln.

5 Den Zucker in einem weiten Topf bei mittlerer Hitze in 3 Min. schmelzen. Sobald er hellbraun karamellisiert ist, die Zwiebeln kurz darin anschwitzen. Den Kohl zufügen, 1 Min. darin schwenken, salzen und mit Weißwein ablöschen. 1 Min. einkochen, dann die Gemüsebrühe dazugießen, aufkochen und den Kohl zugedeckt bei kleiner Hitze in 20 Min. weich kochen.

6 Inzwischen die Petersilie waschen und trocken schütteln, die Blättchen abzupfen und grob hacken. Die Stärke mit etwas kaltem Wasser glatt rühren, zum fertigen Kohl geben und 3 Min. sämig einkochen. Das Gemüse mit Salz, Pfeffer, Kümmel und Weißweinessig abschmecken.

7 Den Bräter aus dem Ofen nehmen. Den Backofengrill einschalten und die Fleischstücke im Bräter aufstellen, sodass die Schwarte nach oben zeigt. Im Ofen (unten) in ca. 15 Min. knusprig übergrillen, dabei gut beobachten, damit die Schwarte nicht zu dunkel wird.

8 Den Ofen ausschalten. Das Fleisch aus dem Bräter heben und im Ofen warm stellen. Die Sauce durch ein feines Sieb in einen Stieltopf passieren, dabei möglichst viel Fett abschöpfen. Die Sauce aufkochen. 3 TL Stärke mit 3 EL Met glatt rühren, in die Sauce rühren und alles in ca. 10 Min. sämig einkochen. Erneut durch ein feines Sieb passieren, mit Salz und Pfeffer abschmecken.

9 Den Spitzkohl nochmals aufkochen und die Petersilie unterrühren. Zu den Schäuferln servieren. Als Beilage passen Kartoffelknödel oder Salzkartoffeln.

SCHWEINEFILET
MIT BLÜTENBRÖSELN

Feiern Sie den Sommer mit farbenfrohen Blüten und zartem, magerem Fleisch!
Und damit Sie nicht am heißen Ofen ins Schwitzen geraten, wird das Filet bei sanfter Hitze gebraten.

FÜR 2 PORTIONEN · ZUBEREITUNG: 1 STD. 10 MIN. · PRO PORTION CA. 750 KCAL

1 Schweinefilet
(ohne Filetkopf, ca. 350 g)
2 EL Olivenöl
Salz | schwarzer Pfeffer aus der Mühle
1 kleine Schalotte (ca. 20 g)
3 EL Butter
1 gehäufter TL Mehl
300 ml Kalbsfond (Glas)
150 g Sahne
2 Stängel glatte Petersilie
1/2 Bund Schnittlauch
1 frische, ungespritzte Ringelblume
(ersatzweise Gänseblümchen)
8 dünne Grissinistangen (ca. 20 g)
1/2 Bund Sauerampfer (ca. 20 g)
(ersatzweise junger Spinat)
Meersalz (z. B. Fleur de Sel)

Außerdem:
Küchengarn

1 Den Backofen auf 120° (Umluft nicht empfehlenswert) vorheizen. Das Fleisch trocken tupfen und falls nötig von Sehnen befreien. Die Filetspitze umklappen und mit Küchengarn festbinden (► Tipp).

2 Eine Pfanne erhitzen und das Olivenöl zugeben. Das Fleisch salzen, pfeffern und 3 Min. ringsum bei mittlerer Hitze anbraten. Danach auf dem Rost im Ofen (Mitte) ca. 45 Min. weitergaren (ein Blech als Tropfschutz darunterschieben). Dabei das Fleisch gelegentlich wenden.

3 In der Zwischenzeit die Schalotte schälen und würfeln. 1 EL Butter in einem Stieltopf erhitzen, die Schalottenwürfel darin bei mittlerer Hitze in 1 Min. glasig dünsten. Das Mehl einrühren, kurz mitbraten und nach und nach mit einem Schneebesen den kalten Kalbsfond einrühren. Die Sauce aufkochen und bei kleiner Hitze offen 15 Min. kochen, dabei zwischendurch umrühren. Die Sahne dazugeben und alles in 3–4 Min. sämig einkochen. Mit Salz und Pfeffer abschmecken und beiseitestellen.

4 Für die Blütenbrösel die Petersilie und den Schnittlauch waschen und trocken schütteln. Die Petersilienblättchen abzupfen und fein hacken, den Schnittlauch in feine Röllchen schneiden. Die Blütenblätter der Ringelblume abzupfen und grob zerschneiden. Die Grissini in einen Gefrierbeutel geben und mit dem Nudelholz nicht zu fein zerdrücken. Grissini, Kräuter und Blütenblätter mischen.

5 Kurz vor Ende der Fleischgarzeit die Sauce nochmals aufkochen. Sauerampfer waschen, trocken schütteln, Stiele entfernen und die Blätter fein hacken. Zusammen mit 1 EL Butter mit dem Pürierstab in die kochende Sauce mixen. Die Sauce nochmals mit Salz und Pfeffer abschmecken.

6 Das fertige Schweinefilet aus dem Backofen nehmen und das Küchengarn entfernen. 1 EL Butter in einer Pfanne aufschäumen und das Fleisch darin 1–2 Min. von allen Seiten braten. Danach rundum in den Blütenbröseln wälzen.

7 Das Fleisch in ca. 2 cm dicke Scheiben schneiden, mit Meersalz und Pfeffer würzen und die Unterseite der Scheiben in die restlichen Blütenbrösel drücken. Mit der Sauce anrichten. Als Beilage passen gebratene Pilze oder Blumenkohl und Kartoffeln.

GLEICHMÄSSIG GARENDES FILET

Die Filetspitze ist im Vergleich zum Mittelstück dünner. Gart man Schweinefilet im Ganzen, wird die Spitze umgeklappt und mit Küchengarn an das Mittelstück gebunden. So hat das ganze Filet überall ungefähr die gleiche Stärke und gart gleichmäßig. Ist der Filetkopf noch am Filet, wird er ebenfalls gebunden.

SCHWEINEBRATEN
MIT FENCHELSAMEN

Die Dicke Schweineschulter ist ideal für Schweinebraten.
Bei moderater Hitze im Ofen gegart, bleibt sie schön saftig.

FÜR 5–6 PORTIONEN · ZUBEREITUNG: 50 MIN. · GAREN: 3 STD. 30 MIN. · BEI 6 PORTIONEN PRO PORTION CA. 665 KCAL

750 g fleischige Schweineknochen
  (z. B. kleine Rippen)
250 g Kalbsknochen (sämtliche
  Knochen vom Metzger zerteilen
  lassen)
1 kleine Möhre (ca. 60 g)
1 Stück Knollensellerie (ca. 100 g)
1 Gemüsezwiebel (ca. 250 g)
2 Knoblauchzehen
1/2 TL Fenchelsamen
ca. 1,6 kg Dicke Schweineschulter am
  Stück (mit Schwarte, ohne Knochen)
Salz | schwarzer Pfeffer aus der Mühle
2 EL + 1 TL Olivenöl
400 ml Gemüsebrühe (Instant)
1 EL Tomatenmark
200 ml kräftiger Rotwein
  (z. B. Cabernet Sauvignon)
800 ml Bratenfond
  (Glas, ersatzweise Fleischbrühe)
3–4 Zweige Thymian
1 Stängel Oregano
1 TL schwarze Pfefferkörner
2 TL Stärke

1 Den Backofen auf 225° (Umluft: 200°) vorheizen. Die Knochen auf einem Blech mit Backpapier im Ofen (Mitte) in ca. 30 Min. goldbraun rösten, zwischendurch einmal wenden.

2 Inzwischen Möhre und Sellerie putzen und schälen. Die Zwiebel schälen und alles 1 cm groß würfeln. 1 Knoblauchzehe schälen und in Scheiben schneiden. Die Knochen aus dem Ofen nehmen und die Hitze auf 150° (Umluft: 140°) reduzieren.

3 Die zweite Knoblauchzehe schälen und mit den Fenchelsamen möglichst fein hacken. Das Fleisch trocken tupfen, falls nötig Sehnen entfernen und auf der Fleischseite kräftig mit Salz und Pfeffer würzen. Die Fenchelmischung darauf verteilen, alles mit 1 TL Olivenöl beträufeln und gut einmassieren.

4 Die Gemüsebrühe aufkochen und in eine Bratreine oder Auflaufform (ca. 20 × 30 cm) gießen. Das Fleisch mit der Schwartenseite nach unten in die Brühe legen und im Ofen (Mitte) insgesamt 3 Std. 30 Min. garen. Nach 1 Std. 30 Min. wenden und die Schwarte rautenförmig einritzen.

5 Inzwischen für die Sauce 2 EL Olivenöl in einem großen Topf erhitzen, Zwiebel, Knoblauchscheiben und Gemüse darin in ca. 3 Min. goldbraun rösten. Das Tomatenmark einrühren und 1 Min. mitrösten, die Knochen dazugeben und 1 Min. mitbraten.

6 Das Ganze mit der Hälfte des Rotweins ablöschen und 2 Min. einkochen. Restlichen Rotwein dazugießen, 1 Min. kochen, mit Bratenfond und 800 ml Wasser aufgießen und aufkochen.

7 Die Sauce offen bei kleiner Hitze insgesamt ca. 2 Std. kochen. Nach 30 Min. die Kräuter waschen und trocken schütteln, im Ganzen mit den Pfefferkörnern zur Sauce geben und alles noch einmal 1 Std. 30 Min. kochen. Die fertige Sauce durch ein feines Sieb in einen Stieltopf passieren, dabei das Gemüse gut ausdrücken und möglichst viel von dem Fett abschöpfen. Die Bratensauce beiseitestellen.

8 Das fertige Fleisch aus dem Ofen nehmen. Die Grillfunktion einschalten, das Fleisch auf den Rost (unten – ein Backblech als Tropfschutz darunterschieben) legen und in 5–10 Min. goldbraun übergrillen.

9 Die restliche Brühe aus dem Bräter zur Sauce geben, nochmals aufkochen und 3 Min. bei mittlerer Hitze einkochen. Die Stärke mit etwas kaltem Wasser glatt rühren, mit einem Schneebesen in die kochende Sauce rühren und in 3 Min. bei mittlerer Hitze sämig einkochen. Mit Salz und Pfeffer abschmecken.

10 Den Schweinebraten aufschneiden und mit der Sauce, den breiten Bohnen und den Kirschtomaten anrichten (▶ Tipp). Dazu passen gebratene kleine Kartoffeln oder Weißbrot.

KNOCHEN ABKNABBERN

Auch das Fleisch der gegarten Knochen schmeckt gut. Knabbern Sie es entweder direkt vom Knochen oder schaben Sie es mit einem Messer ab. Sie können das Fleisch auch in Bratensauce erhitzen und zu Nudeln (z. B. Spätzle) servieren.

BEILAGENTIPP: BOHNEN UND TOMATEN

500 g breite Bohnen waschen, putzen, in 2 cm große Stücke schneiden und in kochendem Salzwasser in 9–10 Min. bissfest garen. Abgießen, eiskalt abschrecken und abtropfen lassen. 1 große Schalotte (ca. 50 g) schälen, in feine Würfel schneiden und in 2 EL Butter in ca. 1 Min. glasig dünsten. Die abgetropften Bohnen dazugeben, 2 Min. mitbraten und mit Salz, grob gemörsertem schwarzem Pfeffer und 1 Prise Zucker abschmecken.
400 g Kirschtomaten (pro Person 4–5 Stück an je einer Rispe hängen lassen) waschen, mit dem Stiel nach unten in eine Auflaufform legen, mit 1 EL Olivenöl beträufeln, mit 1 Prise Meersalz (z. B. Fleur de Sel) bestreuen und unter dem Backofengrill (Mitte) ca. 15 Min. garen.

HACKFLEISCHGUGELHUPF
MIT KARTOFFELSAUCE

Bei dieser Traumhochzeit von Kuchen und Fleischpflanzerl
gibt es nur eine richtige Antwort: Ja, ich will!

FÜR 6 PORTIONEN · ZUBEREITUNG: 30 MIN. · GAREN: 1 STD. 15 MIN. · RUHEN: 10 MIN. · PRO PORTION CA. 560 KCAL

Für den Hackfleischgugelhupf:

1 Knoblauchzehe

1 große Zwiebel (ca. 100 g)

1 Möhre (ca. 100 g)

1 Petersilienwurzel (ca. 80 g)

1 Stück Lauch (ca. 80 g)

150 ml Milch

100 g geschnittenes Knödelbrot
 (ersatzweise 2 altbackene Brötchen,
 in feine Scheiben geschnitten)

3 EL Butter

Salz | schwarzer Pfeffer aus der Mühle

6–8 Stängel glatte Petersilie

3 Eier (Größe M)

600 g gemischtes Hackfleisch
 (Schwein und Kalb oder Rind)

2 EL mittelscharfer Senf

2 Msp. Cayennepfeffer

2 EL Semmelbrösel

Für die Kartoffelsauce:

2 mehligkochende Kartoffeln (200 g)

1 Schalotte (ca. 25 g)

1 EL Butter

300 ml Gemüsebrühe (Instant)

200 g Sahne

Salz | schwarzer Pfeffer aus der Mühle

frisch geriebene Muskatnuss

1 kleiner Stängel Majoran

Außerdem:

Gugelhupfform (Ø 28 cm)

blühende Gartenkräuter zum Garnieren
 (nach Belieben)

1 Den Backofen auf 175° (Umluft: 160°) vorheizen. Für den Gugelhupf Knoblauch und Zwiebel schälen und fein würfeln. Das Gemüse waschen und putzen. Möhre und Petersilienwurzel schälen und alles fein würfeln. Die Milch lauwarm erhitzen und das Knödelbrot in einer großen Schüssel damit übergießen.

2 2 EL Butter in einer Pfanne erhitzen, die Zwiebel darin 2 Min. glasig dünsten, Knoblauch und Gemüse dazugeben, 3 Min. bei mittlerer Hitze mitbraten und mit Salz und Pfeffer würzen. Das Gemüse auf die Brotmischung geben und auskühlen lassen.

3 Die Petersilie waschen, trocken schütteln, die Blättchen abzupfen und grob hacken. Die Eier trennen. Die Eigelbe mit Petersilie, Hackfleisch und Senf zur Brot-Gemüse-Mischung geben, alles kräftig mit Salz, Pfeffer und Cayennepfeffer würzen und gut miteinander vermengen. Die Eiweiße mit dem Handrührgerät oder dem Schneebesen nicht zu steif schlagen und locker unter die Hackfleischmasse heben.

4 Die Backform mit 1 EL Butter fetten und mit den Semmelbröseln ausstreuen. Die Hackfleischmasse darin verteilen, die Form mehrmals auf die Arbeitsfläche klopfen und die Oberfläche der Masse mit einem feuchten Löffel glatt streichen. Den Hackfleischgugelhupf im Ofen (Mitte) in ca. 1 Std. 10 Min. schön goldbraun backen.

5 In der Zwischenzeit für die Sauce die Kartoffeln waschen, schälen und in 1 cm große Würfel schneiden. Die Schalotte schälen und in feine Würfel schneiden. Die Butter in einem kleinen Stieltopf erhitzen und die Schalottenwürfel darin in 2 Min. glasig dünsten. Die Kartoffeln zugeben und 1 Min. bei mittlerer Hitze unter Rühren mitbraten.

6 Die Gemüsebrühe dazugießen, aufkochen und alles offen bei kleiner Hitze ca. 15 Min. kochen. Die Sahne zugeben und weitere 3 Min. kochen. Die Sauce mit dem Pürierstab fein pürieren, mit Salz, Pfeffer und Muskatnuss abschmecken und zur Seite stellen.

7 Sobald der Hackfleischgugelhupf fertig ist, die Form herausnehmen. Wer eine knusprige Kruste möchte, schaltet nun den Backofengrill ein. Den Fleischkuchen auf ein Blech mit Backpapier stürzen und 5–10 Min. im Backofen übergrillen.

8 Die Sauce nochmals aufkochen. Den Majoran waschen, trocken schütteln, die Blättchen abzupfen, grob hacken und unter die Sauce rühren. Nach Belieben nochmals schaumig aufmixen. Den Gugelhupf nach Belieben mit den frischen, blühenden Kräutern garnieren und in dicken Scheiben mit der Kartoffelsauce servieren. Er schmeckt auch kalt.

KNUSPRIGER SPANFERKELBAUCH
MIT LINSEN

Ein Stück Fleisch, das alles vereint, was Genießer wünschen:
Es ist saftig, geschmackvoll und knusprig.

FÜR 4 PORTIONEN · ZUBEREITUNG: 20 MIN. · GAREN: 2 STD. · PRO PORTION CA. 980 KCAL

Für Fleisch und Sauce:

1 große Gemüsezwiebel (ca. 280 g)
1 Knoblauchzehe
2 EL Olivenöl
1 TL Tomatenmark
800 ml Bratenfond
    (Glas, ersatzweise Fleischbrühe)
2 Stück Spanferkelbauch mit Knochen
    und Schwarte (insgesamt ca. 1,4 kg)
Salz

Für die Linsen:

1 Stück Staudensellerie (ca. 50 g)
1 Stück Möhre (ca. 50 g)
1 kleine Schalotte (ca. 25 g)
2 EL Olivenöl
200 g Puy-Linsen
800 ml Gemüsebrühe (Instant)
1/2 Bund Schnittlauch (nach Belieben)
1 EL kalte Butter
Salz | schwarzer Pfeffer aus der Mühle

1 Den Backofen auf 150° (Umluft: 140°) vorheizen. Für das Fleisch die Zwiebel schälen und in 1 cm große Würfel schneiden. Den Knoblauch schälen und in Scheiben schneiden.

2 Das Olivenöl in einem Topf erhitzen, die Zwiebelwürfel darin in 6–7 Min. bei mittlerer Hitze goldbraun rösten. Das Tomatenmark einrühren und 2 Min. unter ständigem Rühren mitrösten. Den Ansatz mit dem Bratenfond aufgießen und aufkochen. Alles in einen Bräter (ca. 25 × 35 cm) gießen.

3 Das Fleisch trocken tupfen, von beiden Seiten salzen und das Salz gut einmassieren. Die Stücke mit der Schwarte nach oben nebeneinander in den Bräter legen. Die Knoblauchscheiben dazugeben und alles im Ofen auf dem Rost (unten) 1 Std. 50 Min. braten.

4 In der Zwischenzeit für die Linsen das Gemüse putzen, schälen und in 0,5 cm große Würfel schneiden. Die Schalotte schälen und fein würfeln.

5 Das Olivenöl in einem Topf erhitzen und die Schalottenwürfel darin in 1 Min. glasig dünsten. Die Linsen einstreuen und 2 Min. mit anbraten. Alles mit 300 ml Gemüsebrühe ablöschen, aufkochen und bei kleiner Hitze offen 10 Min. kochen. Dabei die Linsen immer wieder umrühren.

6 Weitere 300 ml Brühe dazugießen und wieder ca. 13 Min. kochen. Jetzt erst die restliche Brühe und die Gemüsewürfel dazugeben und noch einmal ca. 13 Min. kochen.

7 Inzwischen den Schnittlauch (falls verwendet) waschen, trocken schütteln und in feine Röllchen schneiden. Die kalte Butter in kleine Würfel schneiden.

8 Das fertige Fleisch aus dem Ofen nehmen und die Grillfunktion einschalten. Das Fleisch auf dem Rost (Mitte) in 5–10 Min. knusprig übergrillen (ein Backblech als Tropfschutz darunterschieben).

9 Inzwischen die Sauce aus dem Bräter in einem Topf aufkochen und mit Salz und Pfeffer abschmecken. Kurz vor dem Servieren nach und nach die kalte Butter unter die heißen Linsen rühren, mit Salz und Pfeffer abschmecken und mit den Schnittlauchröllchen verfeinern. Das Fleisch zwischen den Knochen in größere Stücke teilen und mit dem Linsengemüse und der Bratensauce servieren.

> **KNUSPERBEILAGE**
>
> Wer mag, streut über das Linsengemüse noch knusprig gebratene Kartoffelwürfel.

SPANFERKELHAXEN
»ASIA«

Ein Blick nach Ostasien zeigt: Wenn es um die Wertschätzung von Schweinefleisch geht, können wir uns eine Scheibe abschneiden. Am liebsten eine von diesen würzigen Haxen.

FÜR 2 PORTIONEN · ZUBEREITUNG: 20 MIN. · GAREN: 2 STD. 40 MIN. · PRO PORTION CA. 900 KCAL

Für die Spanferkelhaxen:

2 hintere Spanferkelhaxen
(à ca. 500 g)
4 TL Teriyakisauce
(Supermarkt oder Asienladen)
1 Knoblauchzehe
600 ml Gemüsebrühe (Instant)

Für das Gemüse (▸ Tipp):

250 g Baby-Pak-Choi
100 g Thai-Spargel
4 frische Babymaiskolben (ca. 60 g)
100 g Austernpilze
1 große Zwiebel (ca. 100 g)
2 Stängel Thai-Basilikum
2 dünne Scheiben Ingwer
3 EL Pflanzenöl
2 EL Sojasauce
1 EL Austernsauce

1 Den Backofen auf 150° (Umluft: 140°) vorheizen. Die Haxen trocken tupfen und jede auf der Fleischseite mit 1 TL Teriyakisauce einstreichen. Die Knoblauchzehe schälen.

2 Die Gemüsebrühe aufkochen und in einen Bräter (ca. 30 × 20 cm) gießen. Die Haxen (mit der Schwartenseite nach unten) und den Knoblauch hineinlegen und insgesamt 2 Std. 30 Min. im Ofen (Mitte) garen. Dabei nach 1 Std. 10 Min. wenden, sodass die Schwartenseite nach oben zeigt.

3 In der Zwischenzeit für die Beilage das Gemüse waschen und putzen. Die Blätter und Stiele des Pak Choi getrennt in 2–3 cm große Stücke schneiden. Den Thai-Spargel in 3 cm lange, die Maiskölbchen in 2 cm lange Stücke schneiden.

4 Die Austernpilze in grobe Stücke zupfen. Die Zwiebel schälen, halbieren und in 2 cm große Stücke schneiden. Das Basilikum waschen, trocken schütteln und die Blätter abzupfen. Den Ingwer schälen und in feine Streifen schneiden.

5 Die fertigen Haxen aus dem Ofen nehmen, die Grillfunktion einschalten und die Haxen auf dem Rost (Mitte, ein Backblech als Tropfschutz darunterschieben) in 5–10 Min. goldbraun und knusprig übergrillen. Dabei zwischendurch mehrmals wenden und mit den restlichen 2 TL Teriyakisauce bestreichen. Den Fond aus dem Bräter abgießen und 80 ml abmessen.

6 Kurz vor dem Servieren einen Wok oder eine große Pfanne erhitzen, das Öl zugeben und Zwiebel und Pilze darin 2 Min. bei mittlerer bis großer Hitze unter Rühren anbraten. Beides an den Rand schieben und als Nächstes Spargel, Mais und Pak-Choi-Stiele 3 Min. unter Rühren anbraten. An den Rand schieben, Pak-Choi-Blätter und Ingwer 1 Min. rührbraten.

7 Das Gemüse mischen, mit Soja- und Austernsauce würzen, Bratenfond dazugießen und die Basilikumblättchen unterheben. Das Gemüse zu den knusprig gebackenen Haxen servieren. Dazu passt Basmatireis.

EXOTISCHES GEMÜSE

Die asiatischen Gemüsesorten und die Saucen dieses Rezepts finden Sie in gut sortierten Asienläden. Falls Sie das Gemüse nicht bekommen, verwenden Sie Mangold statt Pak Choi, grünen oder weißen Spargel statt Thai-Spargel (schälen und schräg in 1,5 cm dicke Scheiben schneiden) und Zuckerschoten.

RIB-EYE
MIT GEWÜRZBUTTER

Der perfekte Braten für große Anlässe: Das sanft gegarte Fleisch wartet geduldig und ohne trocken zu werden ab,
bis alle am Tisch sitzen. Ist sein großer Auftritt aber erst gekommen, ist der Applaus sicher.

FÜR 6–8 PORTIONEN · ZUBEREITUNG: 10 MIN. · GAREN: 5 STD. 15 MIN. · BEI 8 PORTIONEN PRO PORTION CA. 445 KCAL

Für das Fleisch:

ca. 2 kg Rib-Eye am Stück (Rind)
1 TL schwarze Pfefferkörner
Salz
2 TL körniger Senf
3 EL Pflanzenöl

Für die Gewürzbutter:

1 TL Koriandersamen
1 TL Anissamen
1 Knoblauchzehe
2 EL Butter
1–2 Prisen Chiliflocken

Außerdem:

Fleischthermometer
Meersalz (z. B. Fleur de Sel)
schwarzer Pfeffer aus der Mühle
Chiliflocken

1 Den Backofen auf 80° (Umluft nicht empfehlenswert) vorheizen. Das Fleisch trocken tupfen, falls nötig Sehnen abschneiden. Die Pfefferkörner in Mörser grob zerstoßen. Das Fleisch ringsherum pfeffern, salzen und mit Senf bestreichen.

2 Eine große Pfanne erhitzen, das Öl zugeben und das Fleisch darin 3 Min. anbraten, dann wenden und weitere 3 Min. braten. Ein Fleischthermometer in die dickste Stelle stechen. Das Rib-Eye auf dem Rost im Ofen (Mitte; ein Backblech als Tropfschutz unterschieben) 5 Std. garen, bis es die gewünschte Kerntemperatur erreicht hat (▶ Tipp).

3 Für die Gewürzbutter inzwischen Koriander und Anis im Mörser grob zerstoßen. Die Knoblauchzehe schälen und in dünne Scheiben schneiden.

4 Das fertige Fleisch aus dem Ofen nehmen und das Fleischthermometer entfernen. Die Butter in einer großen Pfanne erhitzen, Koriander, Anis und Knoblauch zugeben und das Fleisch darin bei mittlerer Hitze 6–8 Min. nachbraten. Dabei mehrmals wenden und mit der Gewürzbutter beträufeln. Ganz zum Schluss die Chiliflocken in die Butter streuen und das Fleisch nochmals darin wenden.

5 Den Braten mit einem scharfen Messer aufschneiden und mit Meersalz, Pfeffermühle und Chiliflocken auf den Tisch bringen. So kann sich jeder sein Fleisch beliebig nachwürzen.

6 Als Beilage passen Bratkartoffeln und ein großer gemischter Salat oder gebratenes Gemüse wie Paprika, Zwiebeln oder Blumenkohl.

80 GRAD PLUS

Das Garen bei kleiner Hitze sorgt für saftiges, zartes Fleisch. Es hat aber auch einen Nachteil: Das Fleisch ist nicht richtig heiß. Braten Sie es deshalb auf jeden Fall noch in heißer Butter oder Olivenöl nach.

PUNKTGENAU GEGART

Mit einem Fleischthermometer haben Sie jederzeit die Kontrolle darüber, wie Ihr Fleisch auf den Teller kommt: Rosa ist das Rib-Eye bei einer Kerntemperatur von 58–60°, nicht mehr ganz rosa bei ca. 65° und durchgebraten bei ca. 80°.

HACKFLEISCHBÄLLCHEN
IM BRIOCHETEIG

Weich, würzig und toll zum Mitnehmen: Diese Brioches mit Überraschung im Innern passen so perfekt auf Gartenpartys, dass man ihnen zu Ehren schon fast eine organisieren müsste. Wie wär's?

FÜR 4 PORTIONEN · ZUBEREITUNG: 50 MIN. · GAREN: 45 MIN. · RUHEN: 1 STD. 30 MIN. · PRO PORTION CA. 995 KCAL

Für den Brioheteig:
100 ml Milch
350 g Mehl (Type 405)
1/2 Würfel frische Hefe (ca. 20 g)
3 Prisen Zucker
1 Prise Salz
100 g Butter
2 Eier (Größe M)

Für die Hackbällchen:
1 große Frühlingszwiebel (ca. 40 g)
1 kleine Knoblauchzehe
80 g Bergkäse ohne Rinde
300 g gemischtes Hackfleisch
    (Schwein und Rind)
1 Ei (Größe M)
1 Msp. gemahlener Koriander
1 Msp. gemahlener Kümmel
frisch geriebene Muskatnuss
Salz | schwarzer Pfeffer aus der Mühle

Außerdem:
Mehl für die Arbeitsfläche
runder Ausstecher oder Glas (Ø 8 cm)
Butter und 60 g Butterschmalz
    für die Form
1 Eigelb zum Bestreichen
Meersalz (z. B. Fleur de Sel)
    zum Bestreuen

1 Für den Teig die Milch lauwarm erhitzen. 1 EL Mehl in eine kleine Schüssel geben, die Hefe hineinbröseln, mit Zucker bestreuen, 2–3 EL lauwarme Milch dazugeben und die Hefe glatt rühren. Den Ansatz mit einem Tuch abdecken und 30 Min. an einem warmen Ort stehen lassen.

2 Das restliche Mehl zusammen mit dem Salz in eine große Schüssel geben. Die Butter in grobe Stücke schneiden und in die lauwarme Milch geben. Die Eier dazuschlagen, aber nicht umrühren. So kann sich die Temperatur der Zutaten angleichen.

3 In der Zwischenzeit für die Hackbällchen die Frühlingszwiebel waschen, putzen und in kleine Würfel bzw. feine Ringe schneiden. Knoblauch schälen und fein schneiden. Den Bergkäse klein würfeln.

4 Das Hackfleisch mit Frühlingszwiebel, Knoblauch, Bergkäse und Ei vermengen und mit den Gewürzen kräftig abschmecken. Mit feuchten Händen 20 kleine Kugeln formen und abgedeckt kühl stellen.

5 Den Hefevorteig zur Mehlmischung geben, die Milch mit Butter und Eiern ebenfalls dazugießen und alles mit der Küchenmaschine oder den Knethaken des Handrührgerätes in ca. 5 Min. zu einem glatten Teig verarbeiten. Danach den Teig von Hand auf der bemehlten Arbeitsfläche kurz durchkneten, anschließend in eine mit Mehl bestäubte Schüssel geben und abgedeckt 30 Min. ruhen lassen.

6 Den Teig erneut durchkneten und auf wenig Mehl ca. 0,5 cm dick ausrollen. Mit einem Ausstecher oder Glas 20 Kreise ausstechen. Jeden auf der bemehlten Arbeitsfläche nachrollen, je 1 Hackbällchen darin einwickeln und gut verschließen.

7 Eine Bratreine oder Auflaufform (ca. 30 × 20 cm) mit Butter fetten. Das Butterschmalz in 20 Flöckchen mit ausreichend Abstand in der Form verteilen und je 1 eingewickeltes Hackbällchen mit der Nahtseite nach unten daraufsetzen.

8 Den restlichen Teig zu 20 kleinen Kugeln formen. Das Eigelb zum Bestreichen mit 1 EL kaltem Wasser verrühren. Mit dem Zeigefinger in jeden gefüllten Teigball eine kleine Mulde drücken, mit Eigelb bepinseln, je 1 Teigkugel aufsetzen, wieder mit Eigelb bepinseln und mit etwas Meersalz bestreuen. Mit einem Tuch abdecken und 30 Min. gehen lassen.

9 Inzwischen den Backofen auf 195° (Umluft: 175°) vorheizen. Die Brioches im Ofen (Mitte) in 40–45 Min. goldbraun backen, etwas abkühlen lassen und servieren. Dazu passen frische Blattsalate.

BEILAGENTIPP: GURKENMARINADE

Wer mag, serviert dazu eine würzige Gurkenmarinade (▸ Tipp Seite 193).

»LINZER« FLEISCHTORTE
MIT PREISELBEEREN

Liebhaber der k. u. k. Zuckerbäckerei lernen hier die berühmte Linzer Torte
von einer neuen, deftigen Seite kennen.

FÜR 4–6 PORTIONEN · ZUBEREITUNG: 50 MIN. · KÜHLEN: 2 STD. · GAREN: 50 MIN. · BEI 6 PORTIONEN PRO PORTION CA. 600 KCAL

Für den Teig:

50 g Butter
50 g Butterschmalz
250 g Mehl (Type 405)
2 Prisen Salz
1 Eigelb (Größe M)

Für die Füllung:

80 g geschnittenes Knödelbrot
    (ersatzweise 2 altbackene Brötchen,
    in dünne Scheiben geschnitten)
120 ml Milch
1 große Zwiebel (ca. 100 g)
6–8 Stängel glatte Petersilie
1/2 TL Fenchelsamen
1 EL Butter
2 Eier (Größe M)
400 g gemischtes Hackfleisch
    (Schwein und Rind)
1 Prise Chiliflocken
Salz | schwarzer Pfeffer aus der Mühle

Außerdem:

Mehl für die Arbeitsfläche
1 flache Tarteform mit glattem Rand
    (Ø 28 cm)
Butter für die Form
1 Eigelb zum Bestreichen
3 EL Preiselbeeren (Glas)

1 Für den Teig Butter und Butterschmalz in kleine Würfel schneiden und mit Mehl, Salz, Eigelb und 5 EL Wasser auf der Arbeitsfläche zu einem glatten Teig verkneten. In Frischhaltefolie wickeln und 2 Std. kalt stellen.

2 Inzwischen für die Füllung das Knödelbrot in eine Schüssel geben. Die Milch lauwarm erhitzen und über das Knödelbrot gießen.

3 Die Zwiebel schälen und fein würfeln. Die Petersilie waschen, trocken schütteln, die Blättchen abzupfen und grob hacken. Die Fenchelsamen im Mörser fein zerreiben. Die Butter in einer Pfanne erhitzen und die Zwiebel darin bei mittlerer Hitze in ca. 5 Min. glasig dünsten. Die Petersilie unterheben und die Mischung etwas abkühlen lassen.

4 Die Zwiebelmischung zu dem eingeweichten Knödelbrot geben und alles gut mit den Eiern und dem Hackfleisch vermengen. Die Masse mit Fenchel, Chiliflocken, Salz und Pfeffer pikant abschmecken.

5 Den Mürbeteig nach Ende der Kühlzeit 15 Min. Zimmertemperatur annehmen lassen. Den Backofen auf 200° (Umluft: 180°) vorheizen. Den Boden der Tarteform mit Backpapier auslegen, den Rand mit Butter bestreichen. Den Teig auf der bemehlten Arbeitsfläche ca. 3 mm dick ausrollen, in die Form legen und den oberen Rand gerade schneiden. Die Fleischmasse gleichmäßig in der Form verteilen und glatt streichen.

6 Den restlichen Teig wieder zusammenkneten, erneut dünn ausrollen und mit dem Messer oder einem Teigrädchen in 12 lange Streifen (ca. 1,5 cm breit) schneiden. Die Teigstreifen gitterförmig auf die Fleischmasse legen, die Enden dabei andrücken. Das Eigelb mit etwas kaltem Wasser verrühren und das Gitter damit dünn einpinseln.

7 Die Torte im Ofen (Mitte) in 45–50 Min. goldbraun backen. Die fertige Fleischtorte herausnehmen und etwas auskühlen lassen. Die Preiselbeeren in einer Schüssel glatt rühren und mit einem kleinen Löffel in den Feldern des Teiggitters verteilen.

8 Den Rand der Torte mit einem kleinen Messer lösen und die Torte am besten mit einer Palette vorsichtig aus der Form heben, aufschneiden und servieren.

BLÜTEN IM SALAT

Zu der Torte passt am besten ein Blattsalat, den Sie im Sommer mit ein paar frischen, unbehandelten Blüten, z. B. von der Kapuzinerkresse, mischen können. Das sieht nicht nur hübsch aus, sondern schmeckt auch gut!

RINDERFILETS
MIT MARKKRUSTE

Immer nur Markklößchen? Viel zu schade
für das leckere Mark aus den dicken Röhrenknochen.

FÜR 4 PORTIONEN · ZUBEREITUNG: 1 STD. · GAREN: 35 MIN. · PRO PORTION CA. 310 KCAL

2 große Markknochen
(für ca. 80 g Mark)
2 Scheiben Toastbrot
1 Schalotte (ca. 30 g)
2 Stängel glatte Petersilie
1 Stängel Liebstöckel
4 Rinderfiletsteaks (à 180 g)
2 EL Olivenöl
Salz
100 ml Gemüsebrühe (Instant)
1 Msp. Cayennepfeffer
schwarzer Pfeffer aus der Mühle
1 Msp. gemahlener Koriander
frisch geriebene Muskatnuss

1 Das Mark aus den Knochen drücken und 20 Min. wässern (Wasser mehrmals wechseln). Abtropfen lassen, zerbröseln und bei kleiner Hitze in einem kleinen Topf offen in 8–10 Min. schmelzen. Durch ein feines Sieb gießen und (nach Belieben im Tiefkühlfach) vollständig auskühlen lassen.

2 In der Zwischenzeit das Toastbrot entrinden und mit der Küchenmaschine oder dem Pürierstab möglichst fein zerkleinern. Die Schalotte schälen und in feine Würfel schneiden. Die Petersilie und den Liebstöckel waschen und trocken schütteln, die Blättchen abzupfen und fein schneiden.

3 Den Backofen auf 110° (Umluft: 100°) vorheizen. Die Rindersteaks mit Küchenpapier trocken tupfen und falls nötig von Sehnen befreien.

4 Eine Pfanne erhitzen und das Olivenöl hineingeben. Das Fleisch salzen und 1 Min. bei mittlerer Hitze anbraten, dann wenden und weitere 2 Min. ringsum, auch an den Seiten, anbraten. Die Steaks auf dem Rost im Ofen (Mitte; ein Backblech als Tropfschutz unterschieben) in 25–30 Min. rosa garen.

5 Inzwischen den Bratensatz in der Pfanne mit der Gemüsebrühe ablöschen. Die Schalottenwürfel dazugeben und die Flüssigkeit offen bei mittlerer Hitze in ca. 7 Min. vollständig einkochen. Die Schalottenmasse vollständig auskühlen lassen (am schnellsten geht das im Tiefkühlfach).

6 Das Mark mit dem Handrührgerät schaumig aufschlagen. Falls es zu fest ist, einfach kurz auf dem Herd oder im Backofen erwärmen. Die Hälfte der Brotbrösel und die Kräuter unterrühren. Die abgekühlte Schalottenmasse und die restlichen Brösel unterheben, alles mit Salz, Cayennepfeffer, Pfeffer, Koriander und Muskatnuss abschmecken und beiseitestellen.

7 Das Fleisch aus dem Ofen nehmen und die Grillfunktion einschalten. Die Markkruste auf den Steaks verteilen und glatt streichen. Die Steaks im Ofen (oben) in ca. 3 Min. goldbraun überbacken. Herausnehmen, auf vorgewärmten Tellern anrichten, mit schwarzem Pfeffer übermahlen und servieren.

BEILAGENTIPP: BOUILLONKARTOFFELN

Je 100 g Zwiebeln, Petersilienwurzeln, Knollensellerie, 200 g Möhren und 800 g Kartoffeln putzen, schälen und 1 cm groß würfeln. 40 g Lauch waschen und würfeln. Die Zwiebelwürfel in 2 EL Butter 3 Min glasig dünsten, Petersilienwurzel, Möhre und Sellerie dazugeben und 5 Min. garen. Kartoffelwürfel und 800 ml Fleischbrühe (Instant) zugeben, aufkochen und offen ca. 20 Min. kochen. 5 Min. vor Garzeitende den Lauch zugeben. 1/2 Bund glatte Petersilie waschen, trocken schütteln, grob hacken und unter das Gemüse mischen. Mit Salz, Pfeffer und Muskatnuss abschmecken.

ROASTBEEF
AUS DEM SALZMANTEL

Bauen Sie für Ihr Fleisch doch mal einen Garofen! Nichts anderes ist diese Salzkruste,
die den Braten im eigenen Saft zur Vollendung garen lässt.

FÜR 4 PORTIONEN · ZUBEREITUNG: 15 MIN. · GAREN: 40 MIN. · RUHEN: 35 MIN. · PRO PORTION CA. 455 KCAL

Für die Salzkruste:
4 Eiweiß (Größe M)
3 kg grobes, ungereinigtes Meersalz
   (Fischhändler)

Für das Roastbeef:
ca. 1,2 kg Roastbeef ohne Knochen
   (Rind)
schwarzer Pfeffer aus der Mühle
2 EL Olivenöl
4–6 Zweige Thymian
4–6 Zweige Rosmarin
300 g grüner Speck in
   dünnen Scheiben
   (beim Metzger vorbestellen)

Zum Nachbraten:
1 kleine Knoblauchzehe
2 Zweige Thymian
1 kleiner Zweig Rosmarin
1 EL Butter

Außerdem
Meersalz (z. B. Fleur de Sel)
schwarzer Pfeffer aus der Mühle

1 Den Backofen auf 235° (Umluft: 210°) vorheizen. Die Eiweiße in einer großen Schüssel kurz mit einem Schneebesen anschlagen. Das Meersalz unterrühren. Ca. 1/3 der Salzmasse in Fleischgröße auf einem Blech mit Backpapier verteilen.

2 Das Roastbeef trocken tupfen, falls nötig von Sehnen und Fett befreien und rundum mit schwarzem Pfeffer würzen. Eine Pfanne erhitzen, das Olivenöl zugeben und das Fleisch darin ringsherum 2–3 Min. bei mittlerer Hitze anbraten.

3 Die Kräuter waschen und trocken schütteln. Die Hälfte der Speckscheiben auf einem Küchenbrett ausbreiten, die Hälfte der Kräuterzweige und dann das Fleisch darauflegen. Restliche Kräuterzweige auf dem Fleisch verteilen und den restlichen Speck darüberlegen, sodass das gesamte Fleisch von Speck umhüllt ist.

4 Das eingewickelte Roastbeef auf das Salz setzen. Das übrige Salz auf dem Fleisch verteilen und gut andrücken. Das Blech in den Backofen (Mitte) schieben und das Fleisch ca. 40 Min. garen.

5 Das fertige Fleisch aus dem Backofen nehmen und 35 Min. ruhen lassen.

6 Die Salzkruste mit einem Sägemesser aufschneiden. Das Fleisch herausnehmen, Speck und Kräuter entfernen und wegwerfen.

7 Knoblauch schälen und in Scheiben schneiden. Kräuter waschen und trocken schütteln. Butter in einer Pfanne erhitzen, Kräuter und Knoblauch zugeben. Das Fleisch darin ca. 2 Min. ringsherum nachbraten.

8 Das Fleisch in Scheiben schneiden und jede nach Geschmack mit Meersalz und Pfeffer würzen.

SAUCENTIPP: SABAYON

Für eine schaumige Sauce 3 Eigelb (Größe M) mit 100 ml Weißwein in einem kleinen Topf oder Schlagkessel verrühren. Die Eimasse über einem heißen Wasserbad mit einem Schneebesen in 4–5 Min. schaumig aufschlagen, bis sie seidig glänzt. Die luftige Sabayon vom Wasserbad nehmen, mit 1 EL Crème fraîche verrühren und mit Salz, Pfeffer und 2 Prisen Chiliflocken pikant abschmecken. Nach Geschmack noch mit ein paar klein geschnittenen Basilikumblättern verfeinern.

GAREN IN DER HÜLLE

Nachdem das Roastbeef aus dem Ofen kommt, gart es unter der Salzkruste weiter. So zieht die Hitze langsam ins Fleisch, und das Roastbeef kommt perfekt rosa gebraten auf den Tisch.

KLASSIKER: ROSA GEBRATENES ROASTBEEF

Den Backofen auf 135° (Umluft: 120°) vorheizen.
1,2 kg gut abgehangenes Roastbeef trocken tupfen,
falls nötig von Sehnen befreien, den Fettrand aber
nicht abschneiden. Das Fleisch rundum mit Salz
und schwarzem Pfeffer würzen und mit 1 EL mit-
telscharfem Senf bestreichen. 3 EL Pflanzenöl in
einer Pfanne erhitzen und das Fleisch darin 1 Min.
scharf anbraten. Wenden und 2 Min. von der anderen Seite anbraten. Auch die Seiten und Enden
je 2 Min. anbraten. Das Fleisch auf den Rost legen
und ein Fleischthermometer seitlich hineinstechen.
Den Rost in den Ofen (Mitte; ein Backblech als
Tropfschutz darunterschieben) schieben und das
Roastbeef ca. 40 Min garen, bis die Kerntemperatur
58–60° (rosa) beträgt. Das Fleisch aus dem Ofen
nehmen und nach Geschmack in 1 EL heißer Butter
2 Minuten ringsherum nachbraten. Dazu ganz klassisch eine Sauce Béarnaise servieren.

KALBSKOTELETT
MIT GRÜNEM PFEFFER UND VANILLE

Kalbfleisch im Reich der Gewürze:
Am Knochen gegart, setzt es Pfeffer und Vanille jede Menge eigenes Aroma entgegen.

FÜR 5–6 PORTIONEN · ZUBEREITUNG: 25 MIN. · GAREN: 1 STD. 35 MIN. · BEI 6 PORTIONEN PRO PORTION CA. 450 KCAL

500 g mittelgroße Schalotten

3 EL brauner Zucker

500 ml kräftiger Rotwein
  (z. B. Cabernet Sauvignon)

100 ml Aceto balsamico

400 ml Kalbsfond (Glas)

1/2 Vanilleschote

ca. 1,75 kg Kalbskotelett am Stück mit
  6 Knochen (vom Metzger sauber
  geputzt und pariert)

1 kleines Kräuterbund aus Thymian,
  Salbei und Oregano (10–15 g)

3 EL Olivenöl

Salz | schwarzer Pfeffer aus der Mühle

2 TL grüner Pfeffer (Glas)

1 EL Butter

Meersalz (z. B. Fleur de Sel)

Außerdem:

Küchengarn

Fleischthermometer

1 Die Schalotten schälen und halbieren. Den Wurzelansatz nicht wegschneiden, sodass die Hälften beim Kochen nicht auseinanderfallen.

2 Den Zucker in einem weiten Topf in 3–4 Min. hellbraun karamellisieren. Die Schalotten darin bei mittlerer Hitze ca. 1 Min. schwenken, mit Rotwein, Essig und Kalbsfond ablöschen und aufkochen. Die halbe Vanilleschote längs halbieren, in den Zwiebelsud legen und alles offen bei kleiner Hitze in ca. 1 Std. 20 Min. sämig einkochen.

3 Den Backofen auf 120° (Umluft nicht empfehlenswert) vorheizen. Inzwischen das Kalbskotelett trocken tupfen und falls nötig von Sehnen und Fett befreien. Die Kräuter waschen und trocken schütteln.

4 Eine große Pfanne erhitzen und 2 EL Olivenöl zugeben. Das Fleisch von allen Seiten gut mit Salz und Pfeffer einreiben. Das Kotelett mit der Fleischseite ins heiße Öl legen, 3 Min. bei mittlerer bis großer Hitze anbraten, wenden und ringsherum, auch an den Seiten, weitere 2–3 Min. anbraten.

5 Das Kotelett aus der Pfanne nehmen, die Kräuter darauflegen und mit Küchengarn festbinden. Das Fleischthermometer in die dickste Stelle des Fleischs stechen. Das Kotelett auf dem Rost im Ofen (Mitte; ein Backblech als Tropfschutz darunterschieben) ca. 1 Std. 25 Min. garen, bis eine Kerntemperatur von 59–60° erreicht ist.

6 Das fertige Fleisch aus dem Backofen nehmen und abgedeckt 15 Min. ruhen lassen. Die Schalottensauce mit Salz und grünem Pfeffer abschmecken. Die Vanilleschote entfernen.

7 Eine große Pfanne erhitzen, Butter und restliches Olivenöl dazugeben. Das Fleisch vom Küchengarn befreien und mit den Kräutern 4–5 Min. nachbraten. Zwischendurch immer wieder wenden und mit dem Öl-Butter-Gemisch beträufeln.

8 Das Fleisch zwischen den Knochen aufschneiden und die Scheiben mit Meersalz und frisch gemahlenem Pfeffer bestreuen. Mit der Sauce servieren. Dazu passt cremige Polenta oder Kartoffelpüree.

CURRYBUTTER STATT SCHALOTTENSAUCE

Statt der Schalottensauce passt auch Currybutter zum Kalbskotelett: Dafür 120 g weiche Butter mit dem Handrührgerät in ca. 5 Min. schaumig aufschlagen, mit dem Mark von 1/4 Vanilleschote, 1 TL fein gewürfeltem Ingwer, 1 TL Currypulver, 2 Prisen Chiliflocken, Meersalz und Pfeffer mischen. Die Butter entweder direkt servieren oder erwärmen und über das Fleisch träufeln.

KALBSFILET
IM STEINPILZMANTEL

Feines Filet und die schönsten Aromen des Herbstes: Dieser Braten
könnte jeden Tag zum Sonntag adeln.

FÜR 4 PORTIONEN · ZUBEREITUNG: 1 STD. · GAREN: 1 STD. 15 MIN. · PRO PORTION CA. 865 KCAL

Für das Fleisch:

60 g Mehl (Type 405)
100 ml Milch
2 Eier (Größe M)
3 g getrocknete Steinpilze
Salz
frisch geriebene Muskatnuss
1 Kalbsfilet (ca. 780 g)
3 Stängel glatte Petersilie
1 Stängel Dill
2 Stängel Basilikum
1 kleiner Stängel Estragon
1 Bio-Zitrone
250 g Kalbsbrät
4 EL Sahne
schwarzer Pfeffer aus der Mühle
4 EL Pflanzenöl
2 EL Olivenöl

Für die Sauce:

200 g frische Steinpilze
    (ersatzweise 200 g braune
    Champignons + 7 g getrocknete,
    eingeweichte und klein
    geschnittene Steinpilze)
1 Knoblauchzehe
1 Schalotte (ca. 30 g)
3 EL Olivenöl | 200 g Sahne
Salz | schwarzer Pfeffer aus der Mühle
frisch geriebene Muskatnuss
1 Bund Schnittlauch

Außerdem:

Küchengarn
Meersalz (z. B. Fleur de Sel)
schwarzer Pfeffer aus der Mühle

1 Das Mehl in einer Schüssel mit Milch und Eiern zu einem glatten Teig verrühren. Die Steinpilze im Mixer fein zermahlen und in den Teig rühren, mit Salz und Muskatnuss würzen und ca. 10 Min. quellen lassen.

2 Das Kalbsfilet trocken tupfen, falls nötig von Sehnen befreien und halbieren. Filetspitze umklappen und mit Küchengarn festbinden (▶ Bild 1). Filetkopf ebenfalls am Mittelstück festbinden.

3 Den Ofen auf 120° (Umluft nicht empfehlenswert) vorheizen. Die Kräuter waschen und trocken schütteln, die Blättchen grob hacken. Die Zitrone heiß waschen, trocknen und die Hälfte der Schale abreiben. Das Kalbsbrät mit Zitronenschale, Kräutern und Sahne glatt rühren, mit Salz, Pfeffer und Muskatnuss abschmecken.

4 In einer großen Pfanne (Ø 30 cm) 1 EL Pflanzenöl erhitzen, die Hälfte des Teiges hineingeben und bei mittlerer Hitze von beiden Seiten in insgesamt 2 Min. goldbraun braten. Auf Küchenpapier abfetten. Aus dem restlichen Teig in 1 EL Pflanzenöl ebenso einen Pfannkuchen backen.

5 Die Pfanne mit Küchenpapier auswischen und das restliche Pflanzenöl darin erhitzen. Das Fleisch mit Salz und Pfeffer würzen und ca. 1/2 Min. anbraten, wenden und ringsherum weitere 1 1/2 Min. anbraten. Das Fleisch aus der Pfanne heben und etwas abkühlen lassen. Das Küchengarn entfernen. Die Stücke dünn mit etwas Kalbsbrät einstreichen.

6 Das restliche Kalbsbrät auf den Pfannkuchen verstreichen. Auf jeden 1 Stück Filet legen, den Pfannkuchen an den Seiten einschlagen und das Fleisch einwickeln (▶ Bild 2). 2 große Stücke Alufolie doppelt legen, mit je 1 EL Olivenöl einstreichen und die Filets darin einwickeln. Die Enden gut verschließen (▶ Bild 3). Das Fleisch auf dem Rost im Ofen (Mitte) ca. 1 Std. 10 Min. braten.

7 Inzwischen die Pilze putzen und in 1,5 cm große Stücke schneiden. Den Knoblauch schälen und in dünne Scheiben schneiden. Die Schalotte schälen und fein würfeln.

8 10 Min. vor Ende der Fleischgarzeit eine Pfanne erhitzen, Olivenöl zugeben und die Steinpilze darin ca. 2 Min. scharf anbraten. Schalotten und Knoblauch 1 Min. mitbraten. Die Sahne zugeben und 2–3 Min. sämig kochen. Die Sauce mit Salz, Pfeffer und Muskatnuss abschmecken. Den Schnittlauch waschen, trocken schütteln, in feine Röllchen schneiden und kurz vor dem Servieren dazugeben.

9 Das Fleisch aus dem Ofen nehmen, 5 Min. ruhen lassen, auswickeln, in je 4 dicke Scheiben schneiden und mit Meersalz und Pfeffer würzen. Mit der Sauce servieren (▶ Bild 4).

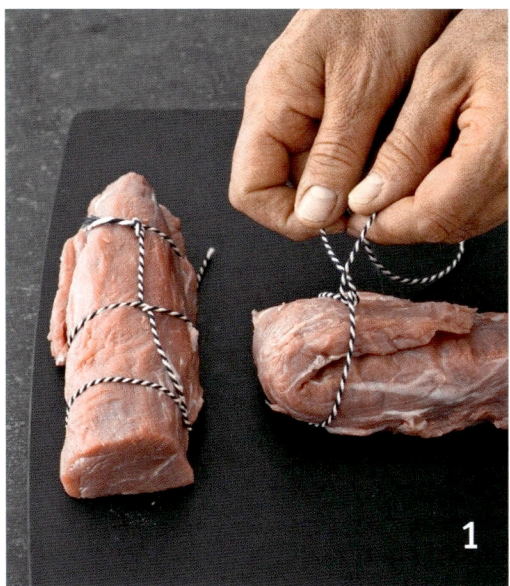

1 Die Spitze des Filets umklappen und mit Küchengarn festbinden, damit das Filet überall ungefähr gleich dick ist und gleichmäßig gart. Den Filetkopf ebenfalls an das Filet binden.

2 Die bestrichenen Kalbsfilets auf die ebenfalls bestrichenen Pfannkuchen legen und einwickeln.

3 Die Pfannkuchenrollen in Alufolie wickeln und die Enden fest verschließen.

4 Das fertige Kalbsfilet aufschneiden und mit der Sauce servieren.

ESTRAGON-KALBSFILET
MIT NIEREN

Kalbsnierenbraten klingt nach Großmutters Küche, nach gestärkten Tischdecken und Sonntagsspaziergang?
Dann probieren Sie mal diese moderne, leichtere Version.

FÜR 4 PORTIONEN · ZUBEREITUNG: 30 MIN. · GAREN: 55 MIN. · PRO PORTION CA. 620 KCAL

1 Kalbsfilet (ca. 650 g)
5 EL Olivenöl
Salz | schwarzer Pfeffer aus der Mühle
1 Kalbsniere (ca. 500 g)
2 Schalotten (ca. 70 g)
2 kleine Stängel Estragon
2 TL mittelscharfer Senf
1 TL körniger Senf
100 ml Kalbsfond (Glas)
200 g Sahne
1 EL Weinbrand
1 EL Butter
Meersalz (z. B. Fleur de Sel)

Außerdem:
Küchengarn

1 Den Backofen auf 120° (Umluft nicht empfehlenswert) vorheizen. Das Kalbsfilet trocken tupfen, falls nötig von Sehnen befreien. Kalbsfiletspitze umklappen und mit Küchengarn festbinden, damit das Fleisch überall gleich dick ist. Den Filetkopf ggf. ebenfalls am Mittelstück festbinden.

2 In einer großen Pfanne 2 EL Olivenöl erhitzen, das Kalbsfilet mit Salz und Pfeffer würzen, 1/2 Min. anbraten, wenden und weitere 2 1/2 Min. ringsherum anbraten. Das Fleisch auf dem Rost im Ofen (Mitte; ein Backblech als Tropfschutz darunterschieben) 45 Min. braten.

3 In der Zwischenzeit die Niere putzen: Fett und Sehnen entfernen und die Niere in einzelne Stücke teilen, dann in 0,5 cm dicke Scheiben schneiden. Die Schalotten schälen und fein würfeln. Estragon waschen und trocken schütteln. Die Blättchen von einem Stängel abzupfen und klein schneiden.

4 Ca. 10 Min. vor Ende der Fleischgarzeit eine Pfanne erhitzen und 2 EL Olivenöl zugeben. Die Kalbsnieren darin bei großer Hitze von jeder Seite 1 Min. anbraten und dann auf einen vorgewärmten Teller legen.

5 Das restliche Olivenöl in der Pfanne erhitzen und die Schalottenwürfel darin 2 Min. bei mittlerer Hitze anbraten. Die beiden Senfsorten einrühren, alles mit dem Kalbsfond ablöschen und aufkochen.

6 Die Sahne dazugießen und ca. 1 Min. bei mittlerer Hitze kochen. Weinbrand und die geschnittenen Estragonblättchen dazugeben und 1–2 Min. kochen. Die Nierenstücke samt Fleischsaft in die Sauce legen, einmal aufkochen und ca. 1 Min. bei kleinster Hitze darin ziehen lassen. Die Sauce mit Salz und Pfeffer würzen.

7 Das Kalbsfilet aus dem Ofen nehmen und 2–3 Min. ruhen lassen. Die Butter in einer großen Pfanne erhitzen. Den zweiten Estragonstängel und das Kalbsfilet darin 1–2 Min. nachbraten. Das Küchengarn entfernen.

8 Das Fleisch in dicke Scheiben schneiden und mit den Nieren und der heißen Sauce auf vorgewärmten Tellern anrichten, mit Meersalz und Pfeffer bestreuen. Dazu passt Kartoffel-Sellerie-Püree (▶ Tipp).

BEILAGENTIPP: KARTOFFEL-SELLERIE-PÜREE

600 g Knollensellerie und 400 g mehligkochende Kartoffeln waschen, schälen und in 1 cm große Würfel schneiden. In einem Topf mit 200 g Sahne, 300 ml Milch und etwas Salz aufkochen und zugedeckt in 25–30 Min. weich garen. Das Gemüse durch die Kartoffelpresse drücken. Die restliche Kochflüssigkeit zugeben. Nach und nach 80 g kalte Butter in Würfeln unter das Püree rühren. Mit Salz, wenig Pfeffer und Muskatnuss würzen.

KLASSIKER: KALBSNIERENBRATEN

Wichtig: Bestellen Sie klassischen Kalbsnierenbraten (Kalbsbauch mit Nierenstücken zum Rollbraten
gebunden) unbedingt beim Metzger vor. Und
400 g Kalbsknochen vom Metzger in kleine Stücke
hacken lassen.

Den Backofen auf 160° vorheizen (Umluft: 145°).
120 g Möhre, 150 g Knollensellerie und 280 g Zwiebeln putzen, schälen und ca. 1 cm groß würfeln.
1,3 kg Kalbsnierenbraten salzen und pfeffern, in
2 EL Olivenöl in einem weiten Topf in 3–4 Min.
von allen Seiten anbraten. Herausheben. Im Topf
erst die Knochen, dann das Gemüse je ca. 3 Min.
anrösten. 2 EL Tomatenmark dazugeben und 3 Min.
braten. Mit 800 ml Bratenfond (Glas) ablöschen
und aufkochen. Fleisch und 1 EL Sauerbratengewürz zugeben. Zugedeckt im Ofen (Mitte) ca. 2 Std.
30 Min. garen, dabei zwischendurch immer wieder
wenden. Zum Schluss 15 Min. offen weitergaren.
Herausnehmen, Fleisch abgedeckt ruhen lassen.
Sauce durch ein Sieb passieren und aufkochen.
1 kleinen Stängel Estragon waschen, im Ganzen
zur Sauce geben und ca. 5 Min. bei mittlerer Hitze
einkochen. 1 TL Stärke mit kaltem Wasser glatt
rühren, in die Sauce rühren und in ca. 5 Min. sämig
kochen, salzen und pfeffern. Zum Braten servieren.
Dazu schmecken Spätzle oder Kartoffelpüree.

GLASIERTE KALBSSCHULTER
MIT TELLERZWIEBELN

Milde Zwiebeln wandern mit dem Fleisch ins Hitzebad des Ofens. Heraus kommen sie
wunderbar süß und sanft – die perfekte Begleitung zum Kalb!

FÜR 4 PORTIONEN · ZUBEREITUNG: 30 MIN. · GAREN: 3 STD. · PRO PORTION CA. 610 KCAL

ca. 1,2 kg Kalbsschulter
10–12 große Tellerzwiebeln
  (ca. 500 g, ▸ Tipp, ersatzweise
  große Schalotten)
1 Petersilienwurzel (ca. 150 g)
2 kleine Möhren (ca. 140 g)
4 EL Olivenöl
Salz | schwarzer Pfeffer aus der Mühle
Zucker
1 EL Tomatenmark
300 ml Roséwein
1,2 l Kalbsfond
  (Glas, ersatzweise Fleischbrühe)
2 TL Stärke
4 TL Crème fraîche
1/2 Bund Schnittlauch

1 Den Backofen auf 150° (Umluft: 140°) vorheizen.
Das Fleisch trocken tupfen, falls nötig von groben
Sehnen befreien. Die Zwiebeln schälen (▸ Tipp) und
halbieren, dabei den Wurzelansatz nicht ganz abschneiden, damit die Schichten nicht auseinanderfallen.
Petersilienwurzel und Möhren putzen, schälen und
in 7 cm lange und 1 cm breite Stifte schneiden.

2 Einen großen Topf erhitzen und das Olivenöl zugeben. Das Fleisch rundum mit Salz und Pfeffer würzen
und im Öl 3 Min. bei großer Hitze anbraten, wenden
und in 3 Min. ringsherum anbraten. Herausnehmen.

3 Die Zwiebeln ins Fett geben, mit 2 Prisen Zucker
bestreuen und 1 Min. bei mittlerer Hitze unter Rühren
anbraten. Gemüse zugeben und 1 Min. mitbraten. Tomatenmark einrühren und 1 Min. mitrösten. In drei
Schritten mit jeweils 1/3 des Weins ablöschen und stark
einkochen. Mit dem Fond aufgießen und aufkochen.

4 Das Fleisch dazugeben und alles im Ofen (unten)
offen in ca. 3 Std. weich braten. Dabei alle 30 Min. wenden und immer wieder mit dem Bratenfond begießen.

5 Nach Ende der Garzeit den Topf herausnehmen und
das Fleisch abgedeckt beiseitestellen. Die Sauce aufkochen. Die Stärke mit etwas kaltem Wasser glatt rühren,
in die kochende Sauce rühren und in ca. 5 Min. bei
mittlerer Hitze sämig einkochen. Die Sauce mit Salz,
Pfeffer und Zucker abschmecken. Das Fleisch darin
erneut erhitzen.

6 Für die Garnitur die Crème fraîche in eine kleine
Schüssel geben. Schnittlauch waschen, trocken schütteln und in feine Röllchen schneiden. Zur Crème
fraîche geben, gut verrühren und alles mit Salz und
Pfeffer abschmecken.

7 Das Fleisch in fingerdicke Scheiben schneiden
und mit dem Schmorgemüse und reichlich Sauce auf
vorgewärmten Tellern anrichten. Mit einem Klacks
Schnittlauchcreme garnieren. Dazu passen Nudeln
oder Kartoffelpüree.

WARENKUNDE: TELLERZWIEBEL

Tellerzwiebeln sind eine besonders milde Zwie-
belsorte. Sie sehen nicht rund, sondern flach
aus. Legen Sie die Zwiebeln vor dem Schälen
ca. 20 Min. in lauwarmes Wasser, dann löst sich
die Schale besser.

GLASIERTES FLEISCH

Beim Glasieren wird das Fleisch während der
Garzeit immer wieder mit Bratenfond begossen.
So bleibt es saftig, aber die Oberfläche bräunt
schön, weil ohne Deckel gebraten wird.

GEROLLTER LAMMBAUCH
MIT PISTAZIEN UND MINZE

Nur selten kommt Lammbauch hierzulande auf den Tisch. Mit dieser raffinierten Rolle
können Sie dieses Versäumnis nachholen – und vielleicht ein neues Lieblingsstück entdecken.

FÜR 8 PORTIONEN · ZUBEREITUNG: 1 STD. · GAREN: 2 STD. 5 MIN. · PRO PORTION CA. 815 KCAL

Für den Lammbauch:

2 Stück Lammbauch (à ca. 1 kg,
　beim Metzger vorbestellen)
1 Bio-Orange
200 g Kalbsbrät
4 EL Sahne
4 Stängel glatte Petersilie
2–3 Stängel Basilikum
1–2 Stängel Minze
100 g getrocknete Feigen
40 g Pistazienkerne
Salz | schwarzer Pfeffer aus der Mühle

Für die Sauce:

1 große Zwiebel (ca. 150 g)
1 Möhre (ca. 80 g)
1 Stück Knollensellerie (ca. 150 g)
1 Knoblauchzehe
4 EL Olivenöl
2 EL Tomatenmark
400 ml kräftiger Rotwein
　(z. B. Cabernet Sauvignon)
1,2 l Lammfond (Glas, ersatzweise
　Fleischbrühe)
2 TL Stärke
Salz | schwarzer Pfeffer aus der Mühle

Außerdem:

Küchengarn

1 Das Fleisch trocken tupfen, Fett und Sehnen abschneiden. Die Orange heiß abwaschen, gut trocken reiben und die Hälfte der Schale abreiben. Das Kalbsbrät in einer Schüssel mit der Sahne und dem Orangenabrieb glatt rühren. Die Kräuter waschen, trocken schütteln, die Blättchen abzupfen und grob hacken. Die Feigen in kleine Würfel schneiden. Die Pistazien grob hacken.

2 Das Fleisch auf der Innenseite mit Salz und Pfeffer würzen. Jedes Stück Lammbauch mit der Hälfte des Kalbsbräts bestreichen, Kräuter, Feigen und Pistazien darauf verteilen. Jeweils die schmalen Seiten einschlagen, die Stücke aufrollen und wie große Rouladen mit Küchengarn binden.

3 Den Backofen auf 150° (Umluft: 140°) vorheizen. Für die Sauce die Zwiebel schälen, das Gemüse putzen und schälen und alles in 1 cm große Würfel schneiden. Den Knoblauch schälen und in dünne Scheiben schneiden.

4 3 EL Olivenöl in einem weiten Topf oder Bräter erhitzen. Die Fleischrollen mit Salz und Pfeffer würzen, 3 Min. bei mittlerer Hitze anbraten, wenden und weitere 2 Min. ringsherum anbraten. Das Fleisch herausnehmen und das Bratfett weggießen.

5 Das restliche Öl in den Topf geben, Zwiebel- und Gemüsewürfel darin 4 Min. rösten. Das Tomatenmark zugeben und 1 Min. unter Rühren anbraten. Mit 1/3 des Rotweins ablöschen, 1 Min. einkochen, wieder mit 1/3

ablöschen und 3 Min. einkochen. Den restlichen Rotwein dazugießen und 4 Min. kochen. Den Lammfond dazugießen und alles aufkochen.

6 Knoblauch und Fleisch zugeben und alles offen im Ofen (unten) insgesamt 2 Std. 5 Min. garen. Dabei nach 50 Min. und nach weiteren 45 Min. wenden.

7 Nach Ende der Garzeit den Topf aus dem Ofen nehmen, das Fleisch abgedeckt beiseitestellen. Die Sauce durch ein feines Sieb geben und wieder in den Topf gießen. Sorgfältig mit einer Kelle das Fett abschöpfen und die Sauce erneut aufkochen.

8 Die Stärke mit etwas kaltem Wasser glatt rühren, mit einem Schneebesen in die Sauce rühren und alles in ca. 3 Min. sämig einkochen. Mit Salz und Pfeffer abschmecken. Das Fleisch erneut in der Sauce erhitzen und mehrmals darin wenden.

9 Das Fleisch aus der Sauce heben und das Küchengarn entfernen. Den Lammbauch in nicht zu dünne Scheiben schneiden und mit der Sauce auf vorgewärmten Tellern anrichten. Als Beilage schmecken Reis oder Couscous und Möhren-Lauch-Gemüse.

LAMMRÜCKEN
AUF GEBRATENER AUBERGINE

Diese Blüte aus zartem Fleisch und Auberginen weckt mit ihrem Geschmack
die Erinnerung an südliche Sonne.

FÜR 4 PORTIONEN · ZUBEREITUNG: 25 MIN. · GAREN: 45 MIN. · PRO PORTION CA. 495 KCAL

2 Lammrückenfilets (à ca. 300 g)

12 EL Olivenöl

Salz | schwarzer Pfeffer aus der Mühle

1 rote Paprikaschote (ca. 200 g)

1 gelbe Paprikaschote (ca. 200 g)

1 Zwiebel (ca. 100 g)

1 EL Tomatenmark

1 Dose passierte Tomaten (400 ml)

2 Knoblauchzehen

5–6 Zweige Thymian

4 große Auberginenscheiben
 (à ca. 70 g, Ø 10–12 cm, ▸ Tipp)

1 EL Butter

2 Prisen Zucker

2 Prisen Chiliflocken

Meersalz (z. B. Fleur de Sel)

1 Den Backofen auf 120° (Umluft nicht empfehlenswert) vorheizen. Das Fleisch trocken tupfen und falls nötig von Sehnen befreien. Eine große Pfanne erhitzen und 2 EL Olivenöl zugeben. Das Fleisch rundum salzen und pfeffern und im Öl ringsum ca. 2 Min. anbraten. Das Fleisch im Ofen auf dem Rost (Mitte; ein Backblech darunterschieben) ca. 25 Min. garen.

2 Inzwischen die Paprikaschoten halbieren, putzen, waschen und in mundgerechte Stücke schneiden. Die Zwiebel schälen und fein würfeln.

3 Die Zwiebel in 2 EL Olivenöl in einem Topf bei mittlerer Hitze in ca. 1 Min. glasig dünsten. Die Paprikawürfel 2 Min. anbraten. Das Tomatenmark einrühren, 1 Min. mitrösten und mit den Tomaten ablöschen. 200 ml Wasser in der Tomatendose schwenken und dazugießen. Die Sauce aufkochen und offen 20 Min. bei kleiner Hitze kochen.

4 Inzwischen die Knoblauchzehen ungeschält mit dem Handballen andrücken. Den Thymian waschen und trocken schütteln. 4 EL Olivenöl in einer großen Pfanne erhitzen, 2 Auberginenscheiben hineinlegen, salzen und 2 Min. bei mittlerer Hitze braten, dann wenden. 1 Knoblauchzehe und 2 Thymianzweige zugeben und alles weitere 2 Min. braten. Die Auberginenscheiben wieder wenden und noch einmal 1 Min. braten. Auf Küchenpapier abfetten. Die restlichen Auberginenscheiben im restlichen Olivenöl ebenso mit Knoblauch und Thymian braten.

5 Sobald das Fleisch fertig ist, die Butter in einer Pfanne erhitzen und den restlichen Thymian zugeben. Das Fleisch in der Butter 1–2 Min. bei mittlerer Hitze nachbraten. Das Paprika-Tomaten-Gemüse mit Salz, Pfeffer, Zucker und Chiliflocken pikant abschmecken.

6 Das Paprika-Tomaten-Gemüse in tiefen Tellern verteilen und je 1 Auberginenscheibe darauflegen. Das Fleisch in Scheiben darauf anrichten. Mit Meersalz und Pfeffer bestreuen. Dazu passt Kartoffelgratin, Couscous oder gekochtes Getreide wie z. B. Hirse.

GROSSE ODER KLEINE AUBERGINEN?

Natürlich können Sie statt der 4 großen Auberginenscheiben auch mehrere kleinere verwenden. In jedem Fall können Sie aus dem restlichen Auberginenfruchtfleisch ein Gemüseragout kochen. Dazu das Fruchtfleisch klein würfeln. 100 g gewürfelte Zwiebeln und 2 gewürfelte Knoblauchzehen in 3 EL heißem Olivenöl 2 Min. dünsten. Aubergine, 1 EL Tomatenmark und 2 Prisen Zucker dazugeben, 3 Min. weiterbraten. 400 g stückige Tomaten (Dose) sowie 400 ml Wasser dazugeben. Offen bei kleiner Hitze ca. 30 Min. kochen. Mit Chiliflocken, Salz, Pfeffer und zerzupften Basilikumblättern würzen. Die Sauce passt hervorragend zu Lamm oder zu selbst gemachter Pasta (▸ Tipp Seite 76).

LAMMKEULE
MIT FRISCHEN KRÄUTERN

Lämmer lieben Kräuter. Lammfleisch liebt Kräuter ebenfalls. Und Sie?
Werden diese kräuterwürzige Keule lieben. Garantiert!

FÜR 4 PORTIONEN · ZUBEREITUNG: 15 MIN. · GAREN: 1 STD. 35 MIN. · PRO PORTION CA. 750 KCAL

1 große Knoblauchzehe
1 kleiner Zweig Rosmarin
6–8 Zweige Thymian
1/2 TL Fenchelsamen
1/2 TL schwarze Pfefferkörner
1 Bio-Orange
1 TL mittelscharfer Senf
1 Lammkeule ohne Knochen
   (ca. 1,2 kg)
Salz
2 EL Olivenöl
Meersalz (z. B. Fleur de Sel)
schwarzer Pfeffer aus der Mühle

Außerdem:
Küchengarn
Fleischthermometer

1 Den Backofen auf 135° (Umluft: 120°) vorheizen. Den Knoblauch schälen. Rosmarin und Thymian waschen, trocken schütteln und die Nadeln bzw. Blättchen von den Zweigen zupfen. Kräuter und Knoblauch zusammen fein hacken.

2 Fenchel und Pfefferkörner in einer Pfanne ohne Fett rösten, bis sie zu duften beginnen und die Fenchelsamen leicht bräunen. Die Gewürze in einen Mörser geben und grob zerreiben. Die Orange heiß abwaschen, trocknen und 1 Msp. Schale abreiben. Mit Senf, Knoblauch, Kräutern und Gewürzen verrühren.

3 Die Lammkeule trocken tupfen und grobe Sehnen entfernen. Das Fleisch von beiden Seiten mit Salz einreiben. Die Kräuterpaste auf der Innenseite verteilen, das Fleisch aufrollen und mit Küchengarn binden.

4 Eine große Pfanne erhitzen, das Olivenöl zugeben und das Fleisch darin ca. 3 Min. bei mittlerer Hitze anbraten, wenden und rundherum weitere 2 Min. anbraten. Die Keule aus der Pfanne nehmen, ein Fleischthermometer ins Fleisch stechen und die Lammkeule auf dem Rost im Ofen (Mitte; ein Backblech als Tropfschutz darunterschieben) ca. 1 Std. 30 Min. bis zur gewünschten Kerntemperatur braten (▶ Tipp).

5 Das Fleisch aus dem Ofen nehmen und kurz ruhen lassen. Garn und Fleischthermometer entfernen. Die Keule mit einem scharfen Messer in fingerdicke Scheiben schneiden und auf vorgewärmten Tellern servieren. Nach Geschmack mit Meersalz und Pfeffer würzen. Dazu passen geschmorter Fenchel, gebratene Artischocken und kleine gebratene Kartoffeln.

PERFEKT GEGART MIT FLEISCHTHERMOMETER

Wenn Sie ein Fleischthermometer verwenden, haben Sie die beste Kontrolle darüber, dass das Fleisch so auf den Teller kommt, wie Sie es am liebsten essen: Rosa ist es, wenn die Kerntemperatur 58–60° beträgt. Nicht mehr ganz rosa ist das Fleisch bei ca. 65°, ganz durch bei ca. 80°.

BRATENSAUCE ZUM LAMM

Für ca. 800 ml dunkle Lammsauce 1,2 kg Lamm-
knochen vom Metzger klein hacken lassen.
Den Backofen auf 225° (Umluft: 200°) vorheizen
und die Knochen auf dem Blech mit Backpapier darin ca. 30 Min. anrösten. 150 g Zwiebeln,
100 g Möhren und 150 g Knollensellerie putzen,
schälen und 1 cm groß würfeln. 2 Knoblauchzehen
schälen, in Scheiben schneiden. Mit den Zwiebel-
würfeln in 2 EL Olivenöl 2 Min. bei mittlerer Hitze
anbraten. Gemüse dazugeben, 3 Min. braten,
2 EL Tomatenmark einrühren und ▸ weitere 3 Min.
rösten. Dreimal je 1/3 von 500 ml Rotwein zugeben
und stark einkochen. Alles mit 2,2 l Lammfond
(Glas, ersatzweise Fleischbrühe) aufgießen. Die
Knochen dazugeben und alles offen bei kleiner
Hitze ca. 1 Std. kochen. 3–4 Zweige Thymian
und 1 kleinen Zweig Rosmarin waschen und mit
1 TL schwarzen Pfefferkörnern zur Sauce geben.
1 Std. 30 Min. weiterkochen. Die Sauce durch ein
feines Sieb passieren, aufkochen und bei mittlerer
Hitze 15–20 Min. einkochen. Das Fett abschöpfen.
1 EL Stärke mit etwas kaltem Wasser glatt rühren,
in die Sauce geben und 5 Min. einkochen. Die
fertige Sauce mit Salz abschmecken. Sie lässt sich
gut portionsweise einfrieren.

SCHMOREN

Schmoren ist eine dankbare Zubereitungsart,
bei der die lange Garzeit mit kräftigem Fleischgeschmack, butterweicher Konsistenz
und wunderbaren Saucen belohnt wird.

Langes Garen in Flüssigkeit bei niedriger Temperatur ist ideal für bindegewebsreiche, langfaserige Fleischstücke: Schmoren sorgt dafür, dass der magere Muskelfleischanteil nicht trocken und das Bindegewebe weich wird. Da die entsprechenden Teile zudem von Haus aus kräftig im Geschmack sind, laugen sie beim langen Garen unter dem Deckel des Schmortopfs nicht aus, sondern geben noch jede Menge Aroma an die Sauce ab.

Wie beim Kurz- und Ofenbraten steht auch beim Schmoren am Beginn das Anbraten: Das Fleisch, seien es große Braten oder Würfel für Ragout oder Gulasch, darf bei großer Hitze in Bräter oder Schmortopf Röststoffe entwickeln. Der Vorgang wird, nachdem das Fleisch herausgenommen wurde, mit Gemüse (meist Möhren, Sellerie und Zwiebeln) wiederholt. Erst wenn diese Aromazutaten leicht gebräunt sind, kommt Flüssigkeit zum Ablöschen dazu. Das kann ganz einfach Wasser sein – wichtig ist in erster Linie, dass die aromatischen Röststoffe vom Topfboden wieder gelöst werden und der Flüssigkeit Geschmack geben.

Nun wandert das Fleisch zurück in den Topf. Nachdem sich der Deckel darüber geschlossen hat, schmort es bei kleinster Hitze lange ungestört vor sich hin. In dieser Zeit wird es von der verdampfenden Flüssigkeit feucht gehalten, die unter dem Deckel zirkuliert. Das Bindegewebe wird allmählich weich und verleiht dem Fleisch eine ganz eigene Saftigkeit und einen angenehmen Biss.

Der Saft, der aus dem Fleisch austritt, vermischt sich mit den Aromen der Gemüse und der Schmorflüssigkeit zu intensiver Sauce.

Auch wenn Wasser grundsätzlich beim Ablöschen den Zweck erfüllt: Die Auswahl der Schmorflüssigkeit bestimmt entscheidend den Geschmack des Gerichts mit. Zu Kalb und Rind schmeckt Kalbsbrühe sehr gut. Klassisch ist außerdem die Zugabe von Wein: Viele französische Rindfleischgerichte werden in Rotwein geschmort. Zu Kalb passt besser Weiß- oder Roséwein, damit sich das helle Fleisch nicht verfärbt.

Wenn Sie Wein oder andere Alkoholika wie Sherry, Weinbrand oder Obstbrand zum Ablöschen verwenden, dann achten Sie darauf, die Flüssigkeit bei offenem Deckel sehr stark einkochen, weil der Alkoholgeschmack sonst leicht zu dominant wird.

Frische, zuvor gehäutete und gewürfelte Tomaten, stückige Tomaten aus der Dose oder Tomatenmark verleihen dunklen Saucen Farbe und Würze sowie eine gewisse Bindung.

Kontrollieren Sie während des Schmorens ab und zu (aber nicht zu häufig) die Menge der Schmorflüssigkeit und gießen Sie gegebenenfalls etwas nach. Je weniger Flüssigkeit im Topf simmert, desto intensiver wird die Sauce. Wählen Sie daher am besten einen Bräter oder Schmortopf, in den das Fleischstück gut hineinpasst, ohne zu viel Platz zu lassen.

DIE BESTEN STÜCKE ZUM SCHMOREN

Schmoren zollt den Muskeln Respekt, die das Tier am meisten bewegt hat.
Aus vermeintlich »unedlen« Teilen
werden durch lange, feuchte Hitze wahre Leckerbissen.

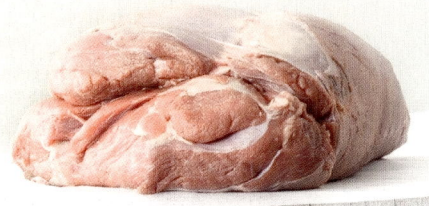

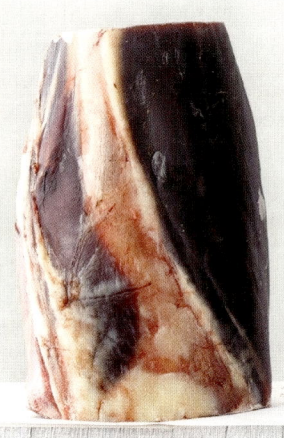

KALBSBÄCKCHEN

Ein Lieblingsstück der feinen Küche sind die stark von Sehnen und Bindegewebe durchzogenen Kalbsbacken. Sie werden viel beansprucht und besitzen deshalb festes Muskelfleisch und ein intensives Aroma. Das Bindegewebe wird beim Schmoren weich, sorgt für die Saftigkeit des Fleischs und für eine natürliche Bindung der Sauce.

FLACHE KALBSSCHULTER ODER SCHAUFELSTÜCK

Der vordere Teil der Kalbsschulter besitzt eine markante Mittelsehne und ist gut marmoriert. Langes Schmoren in aromatischem Fond verwandelt dieses Stück in einen mürben, sehr schmackhaften Braten.

HINTERE RINDERWADE

Die Wade der Hinterhesse ist stark von Sehnen durchzogen. Weil sie beim Rind aber ständig bewegt wird, ist sie auch fest im Fleisch und kräftig im Geschmack. Man kann sie im Ganzen schmoren oder in Würfel geschnitten als Gulaschfleisch verwenden.

Schmoren ist die ideale Zubereitungsart für stark beanspruchte Muskeln: Ihr festes Bindegewebe wird durch die lange Garzeit und die Flüssigkeit weich, und ihr kräftiges Aroma würzt die Sauce. Bei Kalb und Rind sind das die Arbeitsmuskeln, also Teile wie Bein, Hals, Schulter und Schwanz. Übersetzt in Gerichte bedeutet das beispielsweise Ossobuco, Kalbsragout, großer Braten und geschmorter Ochsenschwanz – allesamt zu Recht Klassiker. Bei Schwein und Lamm eignen sich der Kamm, also der durchwachsene Nacken, sowie Schulter und Haxen sehr gut zum Schmoren.

Seit ein paar Jahren werden von Köchen und Metzgern auch Fleischteile entdeckt, die bislang als minderwertig galten. Dazu gehören die Bäckchen von Rindern und Schweinen. Sie besitzen viel Geschmack und einen hohen Anteil an Bindegewebe. Geschmort zergehen sie fast im Mund, da sich das Kollagen des Bindegewebes in Gelatine umwandelt.

Für den Geschmack von Schmorgerichten spielen natürlich auch das Alter, die Aufzucht und die Rasse der Tiere eine Rolle, denn sie bestimmen die Qualität des Fleischs. Das Fleisch von Weidetieren, die sich viel bewegen, ist kräftiger, dunkler und intensiver als das von Stalltieren. Wurden sie zudem natürlich gefüttert, schmeckt das Fett, das beim Schmoren das Fleisch vor dem Austrocknen bewahrt und das Aroma trägt, deutlich besser.

Achten Sie beim Schmoren großer Stücke darauf, dass das Fleisch gleichmäßig gart. Sehr ungleichmäßige Teile wie beispielsweise eine entbeinte Schweineschulter binden Sie am besten mit Küchengarn in Form. Aber das Schmoren spielt seine Stärke auch bei kleinen Fleischstücken aus, die als geschmorte Ragouts, Gulasch oder Eintöpfe ein Genuss sind. Wichtig ist dabei, sie in der richtigen Richtung zu schneiden, nämlich quer zur Faser. So verhindern Sie, dass das Fleisch trocken wird.

SCHWEINEBRUST-SPITZ UND DICKE RIPPE

Der Brustspitz ist der vordere Teil der Dicken Rippe, die unterhalb der Schulter liegt. Ihr Fleisch ist gut durchwachsen und besitzt, ähnlich wie Schweinebauch, einen hohen Fettanteil, der es aromatisch macht. Die dickeren Teile der Dicken Rippe brauchen eine etwas längere Garzeit als der Brustspitz. Beide bekommen einen noch intensiveren Geschmack, wenn sie am Knochen geschmort werden.

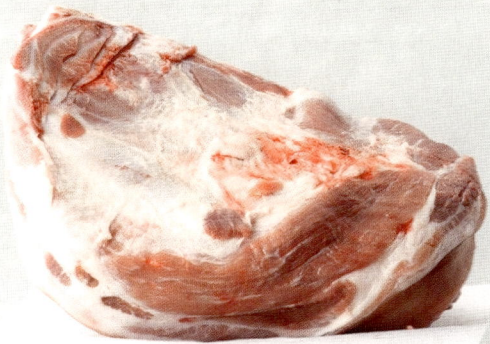

SCHWEINESCHULTER

Das relativ grobfaserige, sehnenreiche Fleisch eignet sich hervorragend dazu, gewürfelt als Gulasch geschmort zu werden. Einzelne Teilstücke wie das Falsche Filet lassen sich auch gut im Ganzen zubereiten.

LAMMSCHULTER

Geschmort ist das Fleisch der Schulter angenehm zart und aromatisch. Dank ihres Fettanteils bleibt der Schmorbraten saftig und überzeugt durch guten Fleischgeschmack.

CONFIERTER SCHWEINEBRUSTSPITZ
MIT HOLUNDERSAUCE

In gutem Olivenöl darf das Fleisch ein ausgiebiges Bad nehmen – und taucht
wunderbar weich und aromatisch daraus auf.

FÜR 2–3 PORTIONEN · ZUBEREITUNG: 25 MIN. · GAREN: 2 STD. 20 MIN. · BEI 3 PORTIONEN PRO PORTION CA. 830 KCAL

Für das Fleisch:

2 l mildes Olivenöl
1 Schweinebrustspitz mit Knochen
   und Schwarte (ca. 900 g,
   beim Metzger vorbestellen,
   ersatzweise Dicke Rippe)

Für die Sauce:

200 ml roter Portwein
200 ml Holundersaft
   (Direktsaft, Bio-Laden)
200 ml Bratenfond (Glas)
1 TL Stärke
Salz
2 Prisen Zucker

Für die Garnitur:

3 vorgekochte Rote Beten
   (Vakuumpackung, ca. 300 g)
1 1/2 EL Butter
1 Prise Zucker
Salz | schwarzer Pfeffer aus der Mühle
1 Prise gemahlener Kümmel
   oder Kümmelsamen

Außerdem:

Fleischthermometer
Meersalz (z. B. Fleur de Sel)
schwarzer Pfeffer aus der Mühle

1 Das Olivenöl in einem kleinen, hohen Topf auf 90° erhitzen. Das Fleischthermometer ins Öl hängen und während der gesamten Garzeit darin lassen.

2 Das Fleisch trocken tupfen und grobe Sehnen entfernen. Das Fleisch mit der Schwartenseite nach oben in das Öl legen und bei konstanten 90° insgesamt 2 Std. 20 Min. darin schmoren. Nach 30 Min. wenden. Gegen Ende immer wieder mit einer Fleischgabel prüfen, ob das Fleisch bereits weich ist.

3 Inzwischen für die Holundersauce den Portwein und den Holundersaft in einem kleinen Topf aufkochen und bei mittlerer Hitze ca. 20 Min. einkochen. Den Bratenfond dazugeben, alles erneut aufkochen und ca. 3 Min. einkochen.

4 Die Stärke mit etwas kaltem Wasser glatt rühren, mit einem Schneebesen in die kochende Sauce rühren und die Sauce in 2–3 Min. sämig einkochen. Mit Salz und Zucker abschmecken und beiseitestellen.

5 Sobald das Fleisch fertig ist, den Backofen auf Grillfunktion stellen. Das Fleisch aus dem Öl heben, trocken tupfen und die Schwarte mit einem scharfen Messer einritzen.

6 Das Fleisch mit der Schwarte nach oben auf dem Rost im Backofen (Mitte; ein Backblech als Tropfschutz darunterschieben) in ca. 10 Min. goldbraun und knusprig backen.

7 Für die Garnitur die Roten Beten in mundgerechte Spalten schneiden (am besten Handschuhe tragen). Die Butter in einer Pfanne aufschäumen, die Roten Beten zugeben, mit Zucker bestreuen und 2 Min. bei mittlerer Hitze darin anbraten. Mit Salz, Pfeffer und Kümmel würzen.

8 Die Sauce erneut aufkochen. Das Fleisch aus dem Ofen nehmen, den Knochen herauslösen und das Fleisch in fingerdicke Scheiben schneiden. Mit Roter Bete und Sauce auf vorgewärmten Tellern anrichten. Das Fleisch mit Meersalz und schwarzem Pfeffer würzen. Dazu passen kleine Petersilienkartoffeln, Selleriepüree oder Kartoffelgratin.

SCHNELL ERKLÄRT: CONFIEREN

Das Schmoren in Öl (auch Confieren genannt) unterscheidet sich vom Frittieren durch die geringere Temperatur. Das Öl wird dabei auf maximal 90° erhitzt und das Gargut darin langsam geschmort bzw. confiert. Beim Frittieren wird dagegen mit Temperaturen um die 170° gearbeitet.

ÖL WIEDERVERWENDEN

Schütten Sie das Öl nicht weg! Gießen Sie es abgekühlt durch ein feines Sieb und verwenden Sie es zum Anbraten von Fleisch.

PORTIONSGULASCH
MIT BLÄTTERTEIGHAUBE

Überraschung: Sobald bei Tisch die Blätterteighaube vom Löffel durchstoßen wird,
steigt paprikawürziger Duft aus dem Gulasch auf.

FÜR 4 PORTIONEN · ZUBEREITUNG: 30 MIN. · GAREN: 2 STD. 10 MIN. · PRO PORTION CA. 870 KCAL

3 große Zwiebeln (ca. 300 g)

800 g Schweineschulter ohne Schwarte

2 TL edelsüßes Paprikapulver

1 TL rosenscharfes Paprikapulver

Salz | schwarzer Pfeffer aus der Mühle

1 TL Mehl

3 EL Pflanzenöl

1 EL Tomatenmark

200 ml kräftiger Rotwein
(z. B. Cabernet Sauvignon)

500 ml Gemüsebrühe (Instant)

2 Packungen frischer Blätterteig
(Kühlregal, à 275 g)

1 Eigelb

1 EL Milch oder Wasser

Außerdem:

4 ofenfeste Portionsschalen
(Ø ca. 16 cm)

1 Die Zwiebeln schälen und in kleine Würfel schneiden. Das Fleisch trocken tupfen und in 1–1,5 cm große Würfel schneiden. In eine Schüssel geben, mit den zwei Sorten Paprikapulver, Salz, Pfeffer und Mehl bestreuen und gut durchmischen.

2 Das Öl in einem weiten Topf erhitzen und das Fleisch darin unter Rühren bei mittlerer Hitze 5–10 Min. anbraten (▶ Tipp). Die Zwiebeln dazugeben und 2 Min. mitbraten, dann das Tomatenmark einrühren und 1 Min. anrösten. Alles mit einem Schuss Rotwein ablöschen und die Flüssigkeit 1 Min. einkochen. Den restlichen Rotwein dazugeben, 2 Min. einkochen und die Gemüsebrühe in den Topf gießen.

3 Alles aufkochen und zugedeckt in ca. 1 Std. 35 Min. bei kleiner Hitze weich kochen. Nach 1 Std. Garzeit gelegentlich testen, ob das Fleisch schon weich ist. Gegebenenfalls das fertige Fleisch herausheben und die Sauce weiter sämig einkochen. Danach das Fleisch wieder zugeben.

4 Ca. 15 Min. vor Ende der Garzeit den Backofen auf 225° (Umluft: 200°) vorheizen. Aus dem Blätterteig Kreise mit einem etwas größeren Durchmesser als die Portionsschalen ausschneiden. Das Eigelb mit Milch oder Wasser glatt rühren.

5 Die Schalen am äußeren Rand mit Eigelb einstreichen. Das Gulasch auf die Schalen verteilen, jeweils einen Blätterteigdeckel darauflegen und an den Seiten

gut andrücken. Die Oberfläche des Teigs mit der restlichen Eimischung bestreichen. Die Schalen im Ofen (Mitte) ca. 15 Min. backen, bis der Blätterteig goldbraun und knusprig ist.

6 Die Schalen aus dem Ofen nehmen und servieren. Jeder öffnet die knusprige Blätterteighaube über dem Gulasch selbst.

RÖSTSTOFFE FÜR DIE SAUCE

Beim Anbraten gibt Schweinefleisch je nach Fleischqualität Flüssigkeit ab. Achten Sie darauf, diesen Fleischsaft so lange einzukochen, bis sich am Topfboden bräunliche Röstspuren bilden. Erst dann sollten Sie Zwiebeln und Tomatenmark zugeben, denn die Röststoffe sorgen für intensiven Saucengeschmack.

FEINE BLÄTTERTEIGRESTE

Kneten Sie den restlichen Blätterteig zusammen, rollen Sie ihn aus und schneiden Sie ihn in lange, 2 cm breite Streifen. Diese Streifen mit Eigelbmischung bestreichen, mit Kümmel, Meersalz und Chiliflocken bestreuen, kordelartig aufdrehen und im Backofen bei 200° (Umluft: 180°) in 8–10 Min. goldbraun backen.

SENFGULASCH
MIT KNUSPRIGEN CROÛTONS

Reichlich Zwiebeln runden den Geschmack des Gulaschs mit ihrer Süße ab und binden die Sauce.
Senf bildet den pikanten Kontrapunkt.

FÜR 4 PORTIONEN · ZUBEREITUNG: 25 MIN. · GAREN: 2 STD. 5 MIN. · PRO PORTION CA. 755 KCAL

3 große Zwiebeln (ca. 300 g)
1 Knoblauchzehe
1 kg Schweineschulter ohne Schwarte
Salz | schwarzer Pfeffer aus der Mühle
1 TL gemahlener Kümmel
1/2 TL gemahlener Koriander
1 TL Mehl
3 EL Pflanzenöl
300 ml Roséwein
800 ml Bratenfond
　(Glas, ersatzweise Fleischbrühe)
2 Scheiben Toastbrot
3 Stängel glatte Petersilie
1 EL Butter
1 EL körniger Senf
1 EL mittelscharfer Senf

1 Die Zwiebeln schälen und grob würfeln. Knoblauch schälen und in feine Würfel schneiden. Das Fleisch trocken tupfen und in ca. 4 cm große Würfel schneiden, in einer Schüssel mit Salz, Pfeffer, Kümmel, Koriander und Mehl bestreuen und gut durchmischen.

2 Das Öl in einem weiten Topf erhitzen. Das Fleisch darin 3 Min. bei mittlerer Hitze anbraten und zwischendurch einmal wenden. Falls sich dabei Flüssigkeit bildet, diese erst ganz einkochen, sodass sich am Topfboden braune Röstspuren bilden.

3 Die Zwiebeln zum Fleisch geben und in ca. 15 Min. bei mittlerer Hitze Farbe annehmen lassen. Mit einem Schuss Wein ablöschen, dabei den Röstansatz vom Topfboden lösen. Den Wein ca. 5 Min. einkochen, dann erst den restlichen Wein dazugießen. Alles ca. 3 Min. weiterkochen. Das Gulasch mit dem Bratenfond aufgießen, aufkochen und zugedeckt in ca. 1 Std. 35 Min. bei kleiner Hitze weich kochen.

4 In der Zwischenzeit das Toastbrot entrinden und in 0,5 cm große Würfel schneiden. Die Petersilie waschen, trocken schütteln, die Blättchen abzupfen und grob hacken.

5 Die Butter in einer kleinen Pfanne aufschäumen und die Brotwürfel darin in ca. 3 Min. goldbraun braten. Die Petersilie unterheben und alles ganz leicht salzen. Die Brotwürfel aus der Pfanne heben und auf Küchenpapier abfetten.

6 Die fertigen Fleischstücke aus dem Topf heben, beide Senfsorten in die Sauce rühren, aufkochen und mit dem Pürierstab glatt pürieren. So wird die Sauce besonders sämig. Das Fleisch wieder dazugeben, alles nochmals aufkochen und mit Salz und Pfeffer abschmecken.

7 Das heiße Gulasch auf vorgewärmten Tellern anrichten und mit den knusprigen Brotwürfeln bestreuen. Dazu passen Salzkartoffeln oder Nudeln und Kraut- oder Feldsalat (▶ Tipp).

BEILAGENTIPP: FELDSALAT MIT KARTOFFEL-SPECK-DRESSING

200 g mehligkochende Kartoffeln schälen, in Salzwasser 20–25 Min. garen und abgießen. Mit 200 ml erwärmtem Geflügelfond (Glas), 4 EL Branntweinessig, 1 TL Zucker, Salz, schwarzem Pfeffer, 1 Msp. Cayennepfeffer und 1 Prise gemahlenem Kümmel pürieren. 8 EL Sonnenblumenöl untermixen. 2 EL gehackte Petersilie unterrühren. 80 g Räucherspeck (ohne Schwarte) würfeln und in einer Pfanne mit 1 EL Öl in ca. 5 Min. kross braten. Auf Küchenpapier abfetten. 200 g Feldsalat putzen und waschen, mit dem Dressing mischen und mit Speck bestreuen.

OCHSENSCHWANZ
MIT SHERRY UND MÖHREN

Beinahe wäre der Ochsenschwanz zur alleinigen Zuständigkeit der Hersteller von Suppenkonserven verkommen. Dabei ist er ein großartiges Gericht für Fleischliebhaber, die gerne Knochen abknabbern.

FÜR 4 PORTIONEN · ZUBEREITUNG: 40 MIN. · GAREN: 3 STD. · PRO PORTION CA. 540 KCAL

Für den Ochsenschwanz:

2 große Zwiebeln (ca. 250 g)
1 Möhre (ca. 100 g)
1 Stück Knollensellerie (ca. 200 g)
8 Stücke Ochsenschwanz (à ca. 250 g)
Salz | schwarzer Pfeffer aus der Mühle
2 EL Mehl
4 EL Olivenöl
2 EL Tomatenmark
100 ml trockener Sherry
400 ml trockener Rotwein
   (z. B. Cabernet Sauvignon)
1,2 l Bratenfond
   (Glas, ersatzweise Fleischbrühe)
1 TL schwarze Pfefferkörner
1 TL gelbe Senfsamen
1 TL Wacholderbeeren
1 TL Pimentkörner
2 Lorbeerblätter
2 Gewürznelken

Für die Garnitur:

200 g violette Möhren (▸ Tipp)
4 dicke Frühlingszwiebeln (à ca. 90 g)
1 EL Butter
2 Prisen brauner Zucker
Salz | schwarzer Pfeffer aus der Mühle

1 Die Zwiebeln schälen und grob würfeln. Möhre und Sellerie putzen, schälen und in 1 cm große Würfel schneiden. Die Fleischstücke trocken tupfen, beidseitig salzen, pfeffern und in Mehl wenden. Überschüssiges Mehl abklopfen (aber nicht wegwerfen).

2 Das Olivenöl in einem weiten Topf erhitzen. Die Fleischstücke darin in ca. 11 Min. von allen Seiten bei mittlerer Hitze anbraten und herausheben. Zwiebeln und Gemüse in ca. 2 Min. Farbe annehmen lassen. Tomatenmark einrühren und 1 Min. anrösten, mit dem restlichen Mehl bestäuben, mit Sherry ablöschen und 2 Min. einkochen.

3 Dreimal je 1/3 des Weins zugießen und vollständig einkochen. Zuletzt Bratenfond und Fleisch zugeben, alles aufkochen und zugedeckt bei kleiner Hitze ca. 3 Std. schmoren, bis das Fleisch förmlich vom Knochen fällt. Nach 1 Std. die Gewürze zugeben. Das Fleisch zwischendurch immer wieder wenden.

4 In der Zwischenzeit das Gemüse für die Garnitur waschen und putzen. Die Möhren schälen und in 8 cm lange und 1 cm breite Stifte schneiden. Nur den hellen Teil der Frühlingszwiebeln ebenfalls in 8 cm lange Stücke schneiden (▸ Tipp). Die Frühlingszwiebelstücke ca. 1 Min. in kochendem Salzwasser garen und eiskalt abschrecken. Die Möhren im Salzwasser in ca. 5 Min. bissfest garen und ebenfalls kalt abschrecken. Das Gemüse in einem Sieb abtropfen lassen.

5 Das weiche Fleisch aus dem Topf nehmen. Die Sauce durch ein feines Sieb passieren, das Gemüse dabei gut ausdrücken und wegwerfen. Die Sauce aufkochen, offen in ca. 5 Min. sämig einkochen, salzen und pfeffern. Das Fleisch erneut darin aufkochen und bei kleinster Hitze ziehen lassen.

6 Die Butter in einer Pfanne erhitzen und den Zucker einstreuen. Die Möhren dazugeben, 1 Min. unter Rühren erwärmen, die Frühlingszwiebeln unterheben und alles mit Salz und Pfeffer abschmecken. Fleisch und Gemüse mit Sauce anrichten. Dazu passen breite Nudeln, Kartoffelpüree oder Weißbrot.

FARBENFROHES WURZELGEMÜSE

Die dekorativen violetten Möhren werden auch als Urmöhren oder Beta-Sweet-Möhren gehandelt. Wenn Sie keine bekommen, können Sie auch gewöhnliche Möhren verwenden.

WÜRZIGES GRÜN

Mit den in diesem Rezept nicht verwendeten grünen Teilen der Frühlingszwiebeln können Sie beispielsweise Kräuterquark verfeinern.

RINDERGULASCH
MIT KNOBLAUCH UND ZITRONE

Zitronenschale verleiht diesem klassischen Schmorgericht
Frische und Leichtigkeit.

FÜR 4 PORTIONEN · ZUBEREITUNG: 30 MIN. · GAREN: 2 STD. · PRO PORTION CA. 580 KCAL

1 kg hintere Rinderwade ohne Knochen
2 Gemüsezwiebeln (ca. 450 g)
Salz | schwarzer Pfeffer aus der Mühle
1 TL rosenscharfes Paprikapulver
3 TL edelsüßes Paprikapulver
1 EL Mehl
4 EL Pflanzenöl
2 EL Tomatenmark
200 ml kräftiger Rotwein
    (z. B. Cabernet Sauvignon)
800 ml Kalbsfond
    (Glas, ersatzweise Fleischbrühe)
1/2 Knoblauchzehe
1 Bio-Zitrone

1 Das Fleisch trocken tupfen und in ca. 2 cm große Würfel schneiden. Die Zwiebeln schälen und würfeln.

2 Die Fleischstücke in eine Schüssel geben und mit Salz, Pfeffer, den beiden Sorten Paprikapulver und Mehl bestäuben. Alles gut durchmischen.

3 In einem weiten Topf 3 EL Öl erhitzen. Die Hälfte der Fleischstücke darin ca. 3 Min. bei mittlerer Hitze ringsherum anbraten und herausnehmen. 1 EL Öl in den Topf geben und das restliche Fleisch anbraten. Die Zwiebeln hinzufügen und ebenfalls 2 Min. anbraten. Nun das restliche Fleisch in den Topf zurückgeben und noch einmal 3 Min. braten.

4 Das Tomatenmark einrühren und 5 Min. unter ständigem Rühren anrösten, dabei möglichst viel vom Bodensatz loskratzen. Mit dem Rotwein ablöschen und 3 Min. einkochen. Den Kalbsfond zugießen, alles aufkochen und zugedeckt bei kleiner Hitze in ca. 1 Std. 45 Min. weich kochen.

5 Den Knoblauch schälen und möglichst fein hacken. Die Zitrone heiß waschen, gut trocken reiben, die Hälfte der Schale abreiben und mit dem Knoblauch mischen. Das fertige Gulasch mit Salz und Pfeffer abschmecken. Zitrone und Knoblauch dazugeben und nochmals aufkochen.

6 Das Gulasch mit Knödeln oder Salzkartoffeln auf vorgewärmten Tellern anrichten.

WADE – BESTES GULASCHFLEISCH

Die Rinderwade eignet sich perfekt für Gulasch, denn das muskulöse Fleisch ist gut marmoriert, also von Sehnen und Fett durchzogen. So bleibt es beim Schmoren saftig. Statt der Wade können Sie auch ein gut durchwachsenes Stück aus der Rinderschulter verwenden.

GULASCH AUF VORRAT

Gulasch schmeckt noch besser, wenn Sie es in größeren Mengen zubereiten. Lassen Sie es einfach abkühlen und frieren Sie es portionsweise in Plastikboxen oder Gefrierbeuteln ein. Falls Sie es nicht länger als ein paar Wochen aufheben möchten, können Sie es auch kochend heiß in sauber ausgekochte Twist-off-Gläser füllen, verschließen und auf den Kopf stellen. Nach dem Abkühlen im Kühlschrank aufbewahren.

ENTRECÔTE
MIT GETROCKNETEN SAUERKIRSCHEN

Ausnahmsweise einmal nicht als Braten oder Steak:
Auch geschmort läuft das Entrecôte zu feiertäglicher Hochform auf.

FÜR 4 PORTIONEN · ZUBEREITUNG: 25 MIN. · GAREN: 3 STD. 20 MIN. · PRO PORTION CA. 710 KCAL

ca. 1,2 kg Entrecôte (Rind)
1 große Zwiebel (ca. 130 g)
1 Möhre (ca. 70 g)
1 Saucenlebkuchen (40 g)
3 EL Pflanzenöl
Salz | schwarzer Pfeffer aus der Mühle
2 EL Tomatenmark
400 ml kräftiger Rotwein
   (z. B. Cabernet Sauvignon)
2 EL Himbeeressig
800 ml Bratenfond
   (Glas, ersatzweise Fleischbrühe)
1 Päckchen Sauerbratengewürz (15 g)
40 g getrocknete Sauerkirschen
1 EL Johannisbeergelee

1 Das Fleisch trocken tupfen, falls nötig Sehnen entfernen. Die Zwiebel schälen und grob würfeln. Die Möhre putzen, schälen und würfeln. Den Saucenlebkuchen grob zerkleinern.

2 In einem weiten Topf das Öl erhitzen. Das Fleisch von allen Seiten salzen und pfeffern und ca. 2 Min. bei mittlerer Hitze anbraten, dann weitere 2 Min. ringsherum anbraten. Danach herausheben.

3 Zwiebel und Möhre ins Öl geben und in ca. 2 Min. bei mittlerer Hitze Farbe annehmen lassen. Das Tomatenmark zugeben und 1 Min. unter ständigem Rühren anrösten, dabei möglichst viel von dem Bodensatz loskratzen. Mit 1/3 des Rotweins ablöschen und 1 Min. einkochen. Den Essig dazugeben und 2 Min. kochen. Erneut mit 1/3 Rotwein ablöschen und 6 Min. einkochen. Nun den restlichen Rotwein zugeben und ca. 4 Min. kochen.

4 Den Saucenansatz mit Bratenfond aufgießen, Fleisch, Lebkuchen und Sauerbratengewürz dazugeben. Alles aufkochen und das Fleisch zugedeckt bei kleiner Hitze in ca. 2 Std. 40 Min. weich kochen.

5 Das fertige Fleisch aus der Sauce heben. Die Sauce durch ein feines Sieb geben, das Gemüse ausdrücken und wegwerfen. Die Sauce erneut aufkochen und in ca. 10 Min. bei mittlerer Hitze offen sämig einkochen.

6 Die Sauerkirschen in die Sauce streuen und alles 3 Min. weiterkochen. Zuletzt das Johannisbeergelee einrühren und die Sauce mit Salz und Pfeffer würzen.

7 Das Fleisch noch einmal in der Sauce erhitzen, dann herausnehmen und quer zur Faser aufschneiden. Mit reichlich Sauce auf vorgewärmten Tellern servieren. Dazu passen Knödel oder Kartoffelplätzchen und gemischter Blattsalat.

GUTE FLEISCHWAHL

Versuchen Sie, wenn möglich, ein Entrecôte von der Färse zu bekommen, also von einem weiblichen Rind, das noch nicht gekalbt hat. So gehen Sie sicher, dass das Fleisch schön zart wird.

WARENKUNDE: SAUERBRATENGEWÜRZ

Sauerbratengewürz besteht aus diversen getrockneten Gewürzen und Gemüsesorten. Dazu gehören meist Pfeffer, Wacholder, Piment, Senfsamen, Nelken, Lorbeer, Muskatnuss, Zwiebeln, Möhren und Sellerie.

RINDERSCHMORTOPF
MIT BAROLO UND PANCETTA

Die italienische Landküche steuert ihre kräftigen Aromen zu diesem Schmortopf bei. Und wenn Sie sich ebenfalls ein Glas Barolo gönnen, beginnt *la dolce vita* schon in der Küche.

FÜR 4 PORTIONEN · ZUBEREITUNG: 25 MIN. · GAREN: 3 STD. 20 MIN. · PRO PORTION CA. 860 KCAL

1,2 kg Falsches Filet vom Rind
(aus der Schulter)
1 Gemüsezwiebel (ca. 300 g)
1 Stück Knollensellerie (ca. 140 g)
1 Möhre (ca. 100 g)
4 EL Olivenöl
Salz | schwarzer Pfeffer aus der Mühle
2 EL Tomatenmark
400 ml Barolo (ersatzweise
anderer kräftiger Rotwein)
3 EL Aceto balsamico
800 ml Kalbsfond
(Glas, ersatzweise Fleischbrühe)
1–2 Zweige Thymian
1/2 TL brauner Zucker
einige Tropfen Pflanzenöl
8 Scheiben Pancetta (ca. 80 g, ▸ Tipp)

1 Das Fleisch trocken tupfen, falls nötig von groben Sehnen befreien und in ca. 6 cm große Würfel schneiden. Die Zwiebel schälen und grob würfeln. Knollensellerie und Möhre putzen, schälen und ebenfalls in grobe Würfel schneiden.

2 Das Olivenöl in einem großen Bräter (Ø 38 cm) erhitzen. Das Fleisch von allen Seiten salzen und pfeffern, dann im Öl 4 Min. bei mittlerer Hitze anbraten, wenden und ringsherum weitere 3 Min. anbraten. Anschließend das Fleisch herausnehmen.

3 Zwiebeln und Gemüse im Öl in ca. 7 Min. Farbe annehmen lassen. Das Tomatenmark einrühren und 1 Min. unter ständigem Rühren mitrösten, dabei den Ansatz am Boden abkratzen. Mit 1/3 des Barolos ablöschen und 1 Min. einkochen. Den Essig dazugießen, 4 Min. kochen, wieder mit 1/3 Barolo ablöschen und 4 Min. einkochen. Den restlichen Barolo dazugeben und noch einmal 2 Min. kochen.

4 Den Ansatz mit dem Kalbsfond aufgießen, das Fleisch wieder zugeben und alles aufkochen. Das Fleisch zugedeckt bei kleiner Hitze in ca. 2 Std. 45 Min. weich schmoren.

5 Das fertige Fleisch aus der Sauce heben. Die Sauce durch ein feines Sieb geben, das Gemüse dabei gut ausdrücken und wegwerfen. Die Sauce im Bräter erneut aufkochen und offen in 5 Min. bei mittlerer Hitze sämig einkochen.

6 Den Thymian waschen, trocken schütteln, die Blättchen abzupfen und fein hacken. Das Fleisch wieder in die Sauce legen und nochmals aufkochen. Den Schmortopf kräftig mit Thymian, Salz, Pfeffer und Zucker abschmecken und noch 2–3 Min. ziehen lassen.

7 Ein paar Tropfen Pflanzenöl in einer Pfanne leicht erwärmen. Den Pancetta zugeben und bei mittlerer Hitze von beiden Seiten in ca. 1 Min. goldbraun und knusprig braten. Aus der Pfanne heben und auf Küchenpapier abfetten.

8 Die Fleischstücke mit dem kross gebratenen Pancetta auf vorgewärmte Teller geben und mit reichlich Sauce und Nudeln oder Reis servieren. Dazu passt gekochtes Gemüse wie Möhren, Blumenkohl oder Sellerie.

WARENKUNDE: PANCETTA

Pancetta ist ein gerollter Bauchspeck aus Italien, der mit Kräutern verfeinert wurde. Er schmeckt sehr mild. Wer keinen Pancetta bekommt, kann stattdessen auch milden, dünn aufgeschnittenen Frühstücksspeck verwenden.

WEIHNACHTSBRATEN
MIT QUITTEN

Für den adventlichen Duft, der die Küche durchzieht, sind die Gewürze im Schmorsud verantwortlich. Dieser Braten ist eine leichtere Alternative zur Weihnachtsgans – aber keineswegs zweite Wahl!

FÜR 4 PORTIONEN · ZUBEREITUNG: 30 MIN. · GAREN: 5 STD. 30 MIN. · PRO PORTION CA. 750 KCAL

ca. 1,4 kg Semerrolle
(auch Schwanzrolle, Rind,
möglichst von der Färse)
2 große Zwiebeln (ca. 200 g)
1 Stück Knollensellerie (ca. 200 g)
1 Möhre (ca. 100 g)
2 Aachener Printen ohne Glasur
(ca. 40 g, ersatzweise
1 Saucenlebkuchen)
3 EL Pflanzenöl
Salz | schwarzer Pfeffer aus der Mühle
2 EL Tomatenmark
2 EL Sauerbratengewürz
500 ml kräftiger Rotwein
(z. B. Cabernet Sauvignon)
1,6 l Bratenfond
(Glas, ersatzweise Fleischbrühe)
1 Quitte (ca. 400 g)
2 EL Zucker
200 ml weißer Portwein
1 Zacken Sternanis
1–2 TL Stärke
1 Prise gemahlenes Lebkuchengewürz

1 Das Fleisch trocken tupfen und falls nötig von groben Sehnen befreien. Die Zwiebeln schälen und in 1 cm große Würfel schneiden. Sellerie und Möhre putzen, schälen und ebenfalls würfeln. Die Printen in grobe Stücke brechen.

2 Das Öl in einem großen Bräter (Ø 38 cm) erhitzen. Das Fleisch von allen Seiten salzen und pfeffern. Im Öl bei mittlerer Hitze ca. 1 Min. anbraten, dann wenden und ringsherum weitere 4 Min. anbraten. Anschließend das Fleisch herausheben.

3 Zwiebeln und Gemüse in den Bräter geben und in ca. 6 Min. Farbe annehmen lassen. Das Tomatenmark zugeben und 1 Min. unter ständigem Rühren anrösten, dabei den Bratansatz möglichst gut vom Boden lösen.

4 Das Sauerbratengewürz zugeben, kurz mitrösten und alles mit 1/3 des Rotweins ablöschen. Die Flüssigkeit 2 Min. einkochen, nochmals mit 1/3 Rotwein ablöschen, 3 Min. einkochen und den restlichen Rotwein dazugeben. Alles noch einmal 3 Min. kochen.

5 Jetzt den Bratenfond zugießen und das Fleisch wieder in den Bräter legen. Alles aufkochen, die Printen zugeben und das Fleisch zugedeckt bei kleiner Hitze in ca. 5 Std. weich schmoren, dabei zwischendurch mehrmals wenden. In der letzten Stunde der Garzeit immer wieder mit einer Fleischgabel prüfen, ob das Fleisch schon weich ist.

6 Inzwischen die Quitte schälen und in Achtel schneiden. Das Kerngehäuse entfernen und das Fruchtfleisch in dünne Scheiben oder Spalten schneiden.

7 Den Zucker in einem Stieltopf schmelzen. Sobald er goldgelb karamellisiert, die Quitten dazugeben und 1 Min. darin wenden. Mit Portwein und 100 ml Wasser ablöschen, den Sternanis zugeben und alles bei kleiner Hitze in ca. 25 Min. weich kochen.

8 Das fertige Fleisch aus dem Bräter heben. Die Sauce durch ein Sieb passieren, das Gemüse dabei gut ausdrücken und wegwerfen.

9 Die Sauce im Bräter erneut aufkochen. 1 TL Stärke mit etwas kaltem Wasser verrühren, in die kochende Flüssigkeit rühren und die Sauce offen in ca. 5 Min. sämig einkochen (falls die Sauce noch sämiger werden soll: noch einmal etwas Stärke zugeben und aufkochen). Die Sauce mit Salz, Pfeffer und Lebkuchengewürz abschmecken.

10 Das Fleisch quer zur Faser in nicht zu dünne Scheiben schneiden und in der Sauce erneut erhitzen. Die Fleischscheiben mit reichlich Sauce und den Quitten auf vorgewärmten Tellern anrichten und mit Semmel- oder Kartoffelknödeln und Rosenkohl oder Rahmwirsing servieren.

RINDERROULADEN
MIT AUBERGINEN UND PAPRIKA

Diese Abwandlung des klassischen Lieblings-Sonntagsgerichts zeigt, wie viel Raum für Kreativität die Rindfleischröllchen lassen. Hier bekommen sie mit Auberginen und Paprika mediterranes Flair.

FÜR 4 PORTIONEN · ZUBEREITUNG: 1 STD. · GAREN: 2 STD. 20 MIN. · PRO PORTION CA. 590 KCAL

1 Aubergine (ca. 250 g)

1 rote Paprikaschote (ca. 150 g)

1 gelbe Paprikaschote (ca. 150 g)

1 große Gemüsezwiebel (ca. 300 g)

1 Knoblauchzehe

4 Zweige Thymian

9 EL Olivenöl

Salz

4 Rindfleischscheiben aus der
   Oberschale (à ca. 160 g)

schwarzer Pfeffer aus der Mühle

2 EL Tomatenmark

2 EL Aceto balsamico

400 ml kräftiger Rotwein
   (z. B. Cabernet Sauvignon)

800 ml Bratenfond
   (Glas, ersatzweise Fleischbrühe)

2 TL Stärke

2 Prisen Zucker

Außerdem:
Küchengarn oder Rouladennadeln

1 Die Aubergine waschen, putzen und der Länge nach in 12 dünne Scheiben schneiden. Die Paprikaschoten halbieren, putzen, waschen, mit einem Sparschäler schälen und jede Hälfte in 8 Streifen schneiden.

2 Die Zwiebel schälen und halbieren. Die eine Hälfte in 8 Spalten schneiden, die andere Hälfte grob würfeln. Die Knoblauchzehe schälen und halbieren. Den Thymian waschen und trocken schütteln, die Blättchen abzupfen und fein hacken.

3 Eine große Pfanne erhitzen und 3 EL Olivenöl zugeben. Die Hälfte der Auberginenscheiben darin mit 1/2 Knoblauchzehe bei mittlerer Hitze ca. 2 Min. von jeder Seite braten und leicht salzen. Herausheben und auf Küchenpapier abfetten. Die restlichen Auberginen ebenso in 3 EL Olivenöl mit 1/2 Knoblauchzehe braten.

4 Das Fleisch trocken tupfen und mit Salz, Pfeffer und Thymian bestreuen. Jede Scheibe überlappend mit 3 Auberginenscheiben belegen. Je 4 bunte Paprikastreifen und 2 Zwiebelspalten auf den unteren Dritteln der Scheiben verteilen, die langen Seiten etwas einschlagen und die Rouladen eng aufrollen. Mit Küchengarn binden oder mit Rouladennadeln feststecken.

5 Die restlichen 3 EL Öl in einem großen Topf erhitzen. Das Fleisch rundum salzen und pfeffern und 2 Min. bei mittlerer Hitze anbraten. Wenden und weitere 2 Min. ringsherum anbraten. Herausnehmen.

6 Die Zwiebelwürfel im Öl in ca. 2 Min. Farbe annehmen lassen. Das Tomatenmark einrühren und 1 Min. rösten, dabei den Bodensatz möglichst gut loskratzen.

7 Den Ansatz mit Essig und 1/3 des Rotweins ablöschen und 2 Min. einkochen. Wieder mit 1/3 Rotwein ablöschen und 4 Min. einkochen. Nun den restlichen Rotwein dazugeben und erneut 1–2 Min. kochen. Alles mit dem Bratenfond aufgießen, die Rouladen wieder zugeben und aufkochen.

8 Das Fleisch bei kleiner Hitze zugedeckt in ca. 1 Std. 35 Min. weich schmoren. Dabei die Rouladen mehrmals wenden.

9 Die fertigen Rouladen aus der Flüssigkeit heben. Die Sauce offen 15 Min. einkochen. Die Stärke mit etwas kaltem Wasser glatt rühren, mit einem Schneebesen in die kochende Sauce rühren und weitere 5 Min. kochen. Die Sauce mit Salz, Pfeffer und Zucker abschmecken, durch ein feines Sieb passieren und wieder zurück in den Topf geben.

10 Die Rouladen von Garn oder Nadeln befreien und wieder in die Sauce legen. Alles nochmals aufkochen und servieren. Zu den Rouladen schmecken Ofenkartoffeln, Reis oder Nudeln.

DÜNNE SCHEIBEN

Lassen Sie das Fleisch für die Rouladen am besten vom Metzger schneiden, denn große dünne Scheiben bekommt man nur mit der Aufschnittmaschine perfekt hin.

KLASSIKER: RINDERROULADEN MIT SPECK

Klassische Rinderrouladen werden mit Speck, Zwiebeln und Essiggurken gefüllt. Dafür 1 große Essiggurke der Länge nach vierteln. 1 Zwiebel schälen und in 8 Spalten schneiden. Die 4 Fleischscheiben salzen, pfeffern und mit je 1 TL scharfem Senf bestreichen. Darauf je 3 Scheiben Frühstücksspeck, 1 Stück Gurke und 2 Zwiebelspalten legen. Die Rouladen eng aufrollen. 1 Zwiebel schälen und fein würfeln. Nach Belieben 100 g Knollensellerie und 100 g Möhre putzen, schälen und würfeln. Das Gemüse mit der Zwiebel anrösten und die Rouladen wie links beschrieben in der Sauce schmoren.

KALBSBEINSCHEIBEN
MIT GERÖSTETEM OKTOPUS

Die Kombination von Land und Meer wirkt nur auf den ersten Blick ungewöhnlich, denn der intensive Geschmack des Oktopus harmoniert wunderbar mit dem Kalbfleisch.

FÜR 4 PORTIONEN · ZUBEREITUNG: 1 STD. · GAREN: 1 STD. 30 MIN. · PRO PORTION CA. 585 KCAL

Für die Beinscheiben:

1 große Zwiebel (ca. 150 g)
1 Möhre (ca. 100 g)
1 Stück Knollensellerie (ca. 150 g)
3–4 Zweige Thymian
4 Kalbsbeinscheiben (à ca. 400 g)
Salz | schwarzer Pfeffer aus der Mühle
1 EL Mehl
4 EL Olivenöl
2 EL Tomatenmark
1 TL brauner Zucker
400 ml Roséwein
800 ml Kalbsfond
   (Glas, ersatzweise Fleischbrühe)
1/2 TL schwarze Pfefferkörner
2 Lorbeerblätter

Für den Oktopus:

200 g gegarter Oktopus (▸ Tipp)
1 Knoblauchzehe
1–2 Zweige glatte Petersilie
4 EL Olivenöl
Salz | schwarzer Pfeffer aus der Mühle

Außerdem:

Küchengarn

1 Zwiebel schälen, Möhre und Sellerie putzen und schälen und alles in 1 cm große Würfel schneiden. Thymian waschen und trocken schütteln. Die äußeren Sehnen der Beinscheiben zweimal einschneiden, damit sie sich beim Braten nicht wölben. Scheiben mit Küchengarn rund binden. Von beiden Seiten salzen, pfeffern und in Mehl wenden. Überschüssiges Mehl abklopfen.

2 In einem weiten Topf 4 EL Olivenöl erhitzen. Das Fleisch zugeben, bei mittlerer Hitze von jeder Seite 3 Min. anbraten und herausnehmen. Zwiebel und Gemüse bei mittlerer bis großer Hitze in ca. 5 Min. Farbe annehmen lassen. Tomatenmark und Zucker zugeben, 1 Min. mitrösten, mit 1/3 des Weins ablöschen und vollständig einkochen. Wieder 1/3 des Weins zugeben und einkochen. Den restlichen Wein und nach 1 Min. den Kalbsfond dazugießen. Das Fleisch wieder zugeben und aufkochen.

3 Alles zugedeckt bei kleiner Hitze insgesamt 1 Std. 30 Min. kochen. Nach 40 Min. Pfeffer, Lorbeer und Thymian zugeben. Gegen Ende der Garzeit mit einer Fleischgabel testen, ob das Fleisch weich ist.

4 Das Fleisch herausheben. Den Sud durch ein feines Sieb gießen, dabei das Gemüse gut ausdrücken und wegwerfen. Die Sauce in ca. 10 Min. bei mittlerer Hitze sämig einkochen und mit Salz und Pfeffer abschmecken. Das Küchengarn von den Beinscheiben entfernen, Fleisch in der Sauce nochmals aufkochen und noch einige Minuten darin ziehen lassen.

5 Inzwischen den Oktopus in 1 cm dicke Scheiben schneiden. Den Knoblauch schälen und in Scheiben schneiden. Die Petersilie waschen, trocken schütteln, die Blättchen abzupfen und grob hacken. Eine Pfanne erhitzen, das Olivenöl zugeben und Knoblauch und Oktopus darin bei großer Hitze ca. 3 Min. rösten. Die Petersilie unterrühren und alles mit Salz und Pfeffer abschmecken. Die Beinscheiben auf Tellern anrichten, mit Sauce begießen und mit dem Oktopus garnieren. Dazu passt Kartoffelpüree oder frisches Weißbrot.

GANZEN OKTOPUS GAREN

Wenn Sie in Ihrem Fischladen keine fertig gegarten Stücke Oktopus (Kraken) bekommen, kaufen Sie einen ganzen küchenfertigen. Den Oktopus in einem Topf mit reichlich Wasser und 1 TL Salz in ca. 1 Std. weich kochen. Mit der Fleischgabel hineinstechen: Lässt sie sich leicht herausziehen, ist er gar. Oktopus in kaltem Wasser abkühlen lassen. Den Beutel abschneiden und in Streifen teilen. Von der Schnittstelle aus die Mundwerkzeuge zwischen den Armen herausdrücken und entfernen. Die Arme in Scheiben schneiden. 200 g für das Rezept verwenden; den Rest mit den Beutelstreifen beispielsweise angebraten zu Blattsalat servieren. Anstelle von Oktopus lassen sich übrigens auch Kopf und Arme von Kalmaren anbraten und verwenden (▸ Seite 178).

KALBSBÄCKCHEN
MIT TOMATEN UND OLIVEN

Kleine Röllchen, großer Geschmack:
Dass Bäckchen eine Delikatesse sind, wird gerade erst wiederentdeckt.

FÜR 4 PORTIONEN · ZUBEREITUNG: 1 STD. · GAREN: 1 STD. 45 MIN. · PRO PORTION CA. 795 KCAL

6 Kalbsbäckchen (ca. 1,4 kg,
  beim Metzger vorbestellen)
1 Gemüsezwiebel (ca. 250 g)
1 Möhre (ca. 100 g)
1 Stück Knollensellerie (ca. 150 g)
Salz | schwarzer Pfeffer aus der Mühle
1 1/2 EL Mehl
5 EL Olivenöl
1 TL brauner Zucker
1 EL Tomatenmark
300 ml Roséwein
1 l Kalbsfond
  (Glas, ersatzweise Fleischbrühe)
1 TL Pimentkörner
1/2 TL Wacholderbeeren
25 g getrocknete, saftige
  Kirschtomaten (ersatzweise
  getrocknete Tomaten in Öl)
80 g entsteinte schwarze und
  grüne Oliven
1 kleine Knoblauchzehe
1 Zweig Thymian
3 mittelgroße Salbeiblätter
1 Prise Chiliflocken
1 EL kalte Butter

Außerdem:
Küchengarn

1 Von den Kalbsbäckchen nur sehr grobe äußere Sehnen wegschneiden – das Fleisch ist von Sehnen durchzogen, die sich aber beim Schmoren in Kollagen verwandeln, welches für die Bindung der Saucen sorgt. Das Fleisch zu kleinen Päckchen aufrollen und mit Küchengarn binden (▶ Bild 1).

2 Die Zwiebel schälen und grob würfeln. Gemüse putzen, schälen und in 1 cm große Würfel schneiden. Das Fleisch rundum salzen, pfeffern und mit 1/2 EL Mehl bestäuben.

3 3 EL Olivenöl in einem weiten Topf erhitzen, die Bäckchen darin von jeder Seite bei mittlerer Hitze 2 Min. anbraten und herausnehmen. Zwiebel und Gemüse in den Topf geben und in ca. 3 Min. Farbe annehmen lassen. Den Zucker zufügen und 2 Min. unter Rühren karamellisieren.

4 Das Tomatenmark einrühren und 1 Min. mitrösten (▶ Bild 2). Das restliche Mehl darüberstäuben, mit der Hälfte des Weins ablöschen und das Ganze vollständig einkochen (▶ Bild 3).

5 Restlichen Wein und nach 2 Min. den Kalbsfond dazugießen. Das Fleisch mit Piment und Wacholder in den Sud legen und aufkochen. Alles zugedeckt bei kleiner Hitze ca. 1 Std. kochen, zwischendurch das Fleisch immer wieder wenden und mit einer Fleischgabel prüfen, ob es bereits weich ist. Fertige Bäckchen herausheben und abgedeckt beiseitestellen.

6 In der Zwischenzeit die Tomaten in kleine Stücke und die Oliven in Streifen schneiden. Die Knoblauchzehe ungeschält mit dem Handballen andrücken. Den Thymian waschen und trocken schütteln. Die Salbeiblätter ebenfalls waschen, dann trocken tupfen und in feine Streifen schneiden.

7 Das Küchengarn von den Bäckchen entfernen. Die Sauce durch ein feines Sieb gießen, das Gemüse gut ausdrücken und wegwerfen. Die Sauce im Topf erneut aufkochen, den Salbei zugeben und die Sauce bei mittlerer Hitze in ca. 10 Min. sämig einkochen.

8 Das restliche Olivenöl in einer kleinen Pfanne erhitzen. Knoblauch, Thymian, Oliven und Tomaten darin 1 Min. erwärmen und mit Chiliflocken würzen.

9 Die Backen wieder zurück in die Sauce legen und nochmals aufkochen. Die kalte Butter einrühren, alles mit Salz und Pfeffer abschmecken und noch für 2–3 Min. bei kleinster Hitze ziehen lassen. Die Backen aufschneiden und portionsweise mit Sauce und Tomaten-Oliven-Garnitur anrichten (▶ Bild 4). Dazu passen Nudeln oder frisches Weißbrot.

1 Von den Bäckchen nur die äußeren groben Sehnen entfernen. Das Fleisch aufrollen und binden, damit es gleichmäßig gart.

2 Den Zucker und das Tomatenmark für den Saucenansatz zu dem gerösteten Gemüse geben und kurz mitbraten.

3 Das Gemüse mit Wein ablöschen und die Flüssigkeit zu sirupartiger Konsistenz einkochen.

4 Die fertigen Bäckchen vom Küchengarn befreien und in Scheiben schneiden.

KALBSSCHULTER
MIT PROSECCOSAUCE

Ein Glas Prosecco verleiht nicht nur feierlichen Anlässen prickelnde Leichtigkeit, sondern auch dieser Sauce. Was natürlich wiederum zu feierlichen Anlässen passt.

FÜR 4 PORTIONEN · ZUBEREITUNG: 40 MIN. · GAREN: 1 STD. 20 MIN. · PRO PORTION CA. 535 KCAL

1 kg Flache Kalbsschulter
  (ruhig mit Fettschicht)
2 große Zwiebeln (ca. 200 g)
1 kleine Möhre (ca. 70 g)
1 Petersilienwurzel (ca. 100 g)
Salz | schwarzer Pfeffer aus der Mühle
2 EL Olivenöl
2 EL Tomatenmark
200 ml Prosecco oder Sekt
800 ml Kalbsfond
  (Glas, ersatzweise Fleischbrühe)
2 Lorbeerblätter
1/2 TL schwarze Pfefferkörner
1 TL Koriandersamen
250 g frische Pfifferlinge
1 Schalotte (ca. 30 g)
1–2 Stängel glatte Petersilie
3 mittelgroße Salbeiblätter
2 TL Stärke
100 g Sahne
2 EL Butter

1 Den Backofen auf 175° (Umluft: 160°) vorheizen. Die Kalbsschulter trocken tupfen, falls nötig Sehnen auf der Unterseite entfernen. Die Zwiebeln schälen und grob würfeln. Das Gemüse putzen, schälen und ebenfalls in 1 cm große Würfel schneiden.

2 Das Fleisch von beiden Seiten salzen und pfeffern. Das Olivenöl in einem weiten Topf erhitzen, das Fleisch darin bei mittlerer Hitze von jeder Seite 2 Min. anbraten und herausnehmen.

3 Die Zwiebel- und Gemüsewürfel in den Topf geben und in ca. 3 Min. Farbe annehmen lassen. Das Tomatenmark einrühren und 2 Min. mitrösten. In drei Schritten jeweils 50 ml Prosecco oder Sekt zugießen und jedes Mal ca. 4 Min. einkochen. Mit dem Kalbsfond aufgießen, das Fleisch zugeben und aufkochen.

4 Alles auf dem Rost im Ofen (unten) zugedeckt insgesamt ca. 1 Std. 20 Min. schmoren, bis das Fleisch weich ist. Nach ca. 50 Min. das Fleisch wenden und Lorbeer, Pfeffer und Koriander zugeben.

5 In der Zwischenzeit die Pilze mit Küchenpapier abreiben. Die Stielenden abschneiden, die Hüte je nach Größe halbieren. Die Schalotte schälen und fein würfeln. Petersilie waschen, trocken schütteln und die Blättchen abzupfen.

6 Sobald das Fleisch gar ist, den Topf herausnehmen und die Kalbsschulter abgedeckt im ausgestellten Ofen warm halten. Die Sauce durch ein feines Sieb gießen, das Gemüse gut ausdrücken und wegwerfen. Die Sauce in einem Stieltopf aufkochen. Mit einem Löffel möglichst viel Fett abschöpfen.

7 Salbei waschen, trocken tupfen und in feine Streifen schneiden, zur Sauce geben und alles ca. 5 Min. bei mittlerer Hitze einkochen. Die Stärke mit etwas kaltem Wasser glatt rühren, mit dem Schneebesen in die kochende Flüssigkeit rühren und die Sauce in ca. 4 Min. sämig einkochen.

8 Die Sahne nicht zu steif aufschlagen. Die Petersilie grob hacken. Die Butter in einer Pfanne erhitzen, die Schalotten darin bei mittlerer Hitze 1 Min. anbraten. Die Pilze zugeben und 2–3 Min. bei großer Hitze anbraten, salzen und pfeffern. Die Petersilie unter die Pilze mischen.

9 Direkt vor dem Servieren restlichen Prosecco und die angeschlagene Sahne zur Sauce geben. Nur kurz durchrühren, aber nicht komplett vermischen. Das Fleisch quer zur Faser aufschneiden, mit Sauce und den Pfifferlingen servieren. Dazu passen grüne Bandnudeln oder Reis.

KALBSRAGOUT
MIT PARMESANZIGARRE

Weiches Fleisch, sanfte Sauce und kross splitternde Teigröllchen:
ein reizvolles Spiel der Gegensätze auf einem Teller.

FÜR 4 PORTIONEN · ZUBEREITUNG: 40 MIN. · GAREN: 1 STD. 25 MIN. · PRO PORTION CA. 655 KCAL

1 Gemüsezwiebel (ca. 270 g)
800 g Dickes Bugstück (Kalb)
Salz | schwarzer Pfeffer aus der Mühle
1 EL Mehl
3 EL Olivenöl
1 EL Tomatenmark
400 ml Roséwein
800 ml Kalbsfond
   (Glas, ersatzweise Fleischbrühe)
40 g Parmesan
150 g Sahne
2 TK-Filoteigblätter (à 30 × 30 cm;
   türkischer oder griechischer
   Lebensmittelladen)
1 EL Butter
2 TL Stärke
3 kleine Salbeiblätter

1 Die Zwiebel schälen und fein würfeln. Das Fleisch trocken tupfen und in ca. 2 cm große Würfel schneiden. Die Würfel in einer Schüssel gut mit Salz, Pfeffer und Mehl mischen.

2 Das Olivenöl in einem weiten Topf erhitzen und das Fleisch darin bei mittlerer Hitze in 4 Min. goldbraun anbraten. Die Zwiebelwürfel dazugeben und 1 Min. mitbraten. Dann das Tomatenmark einrühren und 1 Min. mitrösten.

3 Zweimal jeweils mit 1/3 des Weins ablöschen und vollständig einkochen. Nun restlichen Wein und nach 7 Min. den Kalbsfond dazugießen. Aufkochen und das Fleisch zugedeckt bei kleiner Hitze in ca. 55 Min. weich kochen. Zwischendurch immer wieder mit einer Fleischgabel prüfen.

4 10 Min. vor Ende der Garzeit den Backofen auf 225° (Umluft: 200°) vorheizen. Den Parmesan fein reiben, in einem Schälchen mit 5 EL Sahne verrühren und 10 Min. stehen lassen. Die Teigblätter in je 4 gleich große Rechtecke schneiden.

5 Die Butter schmelzen. Die Teigblätter erst dünn mit Butter, dann mit der Parmesanmasse bestreichen. Die Blätter von der langen Seite aus eng zu Zigarren aufrollen. Die Rollen auf ein Blech mit Backpapier legen und im Backofen (Mitte) in ca. 8 Min. goldbraun backen.

6 Sobald das Fleisch weich ist, den Deckel abnehmen und alles noch ca. 3 Min. offen weiterkochen. Die Stärke mit etwas kaltem Wasser glatt rühren, mit einem Schneebesen in die kochende Sauce rühren und 1 Min. weiterkochen. Die restliche Sahne dazugießen und in 2 Min. sämig einkochen.

7 Den Salbei waschen, trocken tupfen und in feine Streifen schneiden. Den Salbei zum Fleisch geben, das Ragout mit Salz und Pfeffer abschmecken und noch 1 Min. bei kleinster Hitze ziehen lassen.

8 Das Ragout mit den Parmesanzigarren anrichten. Dazu passen breite Nudeln oder Fusilli.

GEFÜLLTER KALBSTAFELSPITZ
MIT MORCHELN

Keine Sorge, falls Ihre Gäste diesen festlichen Schmorbraten nicht wortreich loben –
sie könnten mit Genießen beschäftigt sein.

FÜR 4 PORTIONEN · ZUBEREITUNG: 1 STD. · GAREN: 2 STD. · PRO PORTION CA. 695 KCAL

20 g getrocknete Spitzmorcheln
1 Stück Lauch (nur das Grüne, ca. 25 g)
1 kleine Möhre (ca. 50 g)
1 kleines Stück Knollensellerie
   (ca. 50 g)
5 Stängel glatte Petersilie
Salz
1 Scheibe Toastbrot
1 EL Butter
800 g Kalbstafelspitz (vom Metzger
   eine Tasche hineinschneiden lassen)
100 g Kalbsbrät
220 g Sahne
1 EL trockener Sherry
schwarzer Pfeffer aus der Mühle
1 Gemüsezwiebel (ca. 270 g)
3 EL Pflanzenöl
2 EL Tomatenmark
400 ml Roséwein
2 TL Stärke
3 Prisen brauner Zucker

Außerdem:
Spritzbeutel (nach Belieben)
Küchengarn und lange Nadel

1 Die Morcheln ca. 30 Min. in 150 ml lauwarmem Wasser einweichen. In ein Sieb abgießen, dabei das Wasser auffangen und durch einen Kaffeefilter gießen. 100 ml abmessen. Die Hälfte der Morcheln in 1 cm große Stücke schneiden, die andere Hälfte für die Sauce je nach Größe ganz lassen oder halbieren.

2 Den Lauch waschen und putzen. Möhre und Sellerie putzen, schälen und das Gemüse in feine Würfel schneiden. Die Petersilie waschen, trocken schütteln, die Blättchen abzupfen und grob hacken.

3 Möhren- und Selleriewürfel in reichlich kochendes Salzwasser geben, 2 Min. kochen, den Lauch dazugeben und 1 Min. mitkochen. Das Gemüse auf ein Sieb abgießen, das Kochwasser dabei auffangen. Gemüse eiskalt abschrecken und gut abtropfen lassen. Vom Kochwasser 600 ml abmessen.

4 Das Toastbrot entrinden und in 0,5 cm große Würfel schneiden. Die Butter in einer Pfanne erhitzen, die Brotwürfel darin in 3 Min. bei mittlerer Hitze goldbraun braten. Auf Küchenpapier abfetten.

5 Den Tafelspitz trocken tupfen und falls nötig von Sehnen befreien. Das Kalbsbrät mit 2 EL Sahne und Sherry glatt rühren, Gemüse- und Brotwürfel, gewürfelte Morcheln und Petersilie unterheben. Alles mit Salz und Pfeffer abschmecken. Den Tafelspitz etwas aufklappen und innen salzen und pfeffern.

6 Die Kalbsbrätmasse mithilfe eines Spritzbeutels oder Löffels in die Tasche des Fleischs füllen und die Öffnung mit Küchengarn zunähen.

7 Den Backofen auf 180° (Umluft: 160°) vorheizen. Für die Sauce die Zwiebel schälen und in 1 cm große Würfel schneiden. Das Öl in einem weiten Topf erhitzen. Den Tafelspitz von außen salzen und pfeffern. Das Fleisch in dem Öl bei mittlerer Hitze in ca. 5 Min. von allen Seiten anbraten und herausheben.

8 Die Zwiebeln ins Öl geben und in ca. 2 Min. Farbe annehmen lassen. Das Tomatenmark einrühren und 1 Min. mitrösten. Den Ansatz dreimal mit je 1/3 des Weins ablöschen und die Flüssigkeit jeweils vollständig einkochen. Abgemessenes Gemüsekochwasser und Morchelwasser dazugeben, das Fleisch hineinlegen und alles aufkochen.

9 Das Fleisch auf dem Rost im Ofen (unten) zugedeckt ca. 2 Std. schmoren. Dabei zwischendurch mehrmals wenden. Sobald es weich ist, den Topf herausnehmen, das Fleisch aus der Sauce heben, in Alufolie wickeln und im ausgeschalteten Ofen warm halten.

10 Die Sauce durch ein feines Sieb passieren und möglichst viel Fett abschöpfen. Aufkochen und 6–7 Min. bei mittlerer Hitze offen kochen. Die Stärke mit etwas kaltem Wasser glatt rühren, einrühren und 3 Min. weiterkochen. 100 g Sahne und restliche Morcheln zugeben.

11 Die Sauce in ca. 7 Min. sämig einkochen, mit Salz, Pfeffer und Zucker abschmecken. Restliche Sahne nicht zu steif schlagen, unter die Sauce heben.

12 Das Küchengarn entfernen und das Fleisch quer zur Faser aufschneiden. Mit der Sauce anrichten. Dazu passen Semmelknödel (▶ Tipp), feine Nudeln oder Kartoffeln.

BEILAGENTIPP: KLEINE SEMMELKNÖDEL

300 g geschnittenes Knödelbrot (ersatzweise 6 altbackene Brötchen, in feine Scheiben geschnitten) mit 150 ml lauwarmer Milch übergießen und 5 Min. quellen lassen. 150 g gewürfelte Zwiebeln in 2 EL Butter glasig dünsten, mit 2 EL gehackter Petersilie mischen und abkühlen lassen. 4 verquirlte Eier (Größe M) mit der Zwiebelmischung zum Brot geben, alles mit Salz, Pfeffer und Muskatnuss würzen, gründlich vermischen und 10 Min. quellen lassen. Mit angefeuchteten Händen 8 Knödel formen und in reichlich Salzwasser 5 Min. sprudelnd kochen, dann ca. 20 Min. bei schwacher Hitze gar ziehen lassen. Mit einer Schaumkelle herausheben, abtropfen lassen und servieren.

KALMARE
MIT ESTRAGON-HACKFLEISCH-FÜLLUNG

Der Tintenfisch kann mehr, als immer nur in Ringen frittiert an Mayonnaisesaucen zu landen: zum Beispiel einem Schmorgericht einen Hauch von Seeluft und Salzwassergischt verleihen.

FÜR 4 PORTIONEN · ZUBEREITUNG: 1 STD. 20 MIN. · GAREN: 1 STD. 15 MIN. · PRO PORTION CA. 510 KCAL

Für die Kalmare:
4 Kalmare (Loligo; à 300 g)
1 große Knoblauchzehe
1 große Zwiebel (ca. 100 g)
1 EL Olivenöl
2 Scheiben Toastbrot
1 kleiner Stängel Estragon
4–5 Stängel glatte Petersilie
400 g Kalbshackfleisch
1 Ei (Größe M)
Salz | schwarzer Pfeffer aus der Mühle
1 Prise Chiliflocken

Für die Sauce:
1 große Zwiebel (ca. 100 g)
1 Knoblauchzehe
2 EL Olivenöl
Salz
1 EL Tomatenmark
2 Dosen stückige Tomaten (à 400 g)
1 kleine getrocknete Chilischote

Für die Garnitur:
4 EL Olivenöl
1 Knoblauchzehe
Meersalz (z. B. Fleur de Sel)
1 Msp. abgeriebene Schale von
   1 Bio-Zitrone
1 Prise Chiliflocken

Außerdem:
Spritzbeutel (nach Belieben)
4 Zahnstocher
4 TL Olivenöl zum Beträufeln

1 Köpfe und Innereien der Kalmare mit einer Drehbewegung aus den Tuben herausziehen. Die durchsichtigen Schilde entfernen (▶ Bild 1). Die Haut der Tuben mit den Fingern abziehen (▶ Bild 2). Die Tuben gründlich mit kaltem Wasser ausspülen und trocken tupfen. Die Flossen von den Tuben entfernen und in 0,5 cm breite Streifen schneiden. Die Kauwerkzeuge zwischen den Fangarmen herausdrücken (▶ Bild 3) und den Kopf mit den Armen halbieren. Flossen und Kopf abgedeckt kühl stellen.

2 Knoblauch und Zwiebel schälen und fein würfeln. Das Olivenöl in einer Pfanne erhitzen und Zwiebel- und Knoblauchwürfel darin bei mittlerer Hitze in 3 Min. glasig dünsten. Auskühlen lassen.

3 Das Toastbrot in kleine Würfel schneiden. Die Kräuter waschen, trocken schütteln, die Blättchen abzupfen und grob hacken. Das Hackfleisch mit Brotwürfeln, Ei, Kräutern und der Zwiebelmasse mischen und mit Salz, Pfeffer und Chiliflocken kräftig abschmecken. Die Masse mithilfe eines Spritzbeutels oder mit einem Teelöffel in die Tuben füllen und diese mit Zahnstochern verschließen.

4 Für die Sauce die Zwiebel schälen und in feine Würfel schneiden. Knoblauch schälen und in dünne Scheiben schneiden. Das Olivenöl in einer tiefen Pfanne mit Deckel erhitzen. Die Tintenfischtuben salzen, 2 Min. bei mittlerer Hitze anbraten, wenden, 4 Min. ringsherum anbraten und aus der Pfanne

nehmen. Zwiebel und Knoblauch ins Öl geben, 2 Min. anbraten, das Tomatenmark dazugeben, kurz durchrühren, mit Tomaten und 400 ml Wasser ablöschen und alles in ca. 4 Min. aufkochen.

5 Die Tintenfischtuben zusammen mit der Chilischote zur Sauce geben und diese zugedeckt bei kleiner Hitze 1 Std. 15 Min. schmoren. Dabei die Tintenfischtuben zweimal wenden.

6 Ca. 15 Min. vor Ende der Garzeit für die Garnitur 2 EL Olivenöl in einer großen Pfanne erhitzen. Den Knoblauch ungeschält mit dem Handballen andrücken und mit der Hälfte der Flossenstreifen und Köpfe ins Öl geben. Alles 5–6 Min. bei großer Hitze anbraten und herausnehmen. Wieder 2 EL Öl in die Pfanne geben und die restlichen Tintenfischabschnitte ebenso anbraten. Die andere Hälfte wieder in die Pfanne geben, alles kurz durchschwenken und mit Meersalz, Zitronenabrieb und Chiliflocken abschmecken. Den Knoblauch entfernen.

7 Die Tintenfischtuben aus der Sauce heben. Die Tomatensauce 10 Min. offen bei mittlerer Hitze einkochen und mit Salz und Pfeffer abschmecken. Die Chilischote entfernen. Die Tuben und die gebratenen Tintenfischabschnitte in die Sauce geben und alles nochmals aufkochen. Die Tuben nach Belieben aufschneiden, mit Olivenöl beträufeln und mit der Sauce servieren (▶ Bild 4). Dazu passen Weißbrot und ein knackiger Blattsalat.

1 Die Kalmare vorbereiten. Dazu den Kopf und die Innereien entfernen und die durchsichtigen Stäbe (Schilde) aus den Tuben herausziehen.

2 Die violette Haut von den Tuben ziehen.

3 Die Kauwerkzeuge zwischen den Fangarmen herausdrücken und entfernen.

4 Die gefüllten Tuben aufschneiden und mit der Sauce servieren.

LAMMRAGOUT
MIT ARTISCHOCKEN

Schmeckt nach italienischem Frühling: Die gebratenen Artischocken sorgen
in diesem kräftigen Ragout für Biss und mediterrane Leichtigkeit.

FÜR 4 PORTIONEN · ZUBEREITUNG: 40 MIN. · GAREN: 2 STD. 5 MIN. · PRO PORTION CA. 715 KCAL

Für das Ragout:

ca. 1,1 kg Lammschulter ohne Knochen
2 große Zwiebeln (à ca. 100 g)
4 EL Olivenöl
Salz | schwarzer Pfeffer aus der Mühle
2 EL Tomatenmark
400 ml kräftiger Rotwein
   (z. B. Cabernet Sauvignon)
800 ml Lammfond
   (Glas, ersatzweise Fleischbrühe)
1 Möhre (ca. 100 g)
1 Petersilienwurzel (ca. 150 g)
3–4 Zweige Thymian
6–8 Rosmarinnadeln
1 große Knoblauchzehe
1 TL Stärke

Für die Garnitur:

2 Artischocken (à ca. 300 g)
1 Knoblauchzehe
2 EL Olivenöl
Meersalz (z. B. Fleur de Sel)
schwarzer Pfeffer aus der Mühle

1 Das Fleisch trocken tupfen und in ca. 3 cm große Würfel schneiden. Die Zwiebeln schälen und in 1 cm große Würfel schneiden.

2 Das Olivenöl in einem weiten Topf erhitzen. Das Fleisch mit Salz und Pfeffer würzen und ca. 3 Min. bei mittlerer Hitze anbraten, dann wenden und weitere 3 Min. braten. Falls sich Flüssigkeit bildet, diese erst vollständig einkochen – das kann 10–15 Min. dauern. Erst jetzt die Zwiebeln dazugeben und 5 Min. Farbe annehmen lassen. Das Tomatenmark einrühren und 1 Min. mitrösten.

3 Den Ansatz mit 1/3 des Rotweins ablöschen, 4 Min. einkochen, wieder mit 1/3 des Rotweins ablöschen und 3 Min. einkochen. Den restlichen Rotwein dazugießen und 2 Min. kochen. Mit Lammfond aufgießen, aufkochen und zugedeckt insgesamt ca. 1 Std. 30 Min. bei kleiner Hitze kochen.

4 Inzwischen Möhre und Petersilienwurzel putzen, schälen und in 1 cm große Würfel schneiden. Die Kräuter waschen, trocken schütteln, die Blättchen bzw. Nadeln abzupfen und fein hacken. Den Knoblauch schälen und fein würfeln. Gemüsewürfel, Kräuter und Knoblauch nach 1 Std. zum Ragout geben.

5 Die Stärke mit etwas kaltem Wasser glatt rühren, anschließend in die kochende Sauce rühren und alles zugedeckt weitere 10 Min. kochen. Die Sauce mit Salz und Pfeffer abschmecken.

6 Ca. 20 Min. vor Ende der Fleischgarzeit für die Garnitur die Artischocken putzen und den Stiel herausbrechen. 2/3 der oberen Blätter und die Blätter um den Boden abschneiden. Das »Heu« in der Mitte der Blüte mit einem Teelöffel entfernen. Die Böden halbieren und in 0,5 cm dünne Scheiben schneiden. Knoblauch schälen und halbieren.

7 Das Olivenöl in einer großen Pfanne erhitzen. Artischocken und Knoblauch darin unter ständigem Rühren bei mittlerer Hitze in ca. 5–6 Min. goldbraun braten. Mit Meersalz und Pfeffer würzen.

8 Das Lammragout in vorgewärmten tiefen Tellern anrichten und mit den gebratenen Artischocken garnieren. Dazu passen Ofenkartoffeln, Süßkartoffelpüree oder türkisches Fladenbrot.

HELLE ARTISCHOCKENBÖDEN

Wenn Sie die geputzten Artischocken in reichlich Zitronenwasser legen, verfärben sie sich nicht. Tupfen Sie sie vor dem Braten gründlich trocken.

LAMMHAXEN
MIT GERÖSTETEN HONIGMANDELN

Im Paradies des Orients fließen Rosenwasser und Honig, und ein kleines Stück vom Paradies
holen Sie sich mit diesem Rezept nach Hause.

FÜR 4 PORTIONEN · ZUBEREITUNG: 20 MIN. · GAREN: 2 STD. 50 MIN. · PRO PORTION CA. 1010 KCAL

Für die Haxen:
1 Gemüsezwiebel (ca. 250 g)
1 Möhre (ca. 100 g)
1 Stück Knollensellerie (ca. 150 g)
1 Knoblauchzehe
6 kleine Zweige Thymian
4 Lammhaxen (à 450–500 g)
3 EL Olivenöl
Salz | schwarzer Pfeffer aus der Mühle
2 EL Tomatenmark
400 ml kräftiger Rotwein
    (z. B. Cabernet Sauvignon)
1,3 l Braten- oder Lammfond
    (Glas, ersatzweise Fleischbrühe)
2 TL Stärke

Für die Garnitur:
4 EL Mandelstifte
1/4 ausgekratzte Vanilleschote
8–10 Tropfen Rosenwasser
    (Apotheke oder Orientladen)
1 EL Honig
1 TL Butter

1 Die Zwiebel schälen und grob würfeln. Möhre und Sellerie putzen, schälen und in 1 cm große Würfel schneiden. Den Knoblauch schälen und in feine Scheiben schneiden. Den Thymian waschen und trocken schütteln. Das Fleisch trocken tupfen.

2 Das Olivenöl in einem sehr weiten Topf erhitzen. Die Haxen salzen, pfeffern und im Öl bei mittlerer Hitze ca. 3 Min. anbraten, dann wenden und weitere 5 Min. von allen Seiten anbraten.

3 Die Lammhaxen aus dem Topf heben. Zwiebel, Möhre, Sellerie und Knoblauch in dem Bratfett in ca. 2 Min. Farbe annehmen lassen. Das Tomatenmark einrühren und 1 Min. mitrösten. Den Ansatz mit 1/3 des Rotweins ablöschen und ca. 2 Min. einkochen. Wieder mit 1/3 des Rotweins ablöschen und ca. 2 Min. einkochen. Den restlichen Rotwein dazugießen und ca. 4 Min. kochen.

4 Den Fond zugeben und aufkochen. Lammhaxen und 4 Thymianzweige dazugeben und das Fleisch zugedeckt ca. 2 Std. bei kleiner Hitze weich kochen. Die fertigen Lammhaxen aus dem Topf heben und warm stellen.

5 Die Sauce durch ein feines Sieb gießen, das Gemüse gut ausdrücken und wegwerfen. Die Sauce zurück in den Topf gießen und mit einer Kelle möglichst viel von dem Fett abschöpfen. Die Sauce bei großer Hitze ca. 10 Min. einkochen.

6 Die Stärke mit etwas kaltem Wasser glatt rühren, mit dem Schneebesen in die kochende Flüssigkeit rühren und die Sauce in ca. 10 Min. sämig kochen. Den restlichen Thymian abzupfen, fein hacken und dazugeben. Die Sauce mit Salz und Pfeffer abschmecken.

7 Inzwischen Mandelstifte und Vanilleschote in eine kleine kalte Pfanne legen und ca. 3 Min. erwärmen. Rosenwasser und Honig dazugeben und 1–2 Min. bei mittlerer Hitze karamellisieren. Die Butter unterrühren.

8 Die Lammhaxen mit reichlich Sauce und den gerösteten Mandeln auf vorgewärmten Tellern anrichten. Dazu passt Couscous oder Polenta.

LAMM EINKAUFEN

Gerade türkische und griechische Lebensmittelgeschäfte bieten hervorragendes Lamm an. Dass das Fleisch frisch ist, erkennen Sie am weißen Fett. Je länger es nämlich liegt, desto gelblicher verfärbt sich die Fett- beziehungsweise Sehnenschicht.

LAMMSCHASCHLIK
MIT PERLZWIEBELN

Traditionell werden Schaschlikspieße oft mit Schweinefleisch, Speck, Zwiebeln, Paprika und Innereien zubereitet.
Leichter und eleganter schmecken sie mit feinem Lamm.

FÜR 4 PORTIONEN · ZUBEREITUNG: 40 MIN. · GAREN: 2 STD. 20 MIN. · PRO PORTION CA. 705 KCAL

ca. 800 g Lammkeule ohne Knochen
1 rote Paprikaschote (ca. 170 g)
1 gelbe Paprikaschote (ca. 170 g)
1 TL rosenscharfes Paprikapulver
1 TL edelsüßes Paprikapulver
2 TL Schaschlikgewürz
   (Fertiggewürzmischung)
Salz | schwarzer Pfeffer aus der Mühle
1 Gemüsezwiebel (ca. 150 g)
2 Knoblauchzehen
5 EL Olivenöl
2 EL Tomatenmark
1 Dose stückige Tomaten (400 g)
1 TL + 2 Prisen brauner Zucker
2 EL Tomatenketchup
800 ml Lammfond
   (Glas, ersatzweise Fleischbrühe)
12 mittelgroße Perlzwiebeln (ca. 200 g)
1 Prise Chiliflocken
1 TL Butter

Außerdem:
8 lange Holz- oder Metallspieße

1 Das Fleisch trocken tupfen und in 32 gleich große Stücke teilen (je ca. 4 cm). Die Paprikaschoten putzen, waschen und in je 24 gleich große Stücke schneiden. Auf jeden Spieß abwechselnd 6 Paprika- und 4 Fleischstücke stecken.

2 Beide Sorten Paprikapulver und 1 TL Schaschlikgewürz mischen. Die Fleischspieße von allen Seiten damit und mit Salz und Pfeffer bestreuen und die Gewürze einmassieren.

3 Für die Sauce die Zwiebel schälen und in 0,5 cm große Würfel schneiden. Den Knoblauch schälen und in Scheiben schneiden.

4 Das Olivenöl in einem großen Bräter (Ø 38 cm) erhitzen. Die Spieße darin bei mittlerer Hitze von jeder Seite 3 Min. anbraten und herausnehmen.

5 Zwiebel und Knoblauch ins Bratfett geben und 2 Min. bei mittlerer Hitze Farbe annehmen lassen. Das Tomatenmark einrühren und 1 Min. mitrösten. Stückige Tomaten, 2 Prisen Zucker, 1 TL Schaschlikgewürz und Ketchup zugeben, kurz durchrühren und 2 Min. kochen.

6 Mit Lammfond aufgießen, die Schaschlikspieße wieder zugeben und alles aufkochen. Die Spieße zugedeckt bei kleiner Hitze in ca. 1 Std. 45 Min. weich schmoren.

7 In der Zwischenzeit die Perlzwiebeln schälen (▶ Tipp) und in kochendem Salzwasser je nach Größe in 15–20 Min. weich kochen. Die Zwiebeln in ein Sieb abgießen, eiskalt abschrecken und gut abtropfen lassen. Die Zwiebeln halbieren.

8 Die fertigen Spieße aus dem Bräter nehmen. Die Sauce mit dem Pürierstab leicht anmixen und offen in ca. 15 Min. bei mittlerer Hitze sämig einkochen. Die Sauce mit Salz, Pfeffer und Chiliflocken pikant abschmecken. Die Spieße erneut darin erhitzen und 3 Min. bei kleinster Hitze ziehen lassen.

9 1 TL braunen Zucker in einer Pfanne bei mittlerer Hitze in ca. 2 Min. schmelzen. Sobald er hell karamellisiert ist, die Perlzwiebeln zugeben und 1 Min. darin schwenken. Die Butter einrühren, gut durchschwenken und vom Herd nehmen.

10 Die Spieße mit reichlich Sauce auf vorgewärmten Tellern anrichten, mit den Perlzwiebeln garnieren und mit Reis oder ungetoastetem Toastbrot servieren.

ZWIEBELN EINFACH SCHÄLEN

Die Perlzwiebeln lassen sich besser schälen, wenn Sie sie für ca. 20 Min. in lauwarmes Wasser legen.

GEFÜLLTE LAMMBRUST
MIT CASHEWS UND ROSINEN

Würziges Lammfleisch und kräftige Sauce verbinden sich mit der Süße von Rosinen und Cranberrys
zu einem wahren Festessen – nicht nur für die Ostertafel.

FÜR 4–6 PORTIONEN · ZUBEREITUNG: 45 MIN. · GAREN: 2 STD. 40 MIN. · BEI 6 PORTIONEN PRO PORTION CA. 670 KCAL

Für die Lammbrust:

50 g Langkornreis
Salz
1 dicke Frühlingszwiebel (ca. 30 g)
25 g Cashewnusskerne
400 g Lammhackfleisch
2 Eier (Größe M)
20 g Rosinen
20 g getrocknete Cranberrys
1 Msp. Cayennepfeffer
1/2 TL Currypulver
1 Msp. gemahlene Kurkuma
schwarzer Pfeffer aus der Mühle
1 Lammbrust mit Knochen (ca. 1,3 kg;
   vorbestellen und vom Metzger eine
   Tasche hineinschneiden lassen)

Für die Sauce:

2 große Zwiebeln (ca. 200 g)
2 Knoblauchzehen
3 EL Olivenöl
2 EL Tomatenmark
400 ml kräftiger Rotwein
   (z. B. Cabernet Sauvignon)
1,2 l Lammfond
   (Glas, ersatzweise Fleischbrühe)
2–3 Zweige Thymian
1/2 TL Stärke

Außerdem:

Küchengarn und lange Nähnadel

1 Den Reis in kochendem Salzwasser in 12–13 Min. bissfest garen. In ein Sieb abgießen, kalt abschrecken und gut abtropfen lassen.

2 Inzwischen die Frühlingszwiebel waschen und putzen. Das Weiße in kleine Würfel, das Grüne in feine Ringe schneiden. Die Cashewnüsse grob hacken.

3 Das Hackfleisch mit Reis, Frühlingszwiebel, Nüssen, Eiern, Rosinen und Cranberrys gut vermengen (▶ Bild 1) und mit den Gewürzen pikant abschmecken. Die Lammbrust trocken tupfen, die Tasche innen salzen und pfeffern und die Füllung hineingeben (▶ Bild 2). Alles gut festdrücken und die Öffnung der Tasche mit Nadel und Faden zunähen (▶ Bild 3).

4 Als Nächstes für die Sauce Zwiebeln und Knoblauch schälen. Die Zwiebeln grob würfeln, den Knoblauch in Scheiben schneiden. Den Backofen auf 165° (Umluft: 150°) vorheizen.

5 Das Öl in einem großen Bräter (Ø 38 cm) erhitzen. Zwiebeln und Knoblauch darin in ca. 5 Min. bei mittlerer Hitze Farbe annehmen lassen. Das Tomatenmark einrühren, 1 Min. mitrösten und mit 1/3 des Rotweins ablöschen. Die Flüssigkeit 2 Min. einkochen, erneut 1/3 des Rotweins zugießen und einkochen. Nun den restlichen Rotwein dazugeben und 4 Min. einkochen. Mit 800 ml Fond aufgießen und zum Kochen bringen.

6 Die Lammbrust von allen Seiten gut salzen und pfeffern und mit der Hautseite nach oben in die Sauce legen. Alles aufkochen und im Ofen auf dem Rost (unten) insgesamt ca. 2 Std. garen; zunächst ohne Deckel. Nach 45 Min. das Fleisch wenden, restlichen Fond dazugießen und alles mit Deckel weitergaren.

7 Inzwischen den Thymian waschen und trocken schütteln. Nach weiteren 50 Min. das Fleisch erneut wenden, sodass die Hautseite nach oben zeigt, Thymianzweige zugeben und das Fleisch offen in weiteren 30 Min. weich schmoren. Dabei immer wieder mit der Sauce übergießen.

8 Das fertige Fleisch herausheben und abgedeckt beiseitestellen. Die Sauce durch ein feines Sieb in einen Stieltopf passieren, dabei das Gemüse gut ausdrücken und wegwerfen. Möglichst viel Fett von der Saucenoberfläche abschöpfen. Die Sauce aufkochen. Die Stärke mit etwas kaltem Wasser verrühren und in die Flüssigkeit rühren. Die Sauce in ca. 3 Min. sämig einkochen, mit Salz und Pfeffer abschmecken.

9 Das Fleisch zwischen den Knochen in dicke Scheiben schneiden (▶ Bild 4) und mit der Sauce anrichten. Wer möchte, kann zusätzlich noch körnig gekochten Reis dazu servieren.

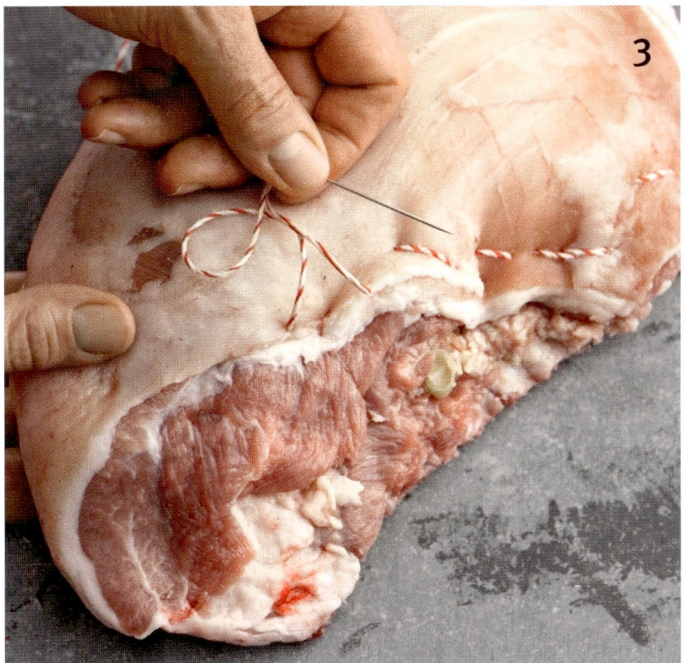

1 Die Zutaten für die Füllung gut miteinander vermischen und würzig abschmecken.

2 Die Lammbrust aufklappen und die Füllung mit einem Löffel hineingeben. Gut festdrücken.

3 Das Fleisch über der Füllung schließen und die Fleischränder mit Nadel und Faden gut zunähen, sodass keine Füllung austreten kann.

4 Die fertig geschmorte Lammbrust zwischen den Knochen aufschneiden und servieren.

KOCHEN UND POCHIEREN

Purer kann man Fleisch nicht genießen, deshalb erfordert
diese Zubereitung eine sehr gute Fleischqualität. Aber dann entfalten sich in Wasser
oder Brühe sattes Aroma und wunderbarer Duft.

In Fleisch und dem umgebenden Fett sitzen Hunderte von natürlichen Geschmacksstoffen, die von unterschiedlichen Kochtechniken auf unterschiedliche Weise zum Vorschein gelockt werden. Beim Kochen und Pochieren von Rind- und Lammfleisch entwickeln sich ein besonders reicher, fleischiger Duft und Geschmack. Es handelt sich dabei um die fünfte der Grundgeschmacksrichtungen (neben süß, sauer, bitter und salzig), die mit dem japanischen Wort »umami« (fleischig, herzhaft) bezeichnet wird. Ihre Quelle sind natürliche freie Glutamine – nicht zu verwechseln mit chemisch erzeugtem Natriumglutamat. Sie entstehen beim Kochen und sorgen für besonders aromatische Gerichte.

Gleich zu Beginn des Fleischkochens gilt es eine wichtige Entscheidung zu treffen: Wie hoch soll die Anfangstemperatur sein? Die Antwort auf diese Frage lautet: Kommt drauf an. Möchten Sie neben dem Stück Fleisch eine aromatische Brühe gewinnen, dann setzen Sie es in kaltem Wasser auf. Beim Erhitzen denaturiert das Eiweiß nur langsam, und bis dahin hat das Fleisch bereits jede Menge Aroma an den Sud abgegeben. Geht es Ihnen dagegen um ein möglichst saftiges Stück Fleisch, dann legen Sie es in kochendes Wasser.

Dadurch wird die Oberfläche sofort fest und zieht sich zusammen. Das verhindert, dass zu viel Geschmack ausgelaugt wird.

Weiter geht es aber immer auf die gleiche Weise: Sobald Fleisch und Flüssigkeit gekocht haben, wird die Hitze reduziert, sodass das Fleisch nicht sprudelnd kocht, sondern dicht am Siedepunkt nur leicht simmert, bis sich das Bindegewebe gelockert hat und weich geworden ist. Während des gesamten Kochvorgangs bleibt das Fleisch vollständig von der Flüssigkeit bedeckt.

Pochieren ist noch etwas sanfter als Kochen, denn dabei zieht das Fleisch in heißem Wasser gar. Es eignet sich besonders für feinfaserige Stücke wie Filet oder Lammrücken, die auf diese Weise schonend bis zu dem Punkt garen, an dem sie innen noch rosa sind. Häufig wird das Fleisch dabei sogar in Folie gewickelt (oder vakuumiert) und ohne direkten Kontakt zur Flüssigkeit pochiert. Wenn Sie sichergehen wollen, dass Ihr Stück nicht auf dem Topfboden aufliegt und dort heißer wird als gewünscht, können Sie es auch mit Küchengarn umwickeln und an einem quer über den Topf gelegten Löffelstiel so aufhängen, dass es frei in der Garflüssigkeit schwimmen kann.

DIE BESTEN STÜCKE ZUM KOCHEN UND POCHIEREN

Zum Kochen und Pochieren eignen sich sowohl durchwachsene
als auch ganz feine Teile. Sie müssen ein intensives, klares Fleischaroma besitzen,
und das liefern nur Tiere, die langsam gewachsen sind.

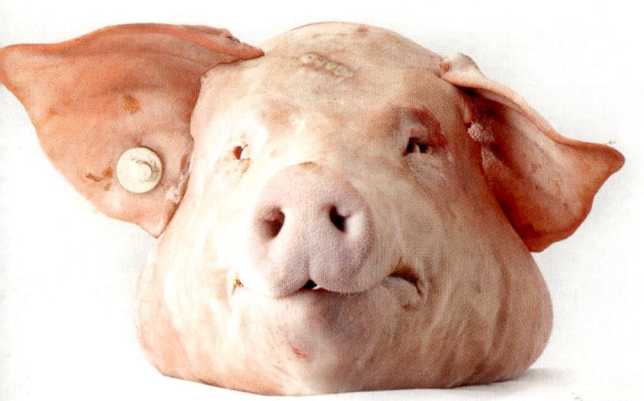

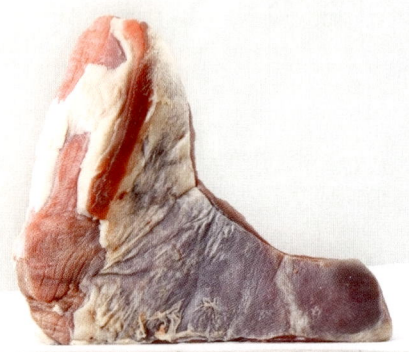

SIEDFLEISCH

Das feinfaserige Bürgermeisterstück
aus der Keule lässt sich hervorragend pochieren. Die lockere
Struktur der Rinderbrust mit ihrem
marmorierten Fettanteil gerät beim
Kochen besonders gut.

SCHWEINEKOPF

Dieser Teil des Schweins ist ausgesprochen kollagenhaltig und bietet
deshalb einen intensiven Geschmack
und ein interessantes Mundgefühl.
Die beim Kochen entstehende Gelatine dient in vielen Zubereitungen als
natürliches Bindemittel. Manchmal
werden Rüssel oder Ohren nach dem
Kochen noch gebacken. Alle Teile des
Schweinekopfes müssen unbedingt
beim Metzger vorbestellt werden.

RINDER- UND KALBSFILET

Das feine Fleisch eignet sich gut
zum Pochieren. Durch die sanfte
Garmethode kommen seine Zartheit
und der Eigengeschmack perfekt
zur Geltung.

Die für das Kochen am besten geeigneten Fleischstücke besitzen ein ausgewogenes Verhältnis von magerem Fleisch, Bindegewebe und Fett. Sehr bindegewebsreiche Stücke brauchen längere Zeit, damit das Kollagen weich werden kann. Diese Geduld wird belohnt durch die reichhaltige Brühe, denn während des Garens gibt das Fleisch viel Aroma ab. Das Fleisch bleibt durch die aus dem Kollagen entstandene Gelatine trotzdem saftig.

Beim Rind bieten sich vor allem Stücke aus der Brust, der Schulter, der Querrippe und der Hohen Rippe, vom Hals und von der Hesse (Beinscheiben) zum Kochen an. Das Lamm liefert mit Nacken, Schulter und Haxen Stücke, die sich für diese Garmethode eignen.

Auch die Beinscheiben vom Schwein profitieren vom Garen in viel Wasser, ebenso die Dicke Rippe und die Haxen. In Haxen und in den Teilen vom Schweinekopf, also Rüssel und Ohren, ist besonders viel Kollagen enthalten, das sich beim Kochen in Gelatine verwandelt und in die Garflüssigkeit übergeht. Die Brühe geliert daher beim Abkühlen und kann gut gewürzt als Sülze verwendet werden. Das Gleiche gilt für die Pfötchen, die allerdings in Italien noch deutlich populärer sind als bei uns: Gekocht und gefüllt kommen sie dort vor allem an Weihnachten oder Silvester als Zampone mit Linsen auf den Tisch.

Eher magere Rindfleischschnitte wie der Tafelspitz, das Bürgermeisterstück oder das Filet sollten nicht zu stark gekocht werden. Bei ihnen ist – ebenso wie bei der Lammkeule – das Pochieren die sanftere Methode. Wer übrigens auf wahre Meisterschaft im Kochen und Pochieren aus ist, tut gut daran, nach Österreich zu schauen. Die dortige Küche schätzt insbesondere Gesottenes vom Rind sehr hoch und kennt etliche spezielle Fleischschnitte dafür. Das sogenannte Siedfleisch stammt häufig vom Innenteil, so beispielsweise die Fledermaus: Dabei handelt es sich um ein Stück aus der Hüfte, das direkt am Beckenknochen sitzt. Unter der Schulter befinden sich die Teile des sogenannten Spitzes, die alle grobfaserig und von Bindegewebe durchzogen, dabei aber sehr aromatisch sind.

LAMMKEULE

Bekannter ist sie zwar als Ofen- oder Schmorbraten, aber gekocht entwickelt das feste Fleisch der Lammkeule einen besonders aromatischen Geschmack.

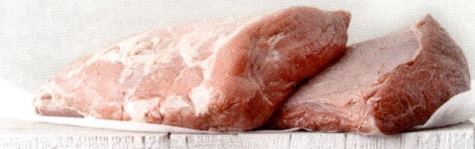

KALBSTAFELSPITZ

Dieses ausgesprochen hübsche Stück aus der Keule sieht aus wie ein Halbmond. Es ist gut durchwachsen und feinfaserig.

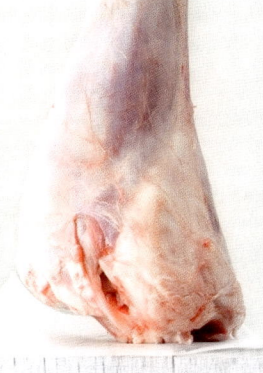

KALBSHAXE

Die hintere Kalbshaxe ist fleischig und mager. Man kann sie schmoren und braten, aber auch langsam kochen, bis das Bindegewebe weich ist. Für den knusprigen Kontrast wird das Fleisch zusätzlich paniert und ausgebacken.

SÜLZE
VOM PICHELSTEINER

Pichelsteiner immer nur im Winter? Diese feine, leichte Sülze besteht aus den gleichen Zutaten
wie der deftige Eintopf und verlängert das Pichelsteiner-Vergnügen rund ums Jahr.

FÜR 4–6 PORTIONEN · ZUBEREITUNG: 45 MIN. · GAREN: 2 STD. 30 MIN. · KÜHLEN: 12 STD. · BEI 6 PORTIONEN PRO PORTION CA. 215 KCAL

Für das Fleisch:

300 g Flache Rinderschulter
300 g Schweineschulter ohne Schwarte
1 Zwiebel (ca. 100 g)
1 Knoblauchzehe
1 kleine Möhre (ca. 50 g)
1 Stück Knollensellerie (ca. 80 g)
1 Tomate (ca. 80 g)
1 kleine getrocknete Chilischote
1 TL schwarze Pfefferkörner
2 Gewürznelken
1 TL Pimentkörner
1 TL Koriandersamen
1/2 TL Kümmelsamen
2 Lorbeerblätter

Für die Sülze:

1 Stück Lauch (ca. 50 g)
1 kleine Möhre (ca. 40 g)
1 kleines Stück Knollensellerie
   (ca. 60 g)
Salz
7 Blatt weiße Gelatine
4 EL Weißweinessig
schwarzer Pfeffer aus der Mühle
frisch geriebene Muskatnuss
1 Prise brauner Zucker

Außerdem:

Terrinenform (1 l Inhalt)

1 Am Vortag die beiden Fleischsorten in einen Topf mit reichlich kochendem Wasser geben, aufkochen und 5 Min. sprudelnd kochen. Den aufsteigenden Schaum mit einer Schaumkelle abschöpfen. Das Fleisch offen bei kleiner Hitze 2 Std. kochen.

2 In der Zwischenzeit Zwiebel und Knoblauch ungeschält halbieren. Möhre und Sellerie putzen, schälen und grob würfeln. Die Tomate waschen, halbieren, den Stielansatz entfernen. Alles mit den Gewürzen und den Lorbeerblättern nach 1 Std. zum Fleisch geben und weiter offen kochen.

3 Inzwischen das Gemüse für die Sülze putzen. Lauch gründlich waschen, Möhre und Sellerie schälen und das Gemüse in 1 cm große Würfel schneiden. Möhren- und Selleriewürfel in kochendem Salzwasser 2 Min. garen, den Lauch dazugeben und alles weitere 2 Min. garen. In ein Sieb abgießen und eiskalt abschrecken.

4 Das Schweinefleisch, sobald es weich ist, herausheben und abgedeckt beiseitestellen. Das Rindfleisch in weiteren ca. 30 Min. weich kochen und herausheben. Falls nötig, den Fettrand vom Rindfleisch entfernen. Beide Fleischsorten in 1 cm große Würfel schneiden.

5 Die Brühe vorsichtig durch ein mit einem Tuch ausgelegtes feines Sieb gießen. 500 ml abmessen und in einem Topf erwärmen.

6 Die Terrinenform möglichst glatt mit feuchter Frischhaltefolie auslegen. Die Gelatine so lange in kaltes Wasser legen, bis sie weich ist, dann mit den Händen ausdrücken. Die heiße Brühe mit Essig, Salz, Pfeffer, Muskat und Zucker sehr kräftig abschmecken, die Gelatine darin bei kleiner Hitze auflösen, mit einem Schneebesen durchrühren und alles abkühlen lassen. Die Brühe nicht zu lange stehen lassen, weil sie sonst geliert.

7 Fleisch- und Gemüsewürfel mischen und kräftig mit Salz und Pfeffer abschmecken. In die Form füllen und mit der abgekühlten Brühe begießen. Die Form mehrmals auf die Arbeitsfläche klopfen, damit Luftbläschen an die Oberfläche steigen. Die Sülze abgedeckt über Nacht kühl stellen.

8 Zum Servieren die Sülze aus der Form stürzen, die Folie abziehen und die Sülze am besten mit einem Elektromesser in fingerdicke Scheiben schneiden. Mit einer würzigen Marinade (▶ Tipp) und frischem Bauernbrot oder Weißbrot servieren.

BEILAGENTIPP: GURKENMARINADE

4 kleine Essiggurken fein würfeln, 1 Schalotte (ca. 30 g) schälen und fein würfeln. 2 EL Weißweinessig und 2 EL Gurkensud (Glas) mit Salz, Pfeffer und 1 TL Zucker verrühren, 100 ml Brühe (vom Kochen) dazugeben, ganz zum Schluss 2 EL Pflanzenöl einrühren. Mit Essiggurken, Schalottenwürfeln und 1/2 Bund geschnittenem Schnittlauch verfeinern, 30 Min. durchziehen lassen und zur Sülze servieren.

KLASSIKER: PICHELSTEINER EINTOPF

300 g Rindfleisch (z. B. Schulter oder Hochrippe) und 300 g Schweinefleisch (z. B. Schweinenacken) in 2 cm große Würfel schneiden. 600 g Weißkohl, 200 g Möhren, 200 g Knollensellerie, 100 g Petersilienwurzel, 400 g mehligkochende Kartoffeln, 1 Stück Lauch (80 g) waschen und putzen, falls nötig schälen und in 2 cm große Stücke schneiden. Den Backofen auf 200° (Umluft: 180°) vorheizen. Das Fleisch salzen, pfeffern und in 2 EL Öl rundum ca. 4 Min. scharf anbraten. In einen weiten Topf geben und mit 1 TL Kümmelsamen bestreuen. Das Gemüse (außer Lauch) darüberschichten, mit den Kartoffeln abschließen. 1,5 l heiße Rinderbrühe zugießen und den Eintopf zugedeckt im Backofen (Mitte) insgesamt ca. 1 Std. 50 Min. garen. Nach 1 Std. 30 Min. 2 Zweige Thymian und 2–3 Stängel glatte Petersilie waschen und trocken schütteln. Den Lauch mit 2 Lorbeerblättern, 5 Wacholderbeeren und Thymian in den Topf legen, sodass alles von Brühe bedeckt ist. 20 Min. weitergaren. Die Petersilienblättchen grob hacken. Den fertigen Eintopf mit Salz und Pfeffer abschmecken und mit der gehackten Petersilie bestreuen.

SCHWEINERÜSSELPRALINEN
MIT SCHWARZWURZELN

Hier sind Kochkünstler mit Hang zum Besonderen gefordert:
Aus einfachen Zutaten entsteht eine extravagante Köstlichkeit, die einige Aufmerksamkeit erfordert.

FÜR 6–8 PORTIONEN · ZUBEREITUNG: 1 STD. 45 MIN. · GAREN: 2 STD. 5 MIN. · KÜHLEN: 12 STD. · BEI 8 PORTIONEN PRO PORTION CA. 855 KCAL

4 Schweinebäckchen
 (à ca. 100 g; beim Metzger
 vorbestellen)
2 Schweinerüsselhälften (à 850–900 g;
 beim Metzger vorbestellen)
Salz
2 große Zwiebeln (ca. 200 g)
1 TL Wacholderbeeren
1 TL Pimentkörner
1 TL gelbe Senfsamen
1 TL schwarze Pfefferkörner
2 Lorbeerblätter
2 große Schalotten (ca. 100 g)
100 ml Olivenöl
100 ml kräftiger Rotwein
 (z. B. Cabernet Sauvignon)
100 ml roter Portwein
schwarzer Pfeffer aus der Mühle
8 Schwarzwurzeln (ca. 800 g)
2 Prisen Zucker
einige Tropfen Zitronensaft
200 ml Gemüsebrühe (Instant)
300 g Schweinenetz
 (beim Metzger vorbestellen)
1 Bund Schnittlauch
50 g kalte Butter

Außerdem:
eckige Form (ca. 12 × 18 cm)

1 Am Vortag die Bäckchen von groben äußeren Sehnen befreien. In einem großen Bräter (Ø 38 cm) 3 l Wasser aufkochen, Rüssel, Bäckchen und 2 EL Salz zugeben und 10 Min. sprudelnd kochen. Aufsteigenden Schaum mit einer Schaumkelle abschöpfen.

2 Die Zwiebeln schälen, halbieren, zusammen mit den Gewürzen und den Lorbeerblättern zum Fleisch geben und alles 1 Std. 15 Min. bei kleiner Hitze offen kochen. Sobald sie weich sind, die Bäckchen herausnehmen und abgedeckt beiseitestellen. Die Schweinerüssel ca. 40 Min. weiterkochen.

3 In der Zwischenzeit die Schalotten schälen und würfeln. Die Schalotten in einem kleinen Topf in 1 EL Olivenöl in 2 Min. glasig dünsten, mit Rotwein und Portwein ablöschen und in ca. 15 Min. offen bei mittlerer Hitze vollständig einkochen.

4 Das Fleisch von den Knochen, Knorpeln und der weißen Innenhaut lösen (am besten mit Handschuhen; ▶ Bild 1). Die Rüssel samt Schwarte und Bäckchen in 1 cm große Würfel schneiden. In einer Schüssel die heiße Schalottenmasse unter das Fleisch heben, kräftig salzen und pfeffern.

5 Die Form mit Frischhaltefolie auslegen, die Fleischmasse einfüllen und festdrücken. Mit Folie abdecken, ein passendes Holzbrett darauflegen und mit Gewichten (z. B. Konservendosen) beschweren. Über Nacht kühl stellen.

6 Am nächsten Tag die Schwarzwurzeln (am besten mit Handschuhen) putzen, schälen und schräg in 0,5 cm dicke Scheiben schneiden. In 3 EL Olivenöl 1 Min. anbraten, Zucker und Zitronensaft zugeben. 3 Min. bei mittlerer Hitze braten, Gemüsebrühe dazugießen und offen 6–7 Min. garen. Mit Salz abschmecken.

7 Das Schweinenetz ca. 30 Min. in kaltes Wasser legen, dabei das Wasser mehrmals wechseln. Das Schweinenetz ausdrücken und vorsichtig auf einem Tuch ausbreiten (▶ Bild 2). In 24 Stücke schneiden. Das Fleisch aus der Form lösen und in 24 Würfel schneiden. Jeden in ein Stück Schweinenetz einwickeln, die Enden umschlagen (▶ Bild 3). Abgedeckt 15 Min. kühl stellen.

8 Den Schnittlauch waschen, trocken schütteln und in feine Röllchen schneiden. Die Butter klein schneiden. Das Gemüse nochmals aufkochen und die Butter einrühren. Das Gemüse kurz vor dem Servieren mit Schnittlauch verfeinern.

9 Je 3 EL Olivenöl in 2 großen Pfannen erhitzen, die Fleischpralinen salzen, pfeffern und auf die Pfannen verteilen. 2 Min. bei mittlerer Hitze anbraten, wenden und in weiterer 4–5 Min. bei kleiner Hitze ringsherum goldbraun anbraten. Die Fleischpralinen mit dem Schwarzwurzelgemüse servieren (▶ Bild 4). Dazu passt Kartoffel- oder Selleriepüree.

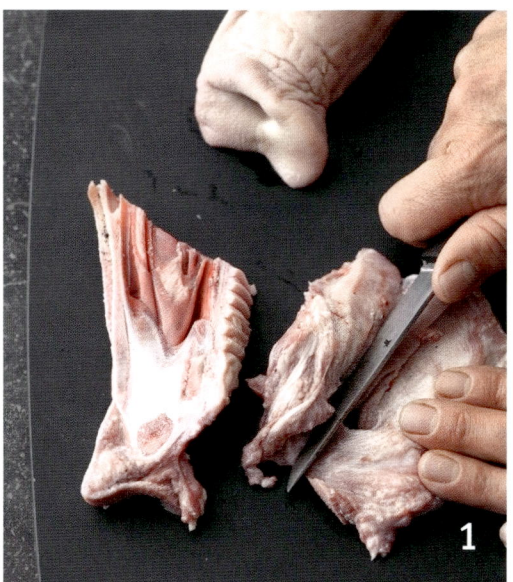

1 Das Fleisch des Schweinerüssels vom Knochen schneiden. Dabei die Knorpel und die weiße Innenhaut entfernen.

2 Das gewässerte Schweinenetz auf einem sauberen Küchentuch ausbreiten.

3 Jede Fleischpraline in ein passend zugeschnittenes Stück Schweinenetz einschlagen.

4 Die Fleischpralinen mit dem Schwarzwurzelgemüse anrichten.

FEINE
SCHLACHTSCHÜSSEL

Ein Höhepunkt der Hausschlachtungen vergangener Tage waren die frisch gebrühten Blut- und Leberwürste, die mit der Kesselbrühe auf den Tisch kamen. Dieser deftige Strudel erinnert daran.

FÜR 4 PORTIONEN · ZUBEREITUNG: 35 MIN. · GAREN: 2 STD. 20 MIN. · PRO PORTION CA. 840 KCAL

Für das Fleisch:
ca. 1,2 kg gepökeltes Vordereisbein
    mit Knochen (Schwein,
    beim Metzger vorbestellen)
1 große Zwiebel (ca. 150 g)
1 TL schwarze Pfefferkörner
2 Gewürznelken
1/2 TL Wacholderbeeren
4 EL Weißweinessig

Für Strudel und Kraut:
2 frische Blutwürste (à ca. 100 g)
2 frische Leberwürste (à ca. 100 g)
3 mittelgroße Schalotten (ca. 100 g)
2 TL Butter
Salz
2 Prisen getrockneter Majoran
2 frische Strudelteigblätter
    (ca. 38 × 38 cm, Kühlregal)
1 Eigelb (Größe M)
1 EL Milch
schwarzer Pfeffer aus der Mühle
1 große Dose Sauerkraut
    (770 g Abtropfgewicht)

Zum Servieren:
Meersalz (z. B. Fleur de Sel)
schwarzer Pfeffer aus der Mühle
Senf
frisch geriebener Meerrettich

1 In einen hohen Topf 3 l Wasser geben, aufkochen. Das Eisbein hineingeben, alles nochmals aufkochen und 5 Min. sprudelnd kochen. Den dabei aufsteigenden Schaum mit einer Schaumkelle abschöpfen.

2 Die Zwiebel schälen und halbieren, mit Gewürzen und Essig zum Eisbein geben. Das Fleisch bei kleiner Hitze in ca. 2 Std. 10 Min. weich kochen.

3 In der Zwischenzeit für den Strudel die Würste der Länge nach leicht einritzen, die Haut abziehen und die Würste in je 10 Scheiben schneiden. Die Schalotten schälen und in feine Streifen schneiden.

4 1 TL Butter in einer Pfanne schmelzen und die Schalotten darin in ca. 5 Min. bei mittlerer Hitze goldbraun braten. Mit Salz und Majoran würzen und auf Küchenpapier abfetten.

5 Den Backofen auf 225° (Umluft: 200°) vorheizen. Restliche Butter schmelzen. 1 Strudelblatt auf einem sauberen Küchentuch auslegen, mit etwas Butter bestreichen, mit dem zweiten Strudelblatt bedecken und wieder mit Butter bestreichen.

6 Auf dem unteren Teigdrittel 10 Scheiben Leberwurst verteilen. Die Hälfte der Schalotten darübergeben, 10 Scheiben Blutwurst darauflegen, dann die restlichen Schalotten und Wurstscheiben darüberschichten. Den Strudel mithilfe des Küchentuches aufrollen.

7 Das Eigelb mit der Milch verrühren und den Strudel damit bestreichen. Die Enden umklappen. Den Strudel auf ein Blech mit Backpapier setzen und im Backofen (Mitte) in ca. 25 Min. goldbraun backen.

8 Inzwischen das Sauerkraut nach Belieben würzen (► Tipp) und erhitzen. Das Eisbein aus dem Sud heben, vom Knochen lösen und quer zur Faser in Scheiben schneiden. Den Strudel in 4 gleich große Stücke schneiden und mit Eisbein und Sauerkraut auf vorgewärmten Tellern anrichten.

9 Das Fleisch nach Geschmack mit Meersalz und Pfeffer bestreuen und mit Senf und frisch geriebenem Meerrettich servieren. Dazu passen Salzkartoffeln, Kartoffelpüree oder auch dunkles Bauernbrot.

SAUERKRAUT VERFEINERN

Das fertige Sauerkraut nach Belieben mit 1 Lorbeerblatt, 3 Wacholderbeeren und 1 Prise Kümmel (ganz oder gemahlen) erhitzen.

GLASSÜLZE
MIT WACHTELEIERN

Schweineohren, -haxen und -schwänzchen liefern aromatisches Fleisch, der Schweinefuß lässt die feine Brühe gelieren – ein deftiger Genuss aus preiswerten Zutaten. Den Hauch Luxus steuern die Wachteleier bei.

FÜR 6 GLÄSER · ZUBEREITUNG: 55 MIN. · GAREN: 2 STD. 35 MIN. · KÜHLEN: 2 × 12 STD. · PRO GLAS CA. 235 KCAL

Salz

3 Vorderhaxenscheiben vom Schwein
  (à ca. 300 g)
1 Schweinefuß (ca. 400 g, vom Metzger
  in große Stücke teilen lassen)
1 Schweineschwänzchen
  (in Stücke teilen lassen)
2 Schweineohren (à ca. 90 g,
  jeweils vierteln lassen)
2 große Zwiebeln (ca. 200 g)
4 Gewürznelken
2 Lorbeerblätter
1 Knoblauchzehe
1 Stück Lauch
  (nur das Weiße, ca. 60 g)
1 TL gelbe Senfsamen
1 TL schwarze Pfefferkörner
1 TL Wacholderbeeren
1 TL Pimentkörner
1 TL Fenchelsamen
6 Wachteleier
3 1/2 EL Essigessenz
1/2 TL Zucker

Außerdem

6 Gläser mit Schraubdeckeln
  und weitem Hals (à 200 ml)

1 Zwei Tage vorher in einem hohen Topf 2,5 l kaltes Wasser mit 1 EL Salz, Haxenscheiben, Schweinefuß, Schwänzchen und Ohren aufkochen. Aufsteigenden Schaum mit einer Schaumkelle abschöpfen und das Fleisch insgesamt 2 Std. 35 Min. bei mittlerer Hitze offen kochen.

2 Inzwischen die Zwiebeln schälen und auf jeder mit 2 Nelken 1 Lorbeerblatt befestigen. Knoblauch schälen und halbieren. Lauch der Länge nach halbieren und gründlich waschen. Alles mit den Gewürzen nach 35 Min. zum Fleisch geben.

3 Die fertigen Fleischteile aus dem Sud heben. Das Fleisch noch heiß von Knochen und Knorpeln lösen (▶ Seite 205). Das Fleisch samt Schwarte in 1 cm große Würfel schneiden und über Nacht abgedeckt kühl stellen. Die Brühe durch ein mit einem Tuch ausgelegtes feines Sieb gießen, abkühlen lassen und ebenfalls abgedeckt kühl stellen.

4 Am nächsten Tag die Wachteleier in 8 Min. hart kochen. Kurz in eiskaltes Wasser legen, anschließend pellen und halbieren. Die weiße Fettschicht, die sich auf der nun gelierten Brühe (dem Sülzenstand) gebildet hat, mit einem Löffel entfernen. Den Sülzenstand in einem Topf erhitzen.

5 Das Fleisch zugeben, aufkochen und mit einer Schaumkelle wieder herausnehmen. 650 ml Sud abmessen, mit Essigessenz, 1 TL Salz und 1/2 TL Zucker sehr kräftig abschmecken, nochmals aufkochen. Den Sud zweimal durch ein mit einem feuchten Tuch ausgelegtes Sieb filtern.

6 Die Gläser kochend heiß ausspülen und das Fleisch darauf verteilen. Den Sud einfüllen. Die Eihälften entweder unter das Fleisch mischen oder obenauf geben und mit einem Löffel untertauchen. Gläser verschließen, umdrehen und abkühlen lassen. Über Nacht im Kühlschrank gelieren lassen. Die Sülze hält sich im Kühlschrank ca. 2–3 Tage und wird zu Butterbrot mit frischem Schnittlauch oder Frühlingszwiebeln und Radieschen serviert.

SÜLZE GANZ FIX

Als Sülzenstand wird die Flüssigkeit bezeichnet, die beim Auskochen der gelatinehaltigen Fleischstücke entsteht und ganz ohne Zusatz bindet. Wenn Sie Sülze aus übrig gebliebenem, bereits gegartem Fleisch (ca. 450 g) herstellen möchten, verwenden Sie 650 ml kräftige Fleischbrühe als Sud, schmecken Sie sie wie im Rezept oben ab und lösen Sie 8 Blatt eingeweichte, ausgedrückte Gelatine darin auf. Im Sommer darf es auch 1 Blatt mehr sein, da die Sülze bei höherer Temperatur sonst leicht zerläuft.

SCHWEINEBAUCH
MIT ESSIGZWETSCHGEN

Saftig und knusprig zugleich kommt der Schweinbauch auf den Tisch, denn er wird doppelt gegart:
Im Gewürzsud bekommt er Aroma, unter dem Grill die Kruste.

FÜR 4 PORTIONEN · ZUBEREITUNG: 50 MIN. · GAREN: 2 STD. 30 MIN. · PRO PORTION CA. 985 KCAL

Für den Schweinebauch:

1 große Zwiebel (ca. 100 g)
2 Knoblauchzehen
1 TL Wacholderbeeren
1 TL schwarze Pfefferkörner
1 TL Kümmelsamen
1 TL Pimentkörner
2 Gewürznelken
3 Lorbeerblätter
1 TL gekörnte Rinderbrühe
Salz
6–8 Petersilienstängel ohne Blätter
   (nach Belieben)
ca. 1,2 kg durchwachsener
   Schweinebauch mit Schwarte

Für die Essigzwetschgen:

270 g Zwetschgen (ersatzweise
   250 g TK-Zwetschgen, aufgetaut)
8 Schalotten (ca. 160 g)
1 1/2 EL brauner Zucker
200 ml kräftiger Rotwein
   (z. B. Cabernet Sauvignon)
200 ml roter Portwein
100 ml Aceto balsamico
1 Lorbeerblatt
300 ml Bratenfond
   (Glas, ersatzweise Fleischbrühe)
Salz | schwarzer Pfeffer aus der Mühle

1 In einem hohen Topf 4 l Wasser zum Kochen bringen. In der Zwischenzeit Zwiebel und Knoblauch schälen und halbieren. Mit den Gewürzen und Lorbeerblättern, der Brühe, 2 TL Salz, Petersilienstängeln (falls verwendet) und dem Schweinebauch ins kochende Wasser geben.

2 Alles erneut aufkochen und bei mittlerer Hitze offen ca. 2 Std. 30 Min. kochen. Das Fleisch zwischendurch mehrmals wenden. Es ist fertig, wenn sich eine hineingestochene Fleischgabel leicht herausziehen lässt.

3 In der Zwischenzeit für die Essigzwetschgen die frischen Zwetschgen waschen und entsteinen (aufgetaute TK-Ware abtropfen lassen). Die Zwetschgen vierteln. Die Schalotten schälen und vierteln.

4 Den Zucker in einem weiten Stieltopf in 2–3 Min. bei mittlerer Hitze schmelzen. Sobald er hellbraun wird, die Schalottenviertel zugeben und 1 Min. darin erhitzen. Dann mit Rotwein, Portwein und Essig ablöschen. Alles langsam aufkochen.

5 Das Lorbeerblatt zugeben, die Sauce offen bei mittlerer bis großer Hitze 15 Min. einkochen. Den Bratenfond zugießen und alles in weiteren 15–25 Min. sämig einkochen. Die Zwetschgen dazugeben, zum Kochen bringen und 4 Min. bei kleiner Hitze in der Sauce ziehen lassen. Mit etwas Salz und reichlich Pfeffer würzen und beiseitestellen.

6 Den Backofengrill vorheizen. Das fertige Fleisch aus dem Gewürzsud nehmen. Eine kleine Schöpfkelle Sud durch ein feines Sieb gießen und mit 1/2 TL Salz verrühren. Die Fettseite des Schweinebauchs quer zur Fleischfaser im Abstand von 1 cm mit einem scharfen Messer leicht einritzen, ohne dabei ins Fleisch zu schneiden. Die Oberfläche der Schwarte mit dem Salzsud bestreichen.

7 Den Schweinebauch auf dem Rost im Backofen (2 Schiene von unten, ein Blech mit Alufolie als Tropfschutz darunterschieben) ca. 20 Min. backen, bis die Kruste knusprig ist – dabei im Auge behalten, damit sie nicht zu dunkel wird. Zwischendurch immer wieder mit Salzsud bestreichen.

8 Kurz vor dem Servieren die Zwetschgen nochmals aufkochen. Den Schweinebauch aufschneiden und mit den Essigzwetschgen auf vorgewärmten Tellern anrichten. Dazu passen Bratkartoffeln oder Rösti.

ZWEI MESSER FÜR PERFEKTE SCHEIBEN

Um die knusprige Kruste aufzuschneiden, verwenden Sie am besten ein Sägemesser. Schneiden Sie das Fleisch selbst aber mit einem scharfen, glatten Messer, damit der Anschnitt glatt bleibt.

BROTZEITSCHMALZ
MIT DATTELN

Verlockende Brotzeitverabredung: Die Kombination von deftig und fruchtig-süß
findet sowohl im sommerlichen Biergarten als auch bei winterlichen Hüttenvespern begeisterte Abnehmer.

FÜR 3 GLÄSER · ZUBEREITUNG: 50 MIN. · KÜHLEN: 12 STD. · PRO GLAS CA. 1320 KCAL

450 g frischer, ungeräucherter
   Rückenspeck (beim Metzger
   vorbestellen)
2 große Zwiebeln (ca. 200 g)
1 säuerlicher Apfel (ca. 200 g,
   z. B. Boskop)
2 frische Datteln
   (Frostdatteln, ca. 50 g)
2 Lorbeerblätter
3 EL Pflanzenöl
2 Prisen gemahlener Kümmel
1 Prise gemahlener Koriander
2 Prisen getrockneter Majoran
Salz | schwarzer Pfeffer aus der Mühle

Außerdem
3 Gläser mit Schraubdeckeln und
   weitem Hals (à 200 ml)

1 Den Speck in 0,5 cm dicke Scheiben schneiden. Falls Sie keine Aufschnittmaschine haben, legen Sie ihn dazu immer wieder für ca. 15 Min. ins Tiefkühlfach. Die Scheiben in 0,5 cm große Würfel schneiden.

2 Die Zwiebeln schälen und in kleine Würfel schneiden. Den Apfel schälen und ohne Kerngehäuse klein würfeln. Die Haut der Datteln abziehen, anschließend die Datteln halbieren, entkernen und ebenfalls in kleine Würfel schneiden.

3 Die Speckwürfel in einen kalten weiten Topf geben und langsam erhitzen. Bei mittlerer Hitze offen goldbraun rösten, dabei immer wieder durchrühren. Das Fett soll in ca. 20–25 Min. langsam ausbraten. Nach 5 Min. die Lorbeerblätter zugeben und nach weiteren 5 Min. wieder herausnehmen, sonst werden sie bitter.

4 In der Zwischenzeit das Öl in einer großen Pfanne erhitzen und die Zwiebeln darin in 6–7 Min. bei mittlerer Hitze goldbraun rösten. Die Apfelwürfel dazugeben und 1 Min. unter ständigem Rühren mitbraten. Die Datteln unterrühren. Die Mischung mit Kümmel, Koriander und Majoran würzen.

5 Das ausgebratene Fett durch ein feines Sieb geben, sodass die goldgelben Grieben zurückbleiben. Das Schmalz wieder zurück in den Topf gießen und die Apfel-Zwiebel-Mischung zugeben. Alles kräftig mit Salz und Pfeffer abschmecken, nochmals aufkochen und die knusprigen Grieben unterrühren.

6 Den Topf vom Herd nehmen. Das Schmalz noch heiß in saubere Gläser füllen. Gläser verschließen, auf den Kopf stellen und auskühlen lassen. Das Schmalz im Kühlschrank fest werden lassen, sodass es weiß wird und eine streichfähige Konsistenz bekommt.

7 Das Schmalz schmeckt am besten zu dunklem Bauernbrot oder Brezeln. Außerdem passen Radieschen, Salatgurken, Tomaten, Essiggurken und frischer Schnittlauch dazu.

SCHMALZ FÜR DEN VORRAT

Wenn Sie das Schmalz noch heiß in gut ausgespülte Gläser mit Schraubverschluss gießen, hält es sich im Kühlschrank mehrere Wochen. Falls Sie es bald verbrauchen, können Sie es auch in Tongefäße abfüllen.

KRÄUTER: GETROCKNET STATT FRISCH

Bei diesem Rezept spielen getrocknete Kräuter ihre Vorteile aus: Frische Kräuter im Schmalz würden zu schnell verderben.

KNUSPRIGE
SCHWEINEOHRENSCHNITTEN

Fast ein Wunder, diese Verwandlung von weichen, rosa Öhrchen in saftige Fleischschnitten mit knuspriger Panade! Und da Wunder üblicherweise etwas länger dauern, haben Sie genug Zeit, sich aufs Essen zu freuen.

FÜR 4–6 PORTIONEN · ZUBEREITUNG: 50 MIN. · GAREN: 1 STD. 30 MIN. · KÜHLEN: 12 STD. · BEI 6 PORTIONEN PRO PORTION CA. 570 KCAL

Für die Schnitten:

8 Schweineohren (ca. 700 g; beim Metzger vorbestellen)
300 g Schweinehals ohne Knochen
Salz
1/2 TL gemahlener Kümmel
2 Prisen gemahlener Koriander
1 Prise getrockneter Majoran
1 TL mittelscharfer Senf
2 TL Tafelmeerrettich (Glas)
4–6 Stängel glatte Petersilie
2 Eier (Größe M)
schwarzer Pfeffer aus der Mühle
100 g Semmelbrösel
3–4 EL Mehl

Für die Kressesauce:

1 Bio-Zitrone
2 Kästchen Gartenkresse
200 g saure Sahne
150 g Crème fraîche
1/2 TL Zucker
Salz | schwarzer Pfeffer aus der Mühle

Außerdem:

Pastetenform mit klappbaren Wänden (ca. 22 × 10 cm, ►Tipp)
6 EL Butterschmalz zum Braten

1 In einem hohen Topf 3,5 l Wasser aufkochen, Ohren, Hals und 1 EL Salz dazugeben und 10 Min. sprudelnd kochen. Danach auf kleine Hitze herunterstellen und das Fleisch offen in ca. 1 Std. 30 Min. weich kochen.

2 Die Ohren und den Hals aus dem Sud nehmen. Das Fleisch der Ohren noch heiß mit einem kleinen Messer vom Knorpel schaben (►Bild 1; am besten mit Handschuhen arbeiten, das Fleisch wird leicht klebrig, wenn es abkühlt).

3 Beide Fleischsorten in 1 cm große Würfel schneiden. Das Fleisch in einer Schüssel mit Salz, Gewürzen, Senf und Meerrettich kräftig abschmecken.

4 Die Petersilie waschen, trocken schütteln, die Blättchen abzupfen und grob hacken. Die Hälfte der Fleischmasse in die Form drücken, mit der Petersilie bestreuen, mit der restlichen Masse abschließen und alles gut festdrücken. Mit Frischhaltefolie abdecken und mit Gewichten beschweren (z. B. Konservendosen; ►Bild 2). Über Nacht kühl stellen.

5 Für die Panade die Eier verquirlen, salzen und pfeffern. Eimischung, Semmelbrösel und Mehl getrennt in tiefen Tellern bereitstellen.

6 Für die Kressesauce die Zitrone heiß abwaschen, gut trocken reiben und die Hälfte der Schale abreiben. Die Kresse mit einer Schere vom Beet abschneiden und mit der sauren Sahne in einem hohen Gefäß mit dem

Pürierstab fein mixen. Die Crème fraîche einrühren und die Sauce mit Zitronenschale, Zucker, Salz und Pfeffer abschmecken.

7 Das Fleisch aus der Form lösen und in 12 Scheiben schneiden. Jede zuerst in Mehl, dann im gewürzten Ei und zum Schluss in den Bröseln wenden (►Bild 3).

8 Je 3 EL Butterschmalz in 2 großen Pfannen erhitzen. Die Schnitten darauf verteilen und bei mittlerer Hitze 2 Min. backen, wenden und in weiterer 2–3 Min. goldbraun backen. Auf Küchenpapier abfetten und mit der Kressesauce servieren (►Bild 4). Dazu passen Blattsalate und mit Essig und Öl angemachter Kartoffelsalat.

GUT IN FORM

Wenn Sie keine Pastetenform mit klappbaren Wänden haben, können Sie die Masse auch in eine Terrinen- oder Kastenform füllen. Tauchen Sie dafür ein passendes Stück Frischhaltefolie in kaltes Wasser, drücken Sie es gut aus und kleiden Sie die Form damit aus. So können Sie die Folie besonders glatt in die Form legen.

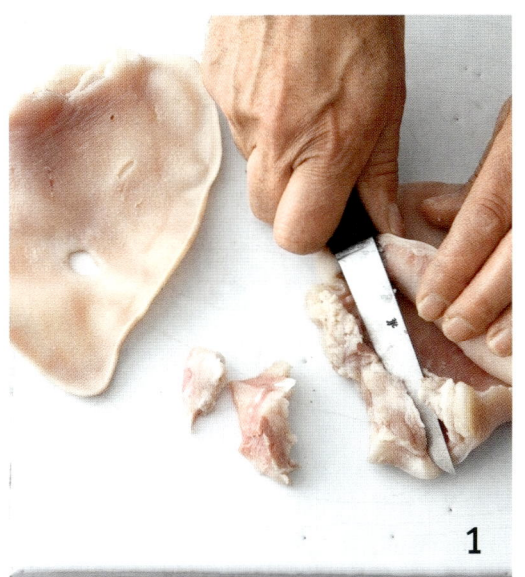

1 Das Fleisch der Ohren mit einem kleinen Messer vom Knorpel schaben.

2 Die Fleischmasse in die Form geben und mit Gewichten beschweren. So sorgt die Gallerte der Ohren über Nacht für perfekte Bindung.

3 Die gepresste Fleischmasse am nächsten Tag in Scheiben schneiden und in Mehl, Ei und Semmelbröseln panieren.

4 Die knusprigen Fleischschnitten mit der Kressesauce anrichten.

HERZHAFTER SUPPENTOPF
MIT BACKTEIGSPAGHETTI

Diese heiße Suppe verbreitet wohlige Wärme. Das tut nicht nur fröstelnden Gliedern gut:
Der würzige Duft der kochenden Brühe wärmt auch die Seele.

FÜR 4–6 PORTIONEN · ZUBEREITUNG: 1 STD. · GAREN: 3 STD. · BEI 6 PORTIONEN PRO PORTION CA. 330 KCAL

Für die Suppe:

4 Rinderbeinscheiben (ca. 1 kg)
2 Möhren (ca. 200 g)
1 Stück Knollensellerie (ca. 200 g)
1 Stück Lauch (ca. 100 g)
1 große Tomate (ca. 150 g)
1 große Zwiebel (ca. 150 g)
1 Knoblauchzehe
3 Lorbeerblätter
1 TL schwarze Pfefferkörner
1 TL Wacholderbeeren
1 TL Pimentkörner

Für die Backteigspaghetti:

70 g Mehl (Type 405)
120 ml Milch
30 g Butter
2 Msp. Salz
2 Prisen frisch geriebene Muskatnuss
2 Eier (Größe M)
500 g Pflanzenfett zum Ausbacken

Außerdem:

Spätzlepresse
1 Bund Schnittlauch zum Bestreuen
Salz | schwarzer Pfeffer aus der Mühle
frisch geriebene Muskatnuss

1 Die Beinscheiben in einen hohen Topf mit kaltem Wasser geben, aufkochen und 5 Min. sprudelnd kochen. Den dabei aufsteigenden Schaum mit einer Schöpfkelle abschöpfen. Das Fleisch insgesamt 2 Std. 30 Min. offen bei kleiner Hitze kochen.

2 Inzwischen Möhren und Knollensellerie putzen und schälen. Lauch längs aufschlitzen und gründlich waschen. Tomate waschen und halbieren, den Stielansatz entfernen. Die Zwiebel und den Knoblauch ungeschält halbieren.

3 Die Schnittflächen der Zwiebelhälften in einer Pfanne ohne Fett in 5–6 Min. dunkel rösten. Die Zwiebeln mit dem Gemüse und den Gewürzen nach 1 Std. 30 Min. zum Fleisch geben. Gegen Ende der Garzeit immer wieder prüfen, ob das Fleisch schon weich ist.

4 Inzwischen für die Backteigspaghetti das Mehl in eine Schüssel sieben. Milch, Butter, Salz und Muskat in einem weiten Stieltopf aufkochen. Das Mehl zugeben und alles bei kleiner bis mittlerer Hitze ca. 3 Min. mit dem Kochlöffel rühren, bis sich der Teig als Kloß vom Topfboden löst.

5 Den Teig in einer Schüssel etwas abkühlen lassen. Die Eier nacheinander mit den Quirlen des Handrührgerätes unterrühren, sodass ein seidig glänzender, geschmeidiger Teig entsteht.

6 Das Frittierfett in einem hohen Topf erhitzen, bis an einem hineingehaltenen Holzlöffelstiel Bläschen aufsteigen. Den Teig portionsweise durch die Spätzlepresse ins heiße Fett drücken (▶ Tipp). Die so entstandenen Spaghetti vorsichtig umrühren (z. B. mit einer Fleischgabel), damit sie nicht zusammenkleben, und in ca. 3 Min. goldbraun backen. Mit einer Schaumkelle herausheben und auf Küchenpapier abfetten.

7 Das fertige Fleisch aus der Brühe nehmen und vom Knochen lösen. Möhre und Sellerie ebenfalls herausfischen und klein schneiden. Schnittlauch waschen, trocken schütteln und in feine Röllchen schneiden. Die Brühe durch ein feines Sieb geben und erneut aufkochen. Fleisch, Möhre und Sellerie zugeben und mit Salz, Pfeffer und Muskat abschmecken.

8 Die Suppe auf Teller verteilen und mit ein paar Teigspaghetti und Schnittlauch bestreuen. Restliche Teigspaghetti separat servieren, damit sie knusprig bleiben. Der Rest hält sich in Cellophantüten mehrere Wochen.

VORSICHT BEIM FRITTIEREN

Achten Sie darauf, beim Frittieren nicht zu viel Teig auf einmal ins heiße Fett zu geben, sonst besteht die Gefahr, dass es hochwallt. Mit einem Küchenthermometer können Sie kontrollieren, dass das Frittierfett eine Temperatur von 170° hat.

RINDERBRUST
MIT KÄSEKRUSTE

Das lange Bad im würzigen Sud ist dafür verantwortlich, dass das Rindfleisch beinahe auf der Zunge zergeht.
Würze bekommt es durch die Käsekruste, die außerdem für den knusprigen Kontrast sorgt.

FÜR 4 PORTIONEN · ZUBEREITUNG: 35 MIN. · GAREN: 4 STD. 15 MIN. · PRO PORTION CA. 1045 KCAL

Für das Fleisch:
ca. 1,2 kg Rinderbrust
1 Petersilienwurzel (ca. 80 g)
1 Möhre (ca. 80 g)
1 Stück Knollensellerie (ca. 160 g)
1 Stück Lauch (ca. 80 g)
1 Tomate (ca. 130 g)
1 große Zwiebel (ca. 150 g)
2 Lorbeerblätter
1 TL schwarze Pfefferkörner

Für die Kruste:
1 Scheibe Toastbrot
80 g Bergkäse
8 EL Sahne

Für die Beilage:
2 Bund grüner Spargel (ca. 850 g)
1 Schalotte (ca. 30 g)
2 EL kalte Butter
1 Prise brauner Zucker
Salz | schwarzer Pfeffer aus der Mühle
frisch geriebene Muskatnuss
ein paar Tropfen Olivenöl

Außerdem:
Salz | schwarzer Pfeffer aus der Mühle

1 Das Fleisch falls nötig von Sehnen befreien. In einem hohen Topf 3,5 l Wasser aufkochen und das Fleisch darin 5 Min. sprudelnd kochen. Aufsteigenden Schaum abschöpfen. Das Fleisch insgesamt 4 Std. offen bei kleiner Hitze kochen.

2 Inzwischen Petersilienwurzel, Möhre und Knollensellerie putzen, schälen und in grobe Stücke schneiden. Den Lauch gründlich waschen, ganz lassen. Die Tomate waschen und halbieren, den Stielansatz entfernen. Die Zwiebel ungeschält vierteln. Gemüse, Lorbeer und Pfeffer nach gut 1 Std. zum Fleisch geben. Gegen Ende der Garzeit öfter mit einer Fleischgabel prüfen, ob das Fleisch schon weich ist.

3 Inzwischen für die Kruste das Toastbrot in grobe Würfel schneiden und in der Küchenmaschine oder mit dem Pürierstab möglichst fein zerreiben. Den Käse reiben und mit Brotbröseln und Sahne mischen.

4 Für die Beilage den Spargel waschen und putzen. Holzige Enden großzügig abschneiden, die Stangen im unteren Drittel schälen und schräg in 1,5 cm große Stücke schneiden. Die Schalotte schälen und fein würfeln. 200 ml Rinderbrühe aus dem Topf schöpfen und durch ein feines Sieb gießen.

5 Ca. 10 Min. vor Ende der Fleischgarzeit 1 EL Butter in einem weiten Topf aufschäumen. Die Schalottenwürfel darin 2 Min. bei mittlerer Hitze glasig dünsten, den Spargel dazugeben und 1 Min. mitbraten.

6 Den Spargel mit Zucker und Salz würzen und noch 1 Min. garen. Mit der Rinderbrühe ablöschen, aufkochen und 4 Min. bei kleiner Hitze weiterkochen. Restliche kalte Butter in kleine Würfel schneiden und ganz zum Schluss unter das Gemüse rühren. Mit Salz, Pfeffer und Muskatnuss abschmecken.

7 Den Backofengrill vorheizen. Das fertige Fleisch aus der Brühe heben, in 8 Scheiben schneiden, jede leicht salzen und pfeffern. Die Brotmischung darauf verteilen und etwas festdrücken. Die Fleischscheiben nebeneinander auf dem Rost (oben; ein Backblech mit Alufolie als Tropfschutz darunterschieben) in ca. 3 Min. goldbraun überbacken.

8 Fleisch mit Spargel anrichten. Ganz zum Schluss noch mit ein paar Tropfen Olivenöl beträufeln. Als Beilage eignen sich Bratkartoffeln oder Kartoffelpüree.

RESTE FEIN ÜBERBACKEN

Auf dieselbe Art lässt sich auch gekochter Tafelspitz vom Vortag mit einer knusprigen Kruste versehen. Einfach die Scheiben in heißer Rinderbrühe erwärmen, dann die Brotmischung daraufgeben und übergrillen.

RINDERFILET
IM ZITRONENGRAS-INGWER-SUD

Chilischärfe, Ingwerfrische und Kokosmilde verraten, woher die Inspiration für diese Suppe stammt: aus Südostasien.
Mit zartem Filet vom heimischen Rind wird eine wahrhaft internationale Köstlichkeit daraus.

FÜR 4 PORTIONEN · ZUBEREITUNG: 25 MIN. · GAREN: 35 MIN. · PRO PORTION CA. 510 KCAL

350 g Rinderfilet
(Filetkopf oder Filetspitzen)
400 ml kräftige Rinderbrühe
(z. B. vom Rezept ▸ Seite 208 zurück-
behalten, ersatzweise Instant)
1 Dose ungesüßte Kokosmilch (400 ml)
3 Stängel Zitronengras (Asienladen)
1 Knoblauchzehe
3 Scheiben Ingwer (ca. 12 g)
200 g Sahne
100 g Zuckerschoten
Salz
3 dünne Frühlingszwiebeln (ca. 40 g)
80 g Bambussprossen (Dose)
1 Dose Strohpilze (Asienladen,
200 g Abtropfgewicht)
1 kleine rote Chilischote
1 Bio-Limette

1 Das Filet trocken tupfen, falls nötig von Sehnen befreien und in ca. 1 cm dicke und 4 cm lange Stücke schneiden. Das Fleisch abgedeckt kühl stellen. Die Brühe mit der Kokosmilch in einem Topf aufkochen.

2 Das Zitronengras waschen, das dickere Ende mit dem Messerrücken etwas flach klopfen (▸ Seite 223) und in grobe Stücke schneiden. Den Knoblauch schälen und in dünne Scheiben schneiden. Zitronengras, Knoblauch und Ingwerscheiben zur Suppe geben und 10 Min. bei kleiner Hitze offen köcheln.

3 Die Sahne dazugießen und alles weitere 10 Min. köcheln lassen. Die Suppe durch ein Sieb passieren und wieder zurück in den Topf geben.

4 Die Zuckerschoten putzen und nach Belieben schräg in 0,5 cm dicke Streifen schneiden. Die Streifen in kochendem Salzwasser 1 Min. garen, auf ein Sieb abgießen, eiskalt abschrecken und abtropfen lassen.

5 Die Frühlingszwiebeln waschen, putzen und schräg in feine Ringe schneiden. Bambus und Strohpilze auf ein feines Sieb abgießen, kalt abwaschen und gut abtropfen lassen.

6 Den Bambus in mundgerechte Streifen schneiden. Strohpilze halbieren und mit Küchenpapier etwas trocken tupfen. Die Chilischote waschen, putzen und fein hacken. Wer es weniger scharf mag, halbiert sie und kratzt die Samen heraus.

7 Bambus und Strohpilze in die Suppe geben, aufkochen. Die Rinderfiletstücke von beiden Seiten mit Salz und Pfeffer würzen und mit Zuckerschoten, Frühlingszwiebeln und Chili zur Suppe geben. Alles bei kleiner Hitze 3–4 Min. ziehen lassen. Das Fleisch sollte innen rosa und schön saftig sein.

8 Die Limette heiß waschen und abtrocknen. Die Hälfte der Schale abreiben. Die Suppe damit verfeinern und mit Salz abschmecken. In vorgewärmte Schalen geben und sofort servieren.

PRAKTISCH VORBEREITET

Sie können für dieses Gericht alle Zutaten hervorragend vorbereiten (sogar schon am Vortag) und abgedeckt kühl stellen. Dann kochen Sie kurz vor dem Essen die Suppe nur noch auf und stellen sie wie im Rezept beschrieben fertig.

DAS FREUT DEN METZGER

Dass für diese Suppe ausgerechnet Filetkopf und -spitze verwendet werden, dürfte Ihren Metzger freuen: Diese Teile sind nämlich in der Regel weniger begehrt als das Mittelstück vom Filet.

POCHIERTES OCHSENFILET
MIT MEERRETTICHSAUCE

Hier wird das Filet ausnahmsweise einmal nicht kurzgebraten, sondern pochiert. Das Bad im sanft simmernden Wasser belohnt es mit besonderer Saftigkeit.

FÜR 4 PORTIONEN · ZUBEREITUNG: 1 STD. · PRO PORTION CA. 640 KCAL

ca. 750 g Ochsenfilet
  (aus dem Mittelstück)
Salz | schwarzer Pfeffer aus der Mühle
4 EL Olivenöl
2 kleine Zwiebeln (à ca. 50 g)
2 Scheiben Toastbrot
2 EL Butter
550 ml Rinderbrühe
  (z. B. vom Rezept ▸ Seite 208 zurück-
  behalten, ersatzweise Instant)
200 g Sahne
1 Bund glatte Petersilie
400 g Wirsing
frisch geriebene Muskatnuss
1 EL Tafelmeerrettich (Glas)
1/2 TL Wasabipaste (Asienladen)
Chilisalz (ersatzweise Meersalz,
  mit Chiliflocken gemischt)

Außerdem:
Fleischthermometer

1 Das Fleisch trocken tupfen, falls nötig von Sehnen befreien und das Fleisch rundum mit Salz und Pfeffer würzen. Eine große Pfanne erhitzen, 1 EL Olivenöl zugeben und das Fleisch darin in 3 Min. bei mittlerer Hitze ringsherum anbraten. Herausnehmen und etwas abkühlen lassen. Das Filet zuerst in ein großes Stück Frischhaltefolie, dann fest in Alufolie wickeln und die Enden wie bei einem großen Bonbon zudrehen.

2 Einen weiten Topf zu 3/4 mit Wasser füllen. Aufkochen und das Fleisch hineinlegen. Ein Fleischthermometer ins Wasser halten und den Topfdeckel so auflegen, dass das Thermometer festgehalten wird. Die Temperatur des Wassers sollte während der gesamten Garzeit 75–80° betragen. Das Fleisch in ca. 50 Min. rosa garen und zwischendurch immer wieder wenden.

3 In der Zwischenzeit die Zwiebeln schälen und fein würfeln. Das Toastbrot entrinden und in kleine Würfel schneiden.

4 1 EL Butter in einem kleinen Stieltopf aufschäumen und die Hälfte der Zwiebelwürfel darin in ca. 3 Min. bei mittlerer Hitze glasig dünsten. 350 ml Brühe und die Sahne dazugeben und alles ca. 10 Min. bei kleiner Hitze offen kochen.

5 Inzwischen die Petersilie waschen, trocken schütteln, die Blättchen abzupfen und in einem hohen Gefäß mit 100 ml eiskaltem Wasser mit dem Pürierstab fein mixen. Kühl stellen.

6 Die Brotwürfel zur Sauce geben und 3 Min. mitgaren. Die Sauce mit Salz und Pfeffer abschmecken und mit dem Pürierstab fein pürieren. Bis zur Verwendung vom Herd nehmen.

7 Den Wirsing waschen und putzen, halbieren und ohne den Strunk in feine Streifen schneiden. Restliches Olivenöl in einem Topf erhitzen und die restlichen Zwiebelwürfel darin in 2 Min. bei mittlerer Hitze glasig dünsten. Wirsingstreifen und restliche Butter dazugeben und 3 Min. weiterbraten.

8 Mit der restlichen Brühe ablöschen und den Wirsing offen bei kleiner Hitze in ca. 10 Min. weich garen. Das Gemüse mit Salz, Pfeffer und Muskatnuss würzen.

9 Die Sauce nochmals aufkochen, Petersilienpüree, Meerrettich und Wasabipaste dazugeben und die Sauce mit dem Pürierstab schaumig aufmixen.

10 Das Fleisch aus dem Wasser nehmen und 5 Min. ruhen lassen. Das Filet aus der Folie wickeln (Küchenpapier bereithalten, um austretenden Fleischsaft aufzufangen!), in nicht zu dünne Scheiben schneiden und mit dem Wirsing und der schaumigen grünen Sauce auf vorgewärmten Tellern anrichten. Das Fleisch nach Belieben mit Chilisalz würzen. Als Beilage passen gebratene oder gekochte Kartoffeln.

KUTTELN
IN WEISSWEIN-BASILIKUM-SUD

Das ganze Land ist kuttelfrei. Das ganze Land? Nein! Kleine Kreise unbeugsamer Feinschmecker haben dieser besonderen Delikatesse die Treue gehalten. Inzwischen bieten auch einige Metzger wieder Kutteln an.

FÜR 4 PORTIONEN · ZUBEREITUNG: 50 MIN. · PRO PORTION CA. 575 KCAL

600 g Kutteln (Rind; fertig gekocht
   und in 0,5 cm dicke Streifen
   geschnitten; beim Metzger
   vorbestellen)
2 Schalotten (ca. 70 g)
50 g Butter
20 g Mehl
200 ml trockener Weißwein
500 ml Rinderbrühe
   (z. B. vom Rezept ▸ Seite 208 zurück-
   behalten, ersatzweise Instant)
2 Lorbeerblätter
3 Wacholderbeeren
2 EL Olivenöl
200 g Sahne
120 g Kirschtomaten
12 mittelgroße Basilikumblätter
1 Bio-Zitrone
20 g frisch geriebener Parmesan
Salz | schwarzer Pfeffer aus der Mühle
1 Msp. Cayennepfeffer

1 Die Kutteln in einem Sieb mit kaltem Wasser abwaschen und gut abtropfen lassen. Die Schalotten schälen und in dünne Ringe schneiden.

2 Die Butter in einem weiten Topf aufschäumen. Die Schalotten darin 2 Min. bei mittlerer Hitze anschwitzen. Das Mehl darüberstäuben, durchrühren und 1 Min. mitbraten.

3 Nach und nach den Weißwein zum Mehl gießen und glatt rühren. Die Brühe zugeben, alles aufkochen, Lorbeer und Wacholder zufügen und die Sauce offen bei kleiner Hitze ca. 10 Min. kochen.

4 Inzwischen eine große Pfanne erhitzen und das Olivenöl zugeben. Die Kutteln darin bei mittlerer Hitze 5 Min. anbraten. Kutteln mit der Sahne zur Sauce geben und weitere 8 Min. bei kleiner Hitze kochen. Dabei immer wieder umrühren.

5 Die Kirschtomaten waschen, halbieren und die Stielansätze wegschneiden. Die Basilikumblätter vorsichtig waschen, trocken tupfen und grob zerschneiden oder mit den Fingerspitzen zerzupfen. Die Zitrone heiß abwaschen, gut trocken reiben und die Hälfte der Schale fein abreiben.

6 Die Sauce mit dem geriebenen Parmesan und der Zitronenschale verfeinern und noch 1 Min. weiterkochen. Dann die Kirschtomaten dazugeben und alles noch einmal aufkochen.

7 Kurz vor dem Servieren das Basilikum unter die Kutteln rühren und alles mit Salz, Pfeffer und Cayennepfeffer abschmecken. Zu den Kutteln passen Salzkartoffeln oder einfach frisches Weißbrot.

KUTTELN EXTRAFEIN

Geben Sie in der Spargelsaison zusätzlich gekochte Spargelstücke zu den Kutteln.

WARENKUNDE: KUTTELN

Mit Kutteln oder Kaldaunen bezeichnet man in
der Küche den Pansen, also einen der Mägen
der Wiederkäuer Rind, Schaf oder Ziege. Wurden
Kutteln früher ganz selbstverständlich gegessen,
gerieten sie in den letzten Jahren immer mehr in
Vergessenheit. In Süddeutschland, Frankreich und
Italien hat man ihnen allerdings die Treue gehalten.
Wenn Sie Kutteln ausprobieren möchten, sollten
Sie sie auf jeden Fall beim Metzger vorbestellen
und küchenfertig vorbereiten lassen. Dazu wird der
Pansen ca. 10 Minuten gebrüht, damit die Kutteln
hell werden. Dann wird er umgestülpt, und die
Innenhaut wird abgekratzt. Als Nächstes wird der
Magen mehrere Stunden lang gewässert und danach 2–3 Tage im Kühlhaus getrocknet, damit sich
keine Gase und Bakterien bilden. Nur die schönsten, glatten Stücke werden dann verkauft.
Heute bieten die Metzgereien oft schon fertig
gekochte und geschnittene Kutteln an. Um größere
Stücke selbst zuzubereiten, kochen Sie sie in Essig-
sud mit gespickter Zwiebel ca. 1 Std. 30 Min. bis
2 Std. Da die Garzeit je nach Alter der Tiere stark
schwankt, sollten Sie immer wieder prüfen, ob die
Kutteln schon weich sind.

BÜRGERMEISTERSTÜCK
MIT SPINAT UND WURZELCHIPS

Früher blieb dieses edle Stück Rind der sonntäglichen Tafel des Bürgermeisters vorbehalten.
Die Zeiten sind vorbei – zum Glück! Ein Sonntagsgericht ist das besonders feine, zarte Fleisch aber immer noch.

FÜR 4 PORTIONEN · ZUBEREITUNG: 35 MIN. · GAREN: 2 STD. 30 MIN. · PRO PORTION CA. 650 KCAL

Für Fleisch und Sud:

ca. 1 kg Bürgermeisterstück
   (vom Jungbullen)
2 große Zwiebeln (ca. 200 g)
1 Möhre (ca. 100 g)
1 Stück Knollensellerie (ca. 200 g)
1 Stück Lauch (ca. 80 g)
2 Knoblauchzehen
1 TL schwarze Pfefferkörner
1 TL Wacholderbeeren
1/2 TL Selleriesamen
   (Reformhaus; nach Belieben)

Für den Spinat:

400 g junger Blattspinat
2 kleine Schalotten (ca. 50 g)
1 Knoblauchzehe
200 g braune Champignons
2 EL Butter
200 g Sahne
1 TL Stärke
Salz | schwarzer Pfeffer aus der Mühle
1 Prise Chiliflocken
frisch geriebene Muskatnuss

Für die Wurzelchips:

1 Petersilienwurzel (ca. 150 g)
500 g Pflanzenfett zum Ausbacken

Zum Anrichten:

Meersalz (z. B. Fleur de Sel)
schwarzer Pfeffer aus der Mühle

1 Das Fleisch von Sehnen befreien. In einem hohen Topf 3,5 l Wasser aufkochen und das Fleisch darin ca. 5 Min. sprudelnd kochen. Danach auf kleine Hitze herunterstellen und das Fleisch offen insgesamt ca. 2 Std. 30 Min. köcheln lassen.

2 Inzwischen die Zwiebeln schälen und vierteln. Möhre und Sellerie putzen, schälen und in grobe Stücke schneiden. Den Lauch gründlich waschen und ganz lassen. Die Knoblauchzehen ungeschält mit dem Handballen andrücken. Nach 1 Std. das Gemüse und die Gewürze zum Fleisch geben. Gegen Ende der Garzeit gelegentlich mit einer Fleischgabel testen, ob das Fleisch bereits weich ist.

3 Ca. 30 Min. vor Ende der Fleischgarzeit den Blattspinat gründlich waschen, putzen und abtropfen lassen. Die Schalotten und den Knoblauch schälen, beides in feine Würfel schneiden. Die Champignons falls nötig mit Küchenpapier abwischen, die Stielenden abschneiden. Die Pilze je nach Größe halbieren oder vierteln.

4 Die Butter in einem weiten Topf aufschäumen, Schalotten, Knoblauch und Champignons darin ca. 3 Min. bei mittlerer Hitze anbraten. Den Spinat dazugeben, in 3 Min. offen unter ständigem Rühren zusammenfallen lassen, mit Sahne ablöschen und 1 Min. köcheln lassen. Die Stärke mit etwas kaltem Wasser glatt rühren, zum Gemüse geben und 2–3 Min. köcheln lassen. Mit Salz, Pfeffer, Chiliflocken und Muskat würzen. Den Backofen auf 80° (Umluft nicht empfehlenswert) vorheizen.

5 Die Petersilienwurzel putzen, schälen und mit dem Sparschäler lange Streifen abschälen. Das Pflanzenfett in einem hohen Topf erhitzen. Sobald an einem Holzlöffelstiel kleine Bläschen aufsteigen, die Hälfte der Wurzelstreifen hineingeben, kurz durchrühren, damit sie nicht aneinander haften, und in ca. 2 Min. goldbraun frittieren. Mit einer Schaumkelle herausheben, auf Küchenpapier abfetten und im Backofen warm halten. Restliche Chips genauso frittieren.

6 Kurz vor dem Servieren die Spinatsauce nochmals aufkochen, eine Kelle Spinat samt Flüssigkeit in ein hohes Gefäß geben, mit dem Pürierstab fein mixen und wieder zurück in den Topf geben. Das Fleisch aus der Brühe heben, quer zur Faser in fingerdicke Scheiben schneiden und nach Belieben mit Meersalz und Pfeffer würzen. Die Scheiben mit Spinat und Petersilienwurzelchips auf vorgewärmten Tellern anrichten. Dazu passen Salzkartoffeln.

BRÜHE AUF VORRAT

Geben Sie die restliche Brühe durch ein mit einem Tuch ausgelegtes Sieb und frieren Sie sie nach dem Abkühlen portionsweise ein.

DOPPELT GEGARTE KALBSHAXE
MIT LAUGENBRÖSELN

Doppelt gegart schmeckt doppelt gut: Die Kalbshaxe wird langsam gekocht und dann in knuspriger Hülle goldbraun gebacken. Ein wirkliches Schmankerl aus der bayerischen Küche!

FÜR 4–5 PORTIONEN · ZUBEREITUNG: 35 MIN. · GAREN: 2 STD. 25 MIN. · BEI 5 PORTIONEN PRO PORTION CA. 505 KCAL

Für Fleisch und Sud:

ca. 1,8 kg fleischige Hinterhaxe
   vom Kalb mit Knochen
1 Stück Knollensellerie (ca. 100 g)
1 Möhre (ca. 80 g)
1 Tomate (ca. 130 g)
1 Stück Lauch (ca. 50 g)
2 Lorbeerblätter
1 TL Wacholderbeeren
2 Gewürznelken
1 TL schwarze Pfefferkörner

Für die Sauce:

100 g Crème fraîche
100 g saure Sahne
1 Spritzer Zitronensaft
2 Prisen brauner Zucker
Salz | schwarzer Pfeffer aus der Mühle
1 kleines Kräuterbund aus
   Schnittlauch, Dill, Estragon,
   Sauerampfer und Kerbel

Zum Ausbacken:

1 altbackene Brezel
2 Eier (Größe M)
2 EL Sahne
1 Msp. Bio-Zitronenabrieb
2 EL Mehl
Salz | schwarzer Pfeffer aus der Mühle
200 g Butterschmalz

1 Die Kalbshaxe trocken tupfen und Sehnen entfernen. Ca. 3 l Wasser in einem hohen Topf aufkochen und das Fleisch darin ca. 10 Min. sprudelnd kochen. Dabei aufsteigenden Schaum mit einer Schaumkelle abschöpfen. Die Hitze herunterregeln und die Kalbshaxe offen bei kleiner Hitze in ca. 2 Std. weich kochen.

2 Inzwischen Sellerie und Möhre putzen, schälen und in grobe Stücke schneiden. Die Tomate waschen, halbieren und Stielansatz herausschneiden. Den Lauch der Länge nach aufschlitzen und gründlich waschen. Nach 1 Std. Garzeit Gemüse und Gewürze zum Fleisch geben. Gegen Ende der Garzeit gelegentlich mit einer Fleischgabel prüfen, ob das Fleisch bereits weich ist.

3 Inzwischen für die Sauce Crème fraîche und saure Sahne in einer kleinen Schüssel glatt rühren und mit Zitronensaft, Zucker, Salz und Pfeffer abschmecken.

4 Die Kräuter waschen, trocken schütteln und die Blättchen abzupfen. Schnittlauch in feine Röllchen schneiden, die anderen Kräuter fein hacken. Die Sauce mit den Kräutern verfeinern und bis zur Verwendung abgedeckt beiseitestellen.

5 Das fertige Fleisch aus dem Topf heben, etwas auskühlen lassen und vom Knochen lösen. Das Fleisch in 4–5 Stücke à ca. 160 g teilen.

6 Zum Ausbacken die Brezel in grobe Stücke schneiden und in der Küchenmaschine oder mit einer Reibe fein zerbröseln. Die Brösel in einen tiefen Teller geben. In einem zweiten Teller die Eier mit der Sahne und dem Zitronenabrieb verschlagen. Das Mehl in einen dritten Teller geben. Das Fleisch salzen, pfeffern und dann zuerst in Mehl, als Nächstes im Ei und zuletzt in den Laugenbröseln wenden, sodass es gut von der Panade umhüllt ist.

7 Das Butterschmalz in einer großen Pfanne erhitzen. Die Fleischstücke darin bei mittlerer Hitze von jeder Seite ca. 4 Min. braten, dabei immer wieder mit Butterschmalz begießen. Die Kalbshaxenstücke aus der Pfanne heben und auf Küchenpapier abfetten.

8 Das Fleisch in fingerdicke Scheiben schneiden und mit der Sauce servieren. Dazu passt ein mit Essig und Öl angemachter Kartoffelsalat, unter den Feldsalat oder Endiviensalat gehoben wurde.

BRÜHE EINFRIEREN

Gießen Sie die Brühe nicht weg, sondern filtern Sie sie durch ein mit einem Tuch ausgelegtes Sieb und frieren Sie sie portionsweise ein. Sie lässt sich beispielsweise wunderbar zum Aufgießen von Bratensaucen verwenden.

NIEDRIGTEMPERATUR-VARIANTE

Den Backofen auf 120° (Umluft nicht empfehlenswert) vorheizen. 1,7 kg Hinterhaxe vom Kalb mit
Knochen trocken tupfen. 200 g Zwiebeln schälen
und klein würfeln. Je 80 g Möhren und Knollensellerie putzen, schälen und klein würfeln. 1 Knoblauchzehe schälen. Die Haxe mit Salz und schwarzem Pfeffer würzen. 3 EL Pflanzenöl in einem Topf
erhitzen, die Kalbshaxe darin in 5 Min. rundherum
bei mittlerer Hitze anbraten und herausnehmen.
Im Bratfett die Zwiebeln in ca. 3 Min. hellbraun
braten. Gemüse und 2 EL Tomatenmark dazugeben
und unter Rühren 5 Min. anrösten. 2 EL Aceto balsamico angießen und ganz einkochen. Mit 1 EL Mehl
bestäuben und 1 Min. weiterrösten. Das Ganze in
drei Schritten mit je 1/3 von insgesamt 500 ml kräftigem Rotwein ablöschen und jeweils einkochen.
750 ml Kalbsfond (Glas, ersatzweise Fleischbrühe)
und 50 ml trockenen Sherry angießen. Fleisch,
Knoblauch und 1 Kräuterbund (aus 60 g Weißem
vom Lauch, 2–3 Zweigen Thymian, 1 Zweig Salbei
und 2 Zweigen Oregano) einlegen und aufkochen.
Zugedeckt 3 Std. 30 Min. auf dem Rost im Ofen
(Mitte) garen, dabei die Haxe gelegentlich wenden.
Die fertige Haxe bei 80° warm stellen. Den Bratenfond durch ein Sieb passieren, aufkochen und in
ca. 20 Min. sämig einkochen. Mit Salz, Pfeffer und
1 Prise Zucker abschmecken. Den Bratenfond zum
Fleisch servieren.

KALBSFILETROULADE
MIT SHIITAKEPILZEN

Nicht geschmort, sondern sanft pochiert:
So wird aus hellem Kalbfleisch die zarteste Roulade der Welt.

FÜR 4 PORTIONEN · ZUBEREITUNG: 40 MIN. · GAREN: 50 MIN. · PRO PORTION CA. 560 KCAL

Für das Fleisch:

1 Kalbsfilet (ca. 900 g)
80 g frische Shiitakepilze
   (ersatzweise braune Champignons)
2 EL Olivenöl
Salz | schwarzer Pfeffer aus der Mühle
3–4 Stängel glatte Petersilie
4 Nürnberger Bratwürste (ca. 100 g,
   ersatzweise grobes Bratwurstbrät)
100 g Kalbsbrät
4 EL Sahne

Für das Gemüse:

2 Kohlrabi mit zarten Blättern
   (ca. 500 g)
1 EL Butter
100 ml Gemüsebrühe (Instant)
1 Prise brauner Zucker
Salz
100 g Sahne
schwarzer Pfeffer aus der Mühle
frisch geriebene Muskatnuss

Außerdem:

großer Gefrierbeutel
Fleischthermometer
Meersalz (z. B. Fleur de Sel)
schwarzer Pfeffer aus der Mühle

1 Das Kalbsfilet trocken tupfen und falls nötig von Sehnen befreien. Das Fleisch mit einem langen, scharfen Messer der Länge nach auf-, aber nicht durchschneiden, sodass es noch zusammenhängt (Schmetterlingsschnitt; Sie können auch Ihren Metzger darum bitten). Das Fleisch aufklappen, sodass es flach auf dem Brett liegt. Mit einem aufgeschnittenen Gefrierbeutel bedecken und mit einem Plattiereisen oder einem kleinen Stieltopf ca. 1–1,5 cm flach klopfen.

2 Die Pilze falls nötig mit Küchenpapier abwischen, die Stiele abschneiden. Die Pilze je nach Größe in 6–8 Stücke teilen. Das Olivenöl in einer Pfanne erhitzen, Pilze zugeben, salzen und pfeffern, 1 Min. bei mittlerer Hitze braten, aus der Pfanne heben und abkühlen lassen.

3 Die Petersilie waschen und trocken schütteln, die Blätter abzupfen und grob schneiden. Das Bratwurstbrät aus den Wursthüllen drücken und zusammen mit dem Kalbsbrät und der Sahne glatt rühren. Die abgekühlten Shiitakepilze unterheben und falls nochmals nötig mit Salz und Pfeffer abschmecken.

4 Die aufgeklappte Fleischseite salzen und pfeffern. Die Brätmasse gleichmäßig daraufstreichen, mit Petersilie bestreuen und von der langen Seite her zu einer großen Roulade aufrollen. Diese zuerst in ein großes Stück Frischhaltefolie, dann fest in Alufolie wickeln und die Enden wie bei einem Bonbon festdrehen.

5 Einen großen Bräter (Ø 38 cm) zu 3/4 mit Wasser füllen und auf 80° erhitzen. Das Kalbsfilet hineinlegen. Das Fleischthermometer ins Wasser tauchen und zwischen Bräterrand und Deckel einklemmen. Das Kalbsfilet im Wasser ca. 50 Min. bei 80° pochieren. Zwischendurch einmal wenden.

6 Inzwischen für das Gemüse die Kohlrabiknollen putzen und schälen. Die zarten Blätter waschen, die übrigen wegwerfen. Den Kohlrabi in 0,5 cm dicke Stifte und 3–4 der zarten Blätter in feine Streifen schneiden.

7 Die Butter in einem weiten Topf erhitzen, den Kohlrabi 1 Min. darin anschwitzen. Die Gemüsebrühe dazugießen, alles mit Salz und Zucker abschmecken, aufkochen und zugedeckt bei kleiner Hitze 6–7 Min. köcheln lassen. Die Sahne dazugießen und offen ca. 6 Min. einkochen. Das Gemüse mit Salz, Pfeffer und Muskat abschmecken und die geschnittenen Kohlrabiblättchen dazugeben.

8 Das Fleisch aus dem Wasser nehmen und 6–8 Min. ruhen lassen. Die Roulade auswickeln (Küchenpapier bereithalten, um austretende Flüssigkeit aufzufangen) und in dicke Scheiben schneiden, mit Meersalz und Pfeffer würzen und mit dem Kohlrabigemüse anrichten. Dazu passt Kartoffelpüree oder gekochter Wildreis.

KALBSZUNGE
MIT BLUMENKOHL UND THAI-BASILIKUM

Kombiniert mit zitronigen asiatischen Aromen, läuft das magere Fleisch im Wok zu Hochform auf. Wer Zunge bisher nur im Ragout fin kannte, darf sich auf eine Begegnung der zarten Art freuen.

FÜR 4 PORTIONEN · ZUBEREITUNG: 30 MIN. · GAREN: 2 STD. · PRO PORTION CA. 415 KCAL

Für die Zunge:
1 Kalbszunge (ca. 700 g)
1 Zwiebel (ca. 80 g)
1 Stück Lauch (ca. 50 g)
1 Stängel Zitronengras (Asienladen)
4 Kaffirlimettenblätter (Asienladen)
1 EL gekörnte Gemüsebrühe
2 dünne Scheiben Ingwer

Für das Gemüse:
1 Blumenkohl (ca. 1 kg)
150 g Frühlingszwiebeln
4 Stängel Thai-Basilikum
2 dünne Scheiben Ingwer
1 kleine rote Chilischote
5 EL Pflanzenöl
7 EL helle Sojasauce
5 EL Austernsauce (Asienladen)

1 Von der Kalbszunge falls nötig Sehnen entfernen (▶ Bild 1). Die Zwiebel schälen und in grobe Stücke schneiden. Den Lauch der Länge nach halbieren und gründlich waschen. Das Zitronengras waschen, am dickeren Ende mit dem Messerrücken etwas flach klopfen (▶ Bild 2) und in grobe Stücke schneiden. Die Limettenblätter halbieren.

2 In einem hohen Topf 3 l Wasser mit Zwiebel, Lauch, Zitronengras, Limettenblättern, Gemüsebrühe und Ingwer aufkochen. Die Zunge darin offen bei kleiner Hitze in ca. 2 Std. weich kochen. Gegen Ende der Garzeit gelegentlich mit einer Fleischgabel testen, ob das Fleisch schon weich ist.

3 Die Zunge aus dem Topf heben, sofort in kaltes Wasser legen und die weiße Haut sorgfältig abziehen (▶ Bild 3). Das Fleisch in feine Scheiben schneiden und abgedeckt beiseitestellen. Den Kochsud durch ein feines Sieb gießen und 100 ml davon abmessen.

4 Für das Gemüse den Blumenkohl waschen und halbieren. Den Strunk herausschneiden und die Kohlhälften in 0,5 cm dicke Scheiben schneiden. Die Frühlingszwiebeln waschen, putzen und schräg in 1 cm breite Stücke schneiden. Das Thai-Basilikum waschen, trocken schütteln und die Blättchen abzupfen. Den Ingwer schälen und in feine Würfel schneiden. Die Chilischote waschen, putzen und fein hacken. Wer es weniger scharf mag, halbiert sie und schabt die Kerne heraus.

5 Einen Wok oder eine große Pfanne stark erhitzen und 3 EL Öl zugeben. Den Blumenkohl darin ca. 8 Min. bei großer Hitze anbraten und in eine Schüssel umfüllen. Restliches Öl in den Wok geben, erhitzen und die Zungenscheiben darin bei großer Hitze von jeder Seite 1 Min. braten.

6 Die Frühlingszwiebeln dazugeben und 1 Min. unter ständigem Rühren weiterbraten. Mit Sojasauce, Austernsauce und dem abgemessenen Kochsud ablöschen, den Blumenkohl wieder dazugeben und alles noch 2–3 Min. kochen. Ganz zum Schluss Basilikum, Ingwer und Chili unterheben. Das fertige Gericht in vorgewärmten Schälchen servieren (▶ Bild 4). Dazu passt Basmatireis sehr gut.

ASIATISCHER SUD AUF VORRAT

Lassen Sie den restlichen Kochsud aufkochen und füllen Sie ihn in kochend heiß ausgespülte Gläser, die Sie verschließen und auf dem Kopf gestellt auskühlen lassen. Der Sud eignet sich hervorragend, um damit asiatische Gerichte aufzugießen oder zu würzen.

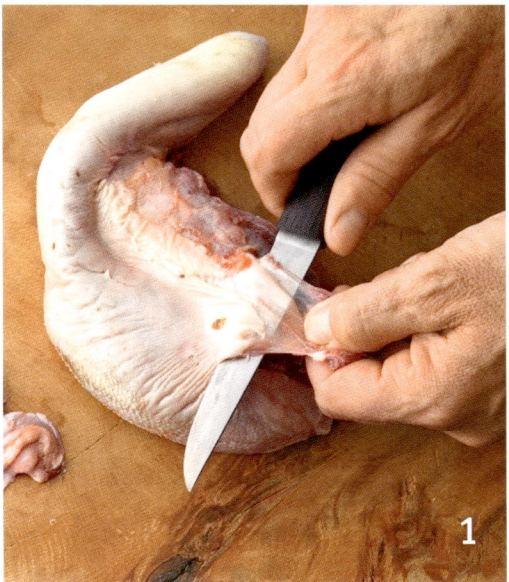

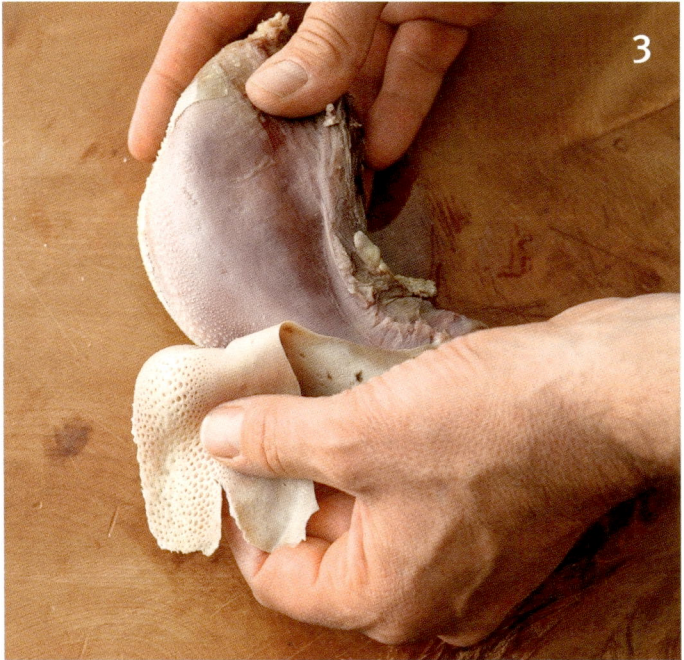

1 Von der Zunge mit einem kleinen Messer die Sehnen abschneiden.

2 Das Zitronengras am dickeren Ende mit dem Messerrücken etwas flach klopfen.

3 Die Haut von der gekochten Zunge abziehen.

4 Die Zunge mit dem Gemüse anrichten.

KALBSTAFELSPITZ
AUS DEM WOK

Es muss nicht immer Meerrettich sein – auch der mildere Verwandte Rettich erweist sich als würdiger Partner für Tafelspitz.
Mit gekochtem Fleisch vom Vortag ist das feine Asiagericht sogar ganz fix gewokt.

FÜR 4 PORTIONEN · ZUBEREITUNG: 30 MIN. · GAREN: 1 STD. 45 MIN. · PRO PORTION CA. 505 KCAL

Für den Tafelspitz:

ca. 800 g Kalbstafelspitz
1 Zwiebel (ca. 80 g)
1 Stück Lauch (ca. 50 g)
1 Möhre (ca. 80 g)
1 Stück Knollensellerie (ca. 100 g)
1 Tomate (ca. 130 g)
1 TL Pimentkörner
1 TL Korianderkörner
1 TL Kubebenpfeffer
   (ersatzweise schwarze Pfefferkörner)
2 Lorbeerblätter

Für das Gemüse:

400 g Mangold
200 g Rettich
100 g Champignons
400 g vorgekochte Udonnudeln (▸ Tipp)
5 EL Pflanzenöl
5 EL helle Sojasauce
4 EL Mirin (süßer Reiswein,
   Asienladen, ersatzweise Weißwein
   und 1 Prise Zucker)
2 TL gerösteter weißer Sesam
   (Asienladen)

1 Den Kalbstafelspitz trocken tupfen und Sehnen entfernen, aber nicht wegwerfen. In einem hohen Topf 3 l Wasser aufkochen. Das Fleisch und die Abschnitte zugeben und alles aufkochen. Dabei den aufsteigenden Schaum mit einem Schaumlöffel abschöpfen. Das Fleisch offen bei kleiner Hitze insgesamt 1 Std. 45 Min. köcheln lassen.

2 Inzwischen die Zwiebel halbieren. Den Lauch der Länge nach halbieren und gründlich waschen. Möhre und Knollensellerie putzen, schälen und in grobe Würfel schneiden. Die Tomate waschen und halbieren, den Stielansatz herausschneiden.

3 Das Gemüse mit Gewürzen und Lorbeer nach 30 Min. Garzeit zum Fleisch geben und mitkochen. Gegen Ende der Garzeit gelegentlich mit einer Fleischgabel testen, ob das Fleisch bereits weich ist.

4 Das Fleisch aus dem Topf heben und sofort in kaltes Wasser legen, sodass der Garprozess unterbrochen wird. Die Brühe durch ein feines Sieb gießen und 100 ml davon abmessen. Das Fleisch in dünne Scheiben schneiden, die größeren Scheiben halbieren.

5 Den Mangold putzen und den Wurzelansatz abschneiden. Die Blätter gründlich waschen, trocken schütteln und schräg in 0,5 cm dicke Streifen schneiden. Den Rettich schälen und in ca. 6 cm lange und 0,5 cm breite Streifen schneiden.

6 Die Champignons falls nötig mit Küchenpapier abreiben, die Stielenden abschneiden und die Pilze je nach Größe halbieren oder vierteln.

7 Die Udonnudeln nach Packungsanweisung erhitzen. 2 EL Öl in einem Wok oder einer großen Pfanne erhitzen. Die Champignons und den Rettich darin unter ständigem Rühren 1 Min. bei großer Hitze anbraten und zur Seite schieben.

8 Wieder 2 EL Öl erhitzen, das Fleisch darin 3 Min. bei großer Hitze von beiden Seiten anbraten. Rettich und Pilze unterheben, alles in eine Schüssel umfüllen.

9 Restliches Öl erhitzen und den Mangold darin 4 Min. bei großer Hitze unter ständigem Rühren anbraten. Nudeln, Fleisch und Gemüse in den Wok zurückgeben, alles gut durchmischen, mit Sojasauce, Mirin und der abgemessenen Brühe ablöschen und 2 Min. kochen. Noch einmal abschmecken, mit Sesam bestreuen und in vorgewärmten Schalen servieren.

> **WARENKUNDE: UDONNUDELN**
>
> Diese japanischen Weizennudeln gibt es bereits gegart im Kühlregal gut sortierter Asienläden. Falls Sie keine bekommen, servieren Sie einfach Reis zu diesem Gericht.

KLASSIKER: TAFELSPITZ

1,2 kg Rindstafelspitz salzen und pfeffern.
200 g Zwiebeln mit Schale halbieren. 2 EL Pflanzenöl in einer Pfanne erhitzen, Fleisch und Zwiebeln (Schnittfläche nach unten) darin ca. 2 Min.
bei mittlerer Hitze anbraten, das Fleisch rundherum
1 Min. weiterbraten. Fleisch mit 3 Markknochen
und 4 l kaltem Wasser in einem Topf aufkochen und
ca. 5 Min. sprudelnd kochen. Schaum abschöpfen.
Offen bei kleiner Hitze insgesamt ca. 2 Std. 30 Min.
bis 3 Std. köcheln lassen. Inzwischen je 150 g Möhren und Knollensellerie, 60 g Lauch, 100 g Tomaten
waschen. Möhren und Knollensellerie schälen und
halbieren, Tomate halbieren. 1 Knoblauchzehe
schälen und halbieren. Nach 1 Std. 30 Min. Garzeit
Gemüse, Tomate, Knoblauch, 4–5 Petersilienstängel ohne Blätter, 2 Lorbeerblätter, je 1/2 TL Wacholderbeeren und Pimentkörner, 1 TL schwarze
Pfefferkörner und die geröstete Zwiebel zum Fleisch
geben. Das Fleisch in weiteren 2 bis 2 Std. 30 Min.
weich kochen. Aus der Suppe heben und quer zur
Faser in fingerdicke Scheiben schneiden. Dazu gehören frischer Meerrettich und Schnittlauch. Außerdem passen Meerrettichsauce und Wirsinggemüse
(▶ Seite 212) hervorragend dazu.

LAMMKEULE
IM SAFRANSUD

Fleisch schmeckt einfach am besten, wenn es am Knochen garen darf.
Und weil der Sud dabei so intensiv wird, würzt er hier gleich noch Sauce und Couscous.

FÜR 4 PORTIONEN · ZUBEREITUNG: 20 MIN. · GAREN: 3 STD. 30 MIN. · PRO PORTION CA. 1000 KCAL

Für das Fleisch:
1 Lammkeule mit Knochen (ca. 1,2 kg)
1 Gemüsezwiebel (ca. 250 g)
2 Knoblauchzehen
10–15 Safranfäden
1 TL Salz

Für den Apfelcouscous:
Meersalz
1 Möhre (ca. 100 g)
100 g Staudensellerie
1 kleiner säuerlicher Apfel
   (ca. 100 g, z. B. Boskop)
2 EL Olivenöl
250 g Instant-Couscous
6–8 Minzeblätter

Für die Sauce:
100 g Sahne
2 EL Crème fraîche
40 g kalte Butter
1 Msp. Cayennepfeffer
Salz

1 Die Lammkeule trocken tupfen und Fett und grobe Sehnen abschneiden.

2 Die Zwiebel schälen und in grobe Würfel schneiden. Die Knoblauchzehen ungeschält mit dem Handballen etwas andrücken. In einem weiten Topf 3,5 l Wasser, Zwiebel, Knoblauch, Safran und Salz aufkochen.

3 Die Lammkeule in den Sud legen, erneut aufkochen und das Fleisch bei kleiner Hitze offen in ca. 3 Std. 15 Min. weich kochen. Zwischendurch immer wieder wenden und gegen Ende der Garzeit mit einer Fleischgabel prüfen, ob es bereits gar ist.

4 Ca. 20 Min. vor Ende der Fleischgarzeit die Zutaten für den Couscous vorbereiten: 350 ml Sud aus dem Topf schöpfen, durch ein feines Sieb gießen und kräftig salzen. Die Möhre putzen und schälen. Den Sellerie waschen, putzen, grobe Fäden abziehen. Den Apfel schälen, das Kerngehäuse entfernen. Alles in feine Würfel schneiden.

5 Das Olivenöl in einem weiten Topf erhitzen und die Möhren- und Selleriewürfel darin 3 Min. bei mittlerer Hitze anbraten. Apfelwürfel und Couscous dazugeben und alles 1 Min. unter ständigem Rühren weiterbraten. Den abgemessenen Sud dazugießen, einmal aufkochen und 1 Min. weiterkochen. Nochmals durchrühren, vom Herd nehmen und zugedeckt ca. 5 Min. ziehen lassen. Die Minzeblätter waschen, trocken tupfen und fein schneiden.

6 Für die Sauce weitere 200 ml Sud aus dem Fleischtopf schöpfen, durch ein feines Sieb passieren und in einem kleinen Stieltopf aufkochen. Sahne und Crème fraîche einrühren, erneut aufkochen und 5–6 Min. bei mittlerer Hitze offen einkochen.

7 Die kalte Butter in kleine Würfel schneiden und mit dem Pürierstab nach und nach in die Sauce mixen. Die Sauce mit Cayennepfeffer würzen und bei Bedarf noch etwas salzen.

8 Die Minze kurz vor dem Servieren unter den Couscous heben. Falls nötig mit Salz abschmecken.

9 Das Fleisch vom Knochen lösen und quer zur Faser in Scheiben schneiden, mit Couscous und schaumiger Sauce anrichten und servieren.

RICHTIG AUFSCHNEIDEN

Achten Sie darauf, Fleisch immer quer zur Faser aufzuschneiden. Wird es in Faserrichtung geschnitten, sorgen die langen Fleischfasern für ein zähes Mundgefühl.

LAMMFILETS
MIT KÜRBIS-KOKOS-SUPPE

Die kleinen Zarten garen nur superkurz in der heißen Suppe, sodass sie innen rosa bleiben.

FÜR 4 PORTIONEN · ZUBEREITUNG: 35 MIN. · PRO PORTION CA. 460 KCAL

Für die Suppe:

150 g grüne Bohnen
Salz
300 g Muskatkürbis
1 Stängel Zitronengras (Asienladen)
4 Kaffirlimettenblätter (Asienladen)
6 kleine, dünne Scheiben Ingwer
1 EL brauner Zucker
1 TL rote Thai-Currypaste (Asienladen)
1 TL Tomatenmark
1 Dose ungesüßte Kokosmilch (400 ml)
500 ml Gemüsebrühe (Instant)
200 g Sahne

Für die Lammfilets:

4 kleine Lammfilets (à ca. 60 g)
1 EL Olivenöl
Salz | schwarzer Pfeffer aus der Mühle

1 Die Bohnen waschen, putzen, dritteln und in kochendem Salzwasser in ca. 5 Min. bissfest garen. Auf ein feines Sieb abgießen, mit eiskaltem Wasser abschrecken und abtropfen lassen.

2 Den Kürbis schälen, die Kerne und die umgebenden Fasern mit einem Löffel herausschaben und das Fruchtfleisch in 1 cm große Würfel schneiden. Das Zitronengras am dickeren Ende mit dem Messerrücken flach klopfen (▶ Seite 223) und in kleine Stücke schneiden. Die Limettenblätter grob zerpflücken. Die Ingwerscheiben schälen.

3 Den Zucker in einem weiten Stieltopf in 2 Min. bei mittlerer Hitze hell karamellisieren. Currypaste und Tomatenmark einrühren und 1 Min. anrösten.

4 Das Ganze mit der Kokosmilch ablöschen, 2 Min. kochen, dann die Gemüsebrühe dazugießen. Zitronengras, Limettenblätter und Ingwer zugeben und alles ca. 10 Min. offen bei kleiner Hitze garen. Dabei immer wieder umrühren.

5 Jetzt die Sahne dazugießen, die Suppe aufkochen und weitere 10 Min. bei kleiner Hitze einkochen. Die Currysuppe durch ein feines Sieb passieren, dabei die Würzzutaten mit einer Kelle gut ausdrücken.

6 Die Suppe erneut aufkochen, die Kürbiswürfel zugeben und ca. 6 Min. bei mittlerer Hitze kochen. Die Currysuppe mit Salz würzen und kurz beiseitestellen.

7 Die Lammfilets trocken tupfen, falls nötig von feinen Sehnen und Häutchen befreien und in ca. 1,5 cm große Stücke schneiden. Eine Pfanne erhitzen und das Olivenöl dazugeben. Das Fleisch rundum salzen und pfeffern und im heißen Öl ringsherum 2 Min. bei mittlerer Hitze anbraten. Das Fleisch auf einen Teller geben.

8 Die Bohnen zur Suppe geben, aufkochen und das Fleisch zufügen. Alles noch 1 Min. bei kleiner Hitze köcheln lassen. Nach Geschmack die Suppe ganz pur genießen oder gekochten Reis dazu servieren.

ROSA GEGARTES FLEISCH

Die Lammfilets sind sehr schnell fertig. Braten Sie sie daher nicht zu heiß an und lassen Sie sie in der heißen Suppe nachziehen. So bleiben sie innen schön rosa und saftig.

REGISTER

Zum Gebrauch

Damit Sie Rezepte mit bestimmten Zutaten noch schneller finden können, stehen in diesem Register zusätzlich auch beliebte Zutaten wie Rindfleisch oder Tomaten – ebenfalls alphabetisch geordnet und **hervorgehoben** – über den entsprechenden Rezepten. Verweise auf Küchenpraxis-Tipps oder warenkundliche Informationen sind *kursiv* gesetzt.

L

DANKSAGUNG, BEZUGSADRESSEN UND WEITERGEHENDE INFORMATIONEN

Wir bedanken uns ganz herzlich bei den Betrieben, die in den Reportagen (Seiten 10–15 und 24–27) porträtiert wurden:

Gut Wulfsdorf
Bornkampsweg 39
22926 Ahrensburg
www.gut-wulfsdorf.de

Hof Eggers in der Ohe
Kirchwerder Mühlendamm 5
21037 Hamburg
www.hof-eggers.de

Metzgerei Dreymann
Bornkampsweg 39
22926 Ahrensburg
www.bio-dreymann.de

Schlachterei Wagner
Methfesselstraße 51
20257 Hamburg
www.schlachterei-wagner.de

Ein großes Dankeschön geht außerdem an die Firmen, die ihre Produkte für die Fotoproduktion zur Verfügung gestellt haben:

Carl Mertens Besteckfabrik GmbH
Besteck
Krahenhöher Weg 8
42659 Solingen
www.carl-mertens.com

Cucinaria ▶ Der Küchentempel
Küchenzubehör
Straßenbahnring 12
20251 Hamburg
www.cucinaria.de

Dick GmbH – Mehr als Werkzeug
Küchenzubehör
Donaustraße 51
94526 Metten
www.mehr-als-werkzeug.de

Heinrich Berndes Haushaltstechnik GmbH & Co. KG
Töpfe, Pfannen
Postfach 12 80
59702 Arnsberg
www.berndes.com

Jan Hebach
Messer
Sprengerstraße 12
31134 Hildesheim
jan.hebach@gmx.de

Jean-José Tritz
Messer
Schopstraße 23
20255 Hamburg
www.tritz-messer.com

Mej
Schneidebretter, Akazienschneidetisch
May
Gotzkowskystraße 27
10555 Berlin
www.mej-shop.de

Riess Kelomat GmbH
Emailtöpfe, Dosen
Maisberg 47
A-3341 Ybbsitz
www.riesskelomat.com

Artgerechte Tierhaltung: Verbände und Siegel

Bio Austria
Dachverband der österreichischen Bio-Produzenten
Ellbognerstraße 60
A-4020 Linz
www.bio-austria.at

Biokreis e. V.
Verband für ökologischen Landbau und gesunde Ernährung
Stelzlhof 1
94034 Passau
www.biokreis.de

Bioland
Verband für organisch-biologischen Landbau e. V.
Kaiserstraße 18
55116 Mainz
www.bioland.de

Biopark e. V.
Rövertannen 13
18273 Güstrow
www.biopark.de

Bio Suisse
Dachverband der schweizerischen Bio-Produzenten
Margarethenstraße 87
4053 Basel
www.bio-suisse.ch

Bundesanstalt für Landwirtschaft und Ernährung
Vergibt das deutsche staatliche Bio-Siegel
Deichmanns Aue 29
53179 Bonn
www.bio-siegel.de

Demeter e. V.
Brandschneise 1
64295 Darmstadt
www.demeter.de

Gäa e. V. Vereinigung ökologischer Landbau
Arndtstraße 11
01099 Dresden
www.gaea.de

Naturland
Verband für ökologischen Landbau e. V.
Kleinhaderner Weg 1
82166 Gräfelfing
www.naturland.de

NEULAND
Verein für tiergerechte und umweltschonende Nutztierhaltung
Baumschulallee 15
53115 Bonn
www.neuland-fleisch.de

Weitergehende Informationen

Gesellschaft zur Erhaltung alter und gefährdeter Haustierrassen e. V. (GEH)
Walburgerstraße 2
37213 Witzenhausen
www.g-e-h.de

Slow Food
Der internationale Verein setzt sich für die Erhaltung guter, traditioneller Lebensmittel ein und sammelt in der »Arche des Geschmacks« solche Lebensmittel und Nutztierrassen, die vom Aussterben bedroht sind.

Slow Food Austria e. V.
www.slowfoodaustria.at

Slow Food Deutschland e. V.
Luisenstraße 45
10117 Berlin
www.slowfood.de

Verein Slow Food Schweiz Suisse Svizzera
Kornhausplatz 11
CH-3011 Bern
www.slowfood.ch

Bezugsquellen für Fleisch und Fleischwaren

*Hinweise: Empfehlungen für gute, handwerklich arbeitende Fleischproduzenten und Metzgerbetriebe sind häufig bei den Regionalgruppen (Convivien) von Slow Food erhältlich (▶ Weitergehende Informationen). Ein deutschlandweiter Genussführer auf der Website des Vereins befindet sich noch im Aufbau.
Das Magazin DER FEINSCHMECKER veröffentlicht alle zwei Jahre die Broschüre »Die 400 besten Metzger Deutschlands«. Nähere Informationen unter www.der-feinschmecker-shop.de
Bezugsquellen für Bio-Fleisch in Österreich zeigt die interaktive Karte unter www.biomaps.at
Bezugsquellen für Bio-Fleisch in der Schweiz sind im »Der Einkaufsführer für Bioprodukte« enthalten; herunterzuladen unter http://www.bio-suisse.ch/media/Konsumenten/ekf_2011.pdf oder als Broschüre zu bestellen über www.goutmieux.ch*

deli team
Versand hochwertiger Fleischwaren, darunter auch Fleisch seltener Rassen
www.deliteam.de

e-steakhouse
Versand von Rindfleisch
www.e-steakhouse.de

Gebrüder Otto Gourmet
Versand edler und seltener Fleischsorten
www.otto-gourmet.de

Genusshandwerker
Versand handwerklich hergestellter, traditioneller Fleischwaren
www.genusshandwerker.de

Gourmondo
Versand edler und seltener Fleischsorten
www.gourmondo.de

Havelland Home
Versand hochwertiger Fleischwaren, teils von seltenen Rassen aus Brandenburg
www.havelland-home.de

Landnah
Versand von Bio-Rindfleisch
www.mycow-de

Bezugsquellen für Gewürze

1001 Gewürze GmbH
Geierstraße 1
22305 Hamburg
www.1001gewuerze.de

Altes Gewürzamt GmbH Ingo Holland
Unterlandstraße 50
63911 Klingenberg/Main
www.ingo-holland-shop.de

Schuhbecks Gewürze GmbH
Platzl 4a
80331 München
www.schuhbeck-gewuerze.de

Bezugsquellen für Grill- und Räucherzubehör

August Thommel GmbH & Co. KG
Grill BBQ Shop
Bleicherstraße 34
88212 Ravensburg
www.grillsportverein.de/grill-shop/

Petras Grillshop
Nürnberger Straße 18
90587 Veitsbronn
www.petras-grillshop.de

DIE AUTOREN

Sabine Knappe, Jahrgang 1961, war zehn Jahre Redakteurin des Gourmetmagazins DER FEIN-SCHMECKER mit den Schwerpunkten Fleisch, Käse, Irdenes. Heute arbeitet sie als freie Autorin, als Redakteurin für einen Göttinger Feinkostgroß-handel und studiert Ökologische Agrarwissen-schaften an der Universität Kassel. Sabine Knappe verfasste die Texte zu Warenkunde und Küchenpraxis (Seiten 16–21, 28–35, 39–41, 105–107, 147–149 und 189–191).

Sabine Schlimm lebt als Texterin, Lektorin und Über-setzerin in Hamburg. Ihre Leidenschaft für alles, was gut schmeckt, teilt sie gerne: kochend mit Freunden und Familie, schreibend mit allen anderen Menschen. Sie steuerte die Berichte über die Bio-Höfe und Metz-gereien bei (Seiten 10–15 und 24–27).

Monika Schuster ist diplomierte und mit dem Baye-rischen Staatspreis ausgezeichnete Küchenmeisterin. Sie leitete u. a. die Ladengastronomie des renommier-ten Feinschmeckerparadieses »Dallmayr« in Mün-chen. Neben Rezeptentwicklungen für Großmeister Eckart Witzigmann und zahlreiche Industriekunden arbeitet sie auch als Food-Stylistin. Bei GU sind von ihr u. a. die Bücher »Eis und Sorbet«, »Saucen« sowie »Niedrigtemperatur« erschienen, das von der GAD mit einer Goldmedaille ausgezeichnet wurde. Mo-nika Schuster entwickelte die Rezepte für die Kapitel »Aus dem Ofen«, »Schmoren« und »Kochen und Pochieren«.
www.monika-schuster.de

Stefan Ziemann, 1967 in Offenburg geboren, absol-vierte seine Ausbildungsjahre im Badischen. Bereits im Alter von 21 Jahre war er Chef de Cuisine in der Schweiz. Er arbeitete als stellvertretender Küchen-chef auf dem Kreuzfahrtschiff »Renaissance 3« und war lange Zeit Leiter des Kochstudios von »meine Familie & ich« – Europas größter Foodzeitschrift. Stefan Ziemann gilt als Kenner der regionalen, über-regionalen sowie internationalen Küche. Heute be-treibt er mit viel Freude und Leidenschaft Ziemann's Kochschule im Herzen von München. Er entwickelte die Rezepte für das Kapitel »Kurzbraten und Grillen«.

HINWEIS ZUM UMSCHLAG

Das Umschlagmaterial besteht zu 100 % aus Natur-leinen, daher kann es zu Farbabweichungen und leichtem Farbabrieb kommen.

DIE FOTOGRAFIN

Julia Hoersch, Jahrgang 1962, ist vielfach ausge-zeichnete Fotografin. Sie arbeitet seit 1991 als freie Fotografin in Hamburg für zahlreiche renommierte Magazine, Agenturen und Buchverlage. Eines ihrer Lieblingsthemen ist Food, wie die stimmungsvollen Fotos in diesem Buch beweisen. www.juliahoersch.de Ein großes Dankeschön geht an **Adam Koor** für das Foodstyling.

DIE STYLISTIN

Dietlind Wolf, Jahrgang 1961, ist Designerin und gestaltet freiproduzierend und im Auftrag seit 1993 für deutsche und internationale Food- und Lifstyle-Magazine. Sie liebt es, die Welten um das Essen herum zu kreieren.
www.dietlindwolf.com

IMPRESSUM

Projektleitung: Alessandra Redies

Lektorat: Sabine Schlimm

Korrektorat: Waltraud Schmidt

Satz: Knipping Werbung GmbH, Berg bei Starnberg

Innenlayout, Typografie und Umschlaggestaltung: independent Medien-Design, Horst Moser, München

Herstellung: Susanne Mühldorfer

Repro: Longo AG, Bozen

Druck und Bindung: Kösel GmbH, Krugzell

Syndication: www.jalag-syndication.de

ISBN 978-3-8338-2306-0

1. Auflage 2011

UMWELTHINWEIS

Dieses Buch ist auf PEFC-zertifiziertem Papier aus nachhaltiger Waldwirtschaft gedruckt.

Ein Unternehmen der
GANSKE VERLAGSGRUPPE